三|国|职|场|探|迹

曹家龙兴

冯立鳌

著

中国书籍出版社
China Book Press

图书在版编目（CIP）数据

曹家龙兴/冯立鳌著．--北京：中国书籍出版社，2023.1

（三国职场探迹）

ISBN 978-7-5068-9138-7

Ⅰ.①曹… Ⅱ.①冯… Ⅲ.①中国历史—研究—三国时代 Ⅳ.①K236.07

中国版本图书馆 CIP 数据核字（2022）第 155053 号

曹家龙兴

冯立鳌 著

责任编辑	李　新
责任印制	孙马飞　马　芝
封面设计	中联华文
出版发行	中国书籍出版社
地　　址	北京市丰台区三路居路 97 号（邮编：100073）
电　　话	（010）52257143（总编室）　（010）52257140（发行部）
电子邮箱	eo@chinabp.com.cn
经　　销	全国新华书店
印　　刷	三河市华东印刷有限公司
开　　本	710 毫米×1000 毫米　1/16
字　　数	270 千字
印　　张	17
版　　次	2023 年 1 月第 1 版
印　　次	2023 年 1 月第 1 次印刷
书　　号	ISBN 978-7-5068-9138-7
定　　价	78.00 元

版权所有　翻印必究

前　言

　　2018年年底，我结束了近37年的在职工作正常退休，进入到人生另一新的阶段，面临着生活状态的自由选择。考虑到以前想做而没有来得及做的某些事情可以尝试完成，于是辞绝了教育机构的约聘，也退出了原有一些学会的职位，给自己准备了更为充足和大块的松散活动空间，想从事一些和自己几十年的职业职务活动没有直接关系的事情。经过半年时间的休整和思考，从2019年5月中旬起，我开始系统地阅读理解与三国历史有关的资料，主要有《三国志》全本，包括晋朝陈寿的原著与南朝裴松之的引注，还有《资治通鉴》以及《后汉书》《晋书》的相关部分。在阅读史书的同时，我围绕三国人物的职场活动作出应有的回味思考，书写出自己的看法与见解，同时表达个人相应的生活观、历史观乃至价值观，我自称这是对三国历史资料的系统"解读"。本人手头有一个与职场体会相关的公众号，每天写出二三千字的文稿，发到该公众号上，供几十亲友在小范围内选阅交流并作矫正。持续近两年半的时间，到2021年9月中旬，三国史料所能涉及的人物活动已全部搜阅回味完毕，结束了这一特定的解读。其后翻阅统计，共撰写了整七百篇文论，计176万多字，内容大体涉及叙述、议论与论理三个方面，即关于人物职场事迹的白话叙述、对人物职场行为方式的得失议论，以及针对相关社会问题的剖析说理。这些文字表达实际上相当于围绕三国史志全部人物职场事迹所做的"解读笔记"，其中涉及的时段从东汉末年184年黄巾起义开始，到280年晋朝统一约一百年的历史。

　　三国人物在历史上乃至当世都产生过重要影响，对人物活动事迹的重述与评议总是灌注着不同的社会生活观与人生价值观，至今已衍生出了大量体现于文学、艺术、教育、游戏等多个领域、表现纷杂的三国文化现象，而三国人物的真实事迹及其形象反而被湮没。事实上，对后世人们最有深刻教益作用的应该是发生过的历史，而不是演绎虚构出的东西。在世人特别看重三国文化教益的背景下，如能返璞归真，回归历史人物的本来面目作出体味反思，可能会成为三国文化和当代文化建设中更有意义的事情。出于这样的本心，我宁愿把自己对三国职场的解读拿出来，与有心的朋友和读者共享。现在呈现在读者面前的，就是对自己近三年解读文论的修订整理。整理后形成互相衔接的八本撰述：其中从汉末到三国的过渡《三国前奏》一本，《曹魏兴衰》四本，《蜀汉浮沉》一本，《孙吴起伏》两本，共合成一部成系列的"《三国志》解读笔记"，希望以此丰富当代历史文化的内容，并为三国文化增添新的枝叶。

　　叙述人物活动事迹占许多篇章中的重要分量，这里首先需要对资料的详尽占有。《三国志》全本既指陈寿"文辞简约"的原著，也包括裴松之"搜采广博"的引注，被称"本志简略，引注繁芜"。引注资料来源庞杂，文字远超原著，且有人物事迹相抵牾的情况；同时，史书中关于某一人物的事迹未必全部在关于该人的本传中，许多可能是在另一人物的本传及引注中出现，有些还在《晋书》相关的人物记述中。要弄清全部人物活动的事迹，需要资料的搜集辨析、穿插编排，以及必要的揣测推理。另一方面，人物事迹叙述还需要不可缺少的白话翻译。史书均为古文表达，其中有许多当代人不易理解的字词和文句，作者对许多人物的事迹也是初次涉猎，撰写叙述中参考过一些资料中对个别字词的译注解释，而对裴氏引注资料的翻译大体上都是从头做起，自认是在此做了些补阙的工作。

　　因为本书想要避免资料选用的片面性、随意性，追求对所涉人物事迹的全面把握，所以撰写中实际上需要对史志全部人物活动作出地毯式、不留死角的翻译叙述。当然，并非所有人物的事迹都有典型性，有些人物的活动可以说是记载不多且乏善可陈，但为保证人物出场的完整性，因而不能放弃对这些人物职场活动的叙述与评析，以尽力实现对三国职场活动作出全景式的扫描。本人在全部所涉人物事迹的叙述中力求扣紧原文，作出准确、精练的翻译，同时尽量少地舍弃个别极不合乎情理的资料，以保证内容的完整与协调。阅读本书，至少能够获得三国人物最原初的历史记录，了解到历史人物最接近真实的言论行为；能观瞻三国职场活动全面完整的场景，对当时职场活动的背景及各种因素的相互影响形成整体把握；由此也可对历史小说的剪裁虚构以及后来人们的各种演绎想象增强应有的识辨力。阅读该书的青年学生，不仅对三国人物活动可以形成初步印象，也会增进自身的古文翻译能力。

整个书系的绝大多篇章在叙述之后都有相应的评说议论，这种议论是结合人物活动的特定环境并观照其所引起的长远效果，针对指出其行为在职场的利害得失。在做这些议论时，会尽量探寻社会运动内含的底层逻辑，参照某种客观活动前后相继的内在因果，尽可能地指出相关人物思想理念的端正或偏失，也会关注其思维方式的特征及其正误。近代卢弼的《三国志集解》中辑录了不少前代学人对三国诸多人物事迹的评议，有时论及某一议题，会罗列多人发表的不同观点。本人参阅过这些观点，必要时把主要观点介绍出来，略加评议；有时仅介绍一种观点，当是作者基本认可的看法。从七百篇文论标题所涉及的对象看，全书粗略统计做出评说议论的共410多个人物，因为每个人物都有不同的人生路程和职场经历，也有不同的思想追求和行为方式，全书的评说议论因而是多角度、多侧面的，有时采取引而不发的态度，没有固定的格式，属随事而发，灵活展现，且与人物事迹的叙述相糅杂，总之是史论结合，以史带论，达到观史明理即可。"往者不可谏，来者犹可追。"本人探寻三国职场活动，实际是对一段社会历史演变过程的咀嚼和体认，不能保证全部认识深刻和到位，但却是尽量拓展观察社会的视角，激发人们看透现象世界的敏锐性。读者朋友一定能从中发现新的问题，再作反思，得出对自我人生和职场活动更多的经验教训，尤能助益养成优良的思想理念和上佳的思维方式。

全书在评说议论中试图逐步提升出关于社会人生不同层面的认识，而这种提升需要在人物活动与社会生活的相互观照前后联系中才得实现，也才能述说清楚。为建立这种联系，全书首先从结构形式上做了一些努力：在七百篇章的小标题上，有两到三位数的序号，其中第一位数1、2、3，分别代表曹魏、蜀汉、孙吴三家人物，0则代表东汉末到三国的过渡人物；第二位数字是分类的，与前一数字用"."相分隔；第三位数字是同一类别中对不同人物或相异问题的更细划分，外带括号以示区别，如果内容较多，对其需作多篇论述，则各篇顺次按"上""下"或其他中文序号标注在小标题之后。如"1.5

(18)曹叡的用人和处事（中）"，这一小标题即代表：针对曹魏集团中第五个解读人物曹叡，该题目下要叙述议论他的第18个论题，内容是关于他治国理政的中间一部分。全书对各家的类别划分并不严格，而标号却是严谨的；标题的序号数字越相靠近，文论间的联系就越紧密。全书有统有分，逐次开散，七百文论覆盖了本书所涉三国人物历史活动的全部场景，希望这些篇章间能产生聚散为一的整体系统。

同时还有与完善史料覆盖系统相配合的叙写方式。因为某一人物活动的事迹中总是有其他一到多位相关涉事人，因而书中的叙事往往是对涉事多人活动事迹的共同叙述。为此全书于某人解读篇章之外，在叙述其他涉事人活动的篇章中，对共同参与的活动事实，就只简单提及事情的根由，同时标明"参见"之处，尽量省略掉可能引起重复的表述。比如在曹魏部分关于《司马懿的为人（中）》，及《名士管宁的坚定心志》等篇章，行文中就有"（参见1.5.18《曹叡的用人和处事》中）"的夹注式提示。全书中的这种标注提示是极多的，为减少文中括号的重叠，第三位数字的外括号变成了前面的分隔号。这里是要尽量避免事情叙述和某些议论的重复，又要保持对涉事人解读的全面性。总之建立对一段历史过程全覆盖的解读系统，既要基本上无所遗漏，又要减少叙事的重复，也增加读者观瞻的联想感。

本书的解读立足人物，看重细节，并且力求把三国社会的微观细节与宏观历史运动过程无缝化衔接起来，这是该书系在表达形式上的一大特点。阅读本书的读者，如果能观照人物活动前后进展的线索，把握某些不同事件间的人物关系及其相互影响，对文中的各种评说议论就会有更深刻的体认，并能形成自己独立的思想与判断；读完全书，把握了三国社会运动的整体态势，不仅有助于对当时社会状况，包括各层职场的运作特征和不同人物的复杂心性产生更多的联想与认识，而且能对人生奋争、集团兴衰和整个社会运动形成应有的见解。

全书在各处评说议论的同时还有针对具体情景的剖析说理，这是在复杂事态和各种混沌理念中论证其中评说议论的合理性，希望把自己的认识观点明确地展现出来。一般说来，作者的思想观点及其对社会历史活动的认识，是倾注在或明或隐的各处评说议论中，寓含在资料排比和叙事之外的各类文字表达中。无论是关于人物活动的具体点评，关于个别领导人格特征的综合议论，还是某些政治集团沉浮兴衰的总体评说，全书都始终持有某些不变的理念，包括对历史及其人物的尊重态度，对英雄人物的尊崇心理，对为数不多女性人物的敬重之情；对公平、正义、善良、美好的崇尚，以及对丑恶的鞭笞；对历史主义、唯物主义、民族优秀传统思想、当代先进科学理念以及思维辩证法在学理上的推崇等。对本人难以把握的卜筮、相术等现象则尽量作出客观介绍，并表达出对史志记载的基本看法。而全书所持有的历史进步观、主体有为观，以及对职场活动中某些共通性、规律性的认识、某些方式方法的主张，都有多种灵活多样的表达，希望能对读者提供观察社会生活的有益方法与思考。总之，讲故事、发议论、明事理，是整个书系的三重内涵。

关注本人公众号的许多友人和读者数年间对上述文论曾表达了不少鼓励，多年从事文化工作和图书经营的诸位朋友也都高度赞赏和充分肯定了该书系的社会价值，并做出了如何奉献给更多读者的设想与策划。吸收他们的有益建议，也出于不负时代的衷心，本人自完成书系撰写的半年多来，对全部叙述做了检查、梳理与某些意境的提升，整理形成了既相互独立，又紧密关联着的"解读笔记"系列——《三国职场探迹》，并以《三国前奏》《曹家龙兴》《魏天风雷》《虎啸中原》《北国毓秀》《蜀汉浮沉》《江东激荡》《孙吴落花》八本图书呈现给广大读者，书名仅表征该书的论及对象与人物层级，具体内容尽在各篇章的微观解读中。希望这一书系对三国文化、职场文化、历史文化的认识发掘都能发挥独特作用。

1988年本人在西安读研的暑假期间撰写过分析《三国演义》中领导活动的单本论著《谋略与制胜》，为本人系统探索历史文化题目的初步尝试，到2006年的十多年间有多家出版社改变书名出版过四次，发行数量不小，中国书籍出版社现今以《争胜谋略》为名，将其与《三国职场探迹》同时出版发行。《争胜谋略》属于多年后的再版，这次恢复保持了初始内容。该书的分析对象限于历史小说，而八本新著《三国职场探迹》则完全摒弃了文学小说的描写，纯粹以历史资料为据，两书各自属于不同的论述系统，希望有心的读者能够在比较中发现两者的区别，从中体味出对真实历史过程分析认识的意趣和深邃。

作者

2022年5月8日

于广州燕塘轩

目 录
CONTENTS

前　言 ·· 1
1.1　一位穷小子的咸鱼翻身 ·· 1
1.2　质性敦厚的曹嵩 ·· 5
1.3　才华盖世的曹操 ·· 8
 1.3（1）　成长中的亮点与烦恼 ·· 8
 1.3（2）　闯进成人世界 ·· 10
 1.3（3）　是"能臣"，抑或"奸雄"？ ······························ 13
 1.3（4）　初入职场的感触与历练 ······································ 14
 1.3（5）　职场的成功与奥秘 ·· 17
 1.3（6）　曹操的自白 ·· 20
 1.3（7）　曹操的生活习性 ·· 23
 1.3（8）　曹操的"奸" ·· 24
 1.3（9）　"负我"与"负人" ·· 25
 1.3（10）　曹操背后的那位女人 ······································ 28
 1.3（11）　魏王也是个大家长 ·· 31
 1.3（12）　既爱美色，也爱才俊 ······································ 33
 1.3（13）　职位的升迁变化 ·· 36
 1.3（14）　与杨彪家的两代怨结 ······································ 38
 1.3（15）　为什么不宽恕杨修 ·· 41
 1.3（16）　让消极的人才走远些 ······································ 44

- 1.3（17）一对生死友谊的破裂 …… 46
- 1.3（18）与陈宫的恩怨纠葛 …… 49
- 1.3（19）备下宽厚之心待人 …… 51
- 1.3（20）和囚俘的一场对话 …… 54
- 1.3（21）一次法外施恩的试验 …… 56
- 1.3（22）悔杀华佗 …… 59
- 1.3（23）老朋友成不了新朋友 …… 61
- 1.3（24）玩了一次"骗婚" …… 63
- 1.3（25）痛哭袁绍 …… 65
- 1.3（26）系列政令安河北 …… 67
- 1.3（27）与上司的误会和冲突 …… 69
- 1.3（28）他把三个女儿嫁给了皇帝 …… 72

1.4 文韬武略开帝业（曹丕） …… 75

- 1.4（1）少年时的磨炼 …… 75
- 1.4（2）在夺嫡之争中险胜 …… 77
- 1.4（3）太子的情怀 …… 80
- 1.4（4）继位为王 …… 83
- 1.4（5）燃萁煮豆 …… 86
- 1.4（6）一场禅让的大戏（上） …… 88
- 1.4（6）一场禅让的大戏（中） …… 91
- 1.4（6）一场禅让的大戏（下） …… 94
- 1.4（7）新皇帝的作为（上） …… 96
- 1.4（7）新皇帝的作为（中） …… 99
- 1.4（7）新皇帝的作为（下） …… 102
- 1.4（8）与东吴的短暂"蜜月" …… 105
- 1.4（9）对吴关系的反转 …… 108
- 1.4（10）褊狭的气度（上） …… 110
- 1.4（10）褊狭的气度（下） …… 113
- 1.4（11）文化拓展了胸怀 …… 116
- 1.4（12）公子哥儿的做派 …… 119

- 1.4（13）一见钟情的甄妃（上） ······ 122
- 1.4（13）一见钟情的甄妃（下） ······ 124
- 1.4（14）与父亲处事的不同 ······ 127
- 1.4（15）对谏言的选择采纳 ······ 130
- 1.4（16）与几位族兄弟的交往 ······ 133
- 1.4（17）三路伐吴 ······ 135
- 1.4（18）对战争的三份通告 ······ 138
- 1.4（19）长江北岸的两番叹息 ······ 141
- 1.4（20）战争期间的国内政局 ······ 144
- 1.4（21）对后事的安排 ······ 147
- 1.4（22）心有深爱的郭皇后 ······ 149
- 1.4（23）生命戛然而止 ······ 152
- 1.4（24）甄氏的平反 ······ 155
- 1.4（25）尊贵富裕的皇后家族 ······ 158
- 1.4（26）卞太后的母子情分 ······ 160
- 1.4（27）曹丕子孙的幸与运 ······ 163

1.5 聪明睿智的年轻帝王（曹叡） ······ 167
- 1.5（1）迎来命运的转折 ······ 167
- 1.5（2）军国政务的处置风格 ······ 170
- 1.5（3）皇帝的家事 ······ 173
- 1.5（4）对诸葛亮的反击与斥责 ······ 175
- 1.5（5）曹叡的国家治理（上） ······ 178
- 1.5（5）曹叡的国家治理（下） ······ 180
- 1.5（6）对诸葛亮的作战部署 ······ 184
- 1.5（7）用权力测试真诚 ······ 186
- 1.5（8）律法专家的探索创新 ······ 189
- 1.5（9）面对的民族事务 ······ 192
- 1.5（10）对族内事务的处置 ······ 195
- 1.5（11）应对南北两面之战 ······ 197
- 1.5（12）心志突然沉沦 ······ 200

1.5（13）对忠臣劝谏的圆通处置（上） …………………… 203
1.5（13）对忠臣谏言的圆通处置（下） …………………… 205
1.5（14）与老师高堂隆的互动 ……………………………… 208
1.5（15）一场选官定制的讨论 ……………………………… 212
1.5（16）被荐举者的一封家信 ……………………………… 215
1.5（17）更换皇后 …………………………………………… 218
1.5（18）曹叡的用人和处事（上） ………………………… 220
1.5（18）曹叡的用人和处事（中） ………………………… 223
1.5（18）曹叡的用人和处事（下） ………………………… 226
1.5（19）与王肃的历史学术讨论 …………………………… 228
1.5（20）行为背后的真情 …………………………………… 231
1.5（21）魏国文化教育 ……………………………………… 234
1.5（22）治国特征之窥 ……………………………………… 236
1.5（23）与亲族的交好之人 ………………………………… 239
1.5（24）曹叡信用的臣属 …………………………………… 241
1.5（25）对辽东的战争（上） ……………………………… 244
1.5（25）对辽东的战争（下） ……………………………… 247
1.5（26）帝王曹叡之逝 ……………………………………… 249
1.5（27）曹叡的年寿及其是非 ……………………………… 252

参考文献 ……………………………………………………… 255
后　记 ……………………………………………………… 257

1.1 一位穷小子的咸鱼翻身

东汉永宁元年（公元120年），汉安帝刘祜（106—125年在位）为帝，执政的邓太后下诏令征召小宦官做侍从。沛郡谯县（今安徽亳县）曹节的第四子接受阉割，休养恢复后辞别了父母兄弟，径赴洛阳应选。这位年少儿郎因为谨慎又忠厚，被太后看中，遂进入皇宫，一干就是30多年，由此彻底地改变了他个人的命运，兴盛了他的家族，也影响和改变了中国历史其后百余年的进程。这个人姓曹，名腾，字季兴。

曹腾的后嗣曾自称他们家族是西汉名臣曹参的后代。曹参也是沛地人，早年为沛县狱吏，曹腾家族尊曹参为先祖，看来并非慕名蹭热，应该是有依据的。但曹参得到的侯爵和封地下传五代到曹宗，在汉武帝征和二年（公元前91年），因受巫蛊之祸的牵连而被废黜。曹氏的后代其时繁衍众多，均已与平民无异。曹腾为进皇宫而接受自残，当有家庭的认可支持，这一决定即便不是生活所迫，也应是寻求命运转机的不得已之法，这表明，曹腾是生活在不大殷实的家庭。曹腾在家有三个哥哥，分别是伯兴、仲兴、叔兴，普通平民家庭的第四个儿郎，已是容易被忽略的角色。这位曹家的穷小子做了一次痛苦而极有风险的选择，开辟了新的人生之路。如果曹腾应招入宫时年龄10岁，那他就应是公元110年出生的人。

曹腾入宫后得到了邓太后的认可，被安排侍奉太子刘保，并陪其读书。因为他为人忠厚踏实，做事谨慎认真，因而深得太子亲近喜欢，饮食赏赐与其他侍从有所不同。后来刘保即位，是为汉顺帝（公元125年~144年在位），曹腾的地位不断升迁，至中常侍大长秋，担任皇帝与皇后的近侍，秩两千石的职位，为高级官员的待遇。曹腾在皇宫先后侍奉了顺帝、冲帝、质帝和桓帝（公元146~167年在位），没有发生过失，深得时人赞扬，桓帝时被封为亭侯。及50年代末终老去世后，养子曹嵩承袭了爵位，他的家族也自此兴旺。后来曹嵩的曾孙、魏明帝曹叡在太和三年（公元229年）追尊曹腾为高皇帝，同时尊其夫人吴氏为高皇后，可知曹腾生前已与宫女吴氏结为"对食"夫妻。曹腾是历史上唯一被追封为皇帝的宦官，职场的成功溢出了他的人生，巨大而持久。

寻常出身的穷小子曹腾，选择了一个切实的职位，参与社会生活，最终光耀门庭，名遗后世，既得益于他的人生选择、因缘际遇，更得益于他不凡的职场取胜之法。

其一，看清政局，站队正确

东汉中后期的朝廷，政局多变，纷繁复杂，外戚与宦官反复争夺。能把握自身命运，而不致宦海翻船的人很少，曹腾就是这样行事稳健的少数人之一。他早初受邓太后关照，后来一直跟定太子刘保，当邓太后的境遇发生波折沉浮，乃至不久去世后，他在顺帝的朝廷得到了应有的擢升。冲帝、质帝两位在任时间都不长，后来的汉桓帝刘志能入宫为帝，曹腾等七人有定策之功，他因此被桓帝看重，得到了更多尊崇。

可以看到，刘保、梁冀、刘志是曹腾在前后不同时期相继跟随的人物，曹腾30多年的职场生涯中，总是能够跟正确的人，站正确的队，这源于他能对一定时期政治活动中的是非曲直、运转趋势、力量比较等因素作出综合考量，得出合乎实际的结论，由此选定个人应持有的立场与态度，这一判断和选择保证了职场中正确的行进方向，决定了他在许多年政治风云变幻中的政治正确性和行为有效性。

其二，戒绝作恶，不入帮派

入朝做官的人手中有权，权力用来做什么，无不是对人性的考验。史书所载曹腾的事迹不多，但从中能依稀看到他职场行事中戒绝作恶的品行。曹腾有个弟弟叫曹鼎，一度担任河间相，为河间郡的副长官。《后汉书·党锢列传》记载，冀州刺史蔡衍劾奏曹鼎贪赃千万之罪，曹腾为此请求朝中当时炙手可热的大将军梁冀写信求情，但蔡衍没有答应，曹鼎后被送到制造兵器的左校服苦役。在这里，蔡衍坚守正义原则，拒绝人情徇私，请托的曹腾也并没有再加干扰，他怜悯弟弟曹鼎，但更深知打击正直是一种作恶的行为，因而没有寻求对守正官员蔡衍的报复，不久后蔡衍被朝廷提升为议郎、符节令，参与朝政并掌管玉玺虎符。曹腾的行为与东汉后期朝中的腐败恶劣行为迥然有别。

在当时外戚与宦官的对抗较量中，身为宦官的曹腾并没有简单地站在宦官集团一方。他有事请托梁冀，与外戚头面人物反而有亲近的交往。公元125年，孙程等19名宦官联合诛杀外戚阎显，拥立顺帝，就没有联络曹腾参加，事后曹腾反遭黄龙、杨佗等多名宦官的侮罔欺诈。当时朝中大多数宦官行为无状，民怨颇大，曹腾一定对此看在眼里，心知肚明，他拒绝在同类僚属中搞团团伙伙，一直自觉地与宦官集团保持距离，虽然遭到别人的嫉恨诬陷，但终究行为端正，不致大碍。

其三，关注清流，荐举人才

曹腾能关注和识辨职场中德行高洁并有学问的士大夫，把他们推荐给有关部门。如他推荐的虞放心性正直，痛恨宦官，经常受到宦官构陷；荐举的边韶以文章知名，所荐堂谿典曾与大儒蔡邕校六经文字；推荐的张奂、张温在桓灵时期平息边患，大建军功，张温后为董卓、孙坚、陶谦等人的上司，为一时人物。曹腾在朝中发红时，蜀郡太守通过掌计簿的官吏送财物贿赂他，大概是希望在年终考核时能有所帮助。益州刺史种暠在斜峪关搜出了蜀郡太守的书信，立即向朝廷写奏章揭发太守，并检举曹腾，请求将两人交廷尉治罪。顺帝表示说："书信从外面来，不是曹腾的过错。"于是搁置未办。种暠属于正直耿介之士，不结交名利之徒。曹腾受到检举，事后仍旧称赞种暠的德行与才能，人们为此感叹不已。种暠后来官至司徒，他常对宾客说："我今天位至公卿，是得力于曹常侍啊。"

曹腾荐举人物以国事为重，不计个人功利，这些人物属品行正、能力强的君子，他们在新的职位上以自身的功业，证实和抬升了曹腾在职场的存在价值，维护了曹腾的职场地位，有些也为曹氏后世的发展做了良好铺垫。

其四，心性笃厚，宽以待人

曹腾当年能入宫中选，被安排侍奉太子读书，就是邓太后看中了他少年忠厚的特点，这一心性他多年从未改变。他能够理解蔡衍不徇私情的守法劲奏，没有因受到种暠的误会检举而怀恨，事后一如既往地赞赏，这正反映着他平素宽厚待人的心性。

曹腾忠厚心性的养成，应该与他少年成长的家庭氛围有关。他的父亲曹节就曾以仁厚著称乡里。有一次邻居家丢失了猪，那猪与曹节家的猪很相像，邻居进门识辨时认定是自家的猪，于是就赶走了，曹节并未争辩。后来邻居家的猪自己跑回来了，主人大为惭愧，送来赶错了的猪，并赔礼道谢，曹节笑笑接受了，乡亲们由此十分赞赏曹节。曹腾对种暠误会的处置，与曹节对待邻人错谬的态度极其相似，父子两人遇到的事情不同，却体现出相同的心性与思维程式。忠厚可以感染孩童，可以影响他的一生。从曹家父子的行为方式，能对此看得非常清楚。

　　正直、忠厚、宽容、爱人，其中所渗透的是一种价值理念。这些理念，曹腾在自己的家庭熏陶而成，将其带入高层职场，在多方面体现了出来。他戒绝作恶，爱慕清流，宽容他人，以及辨识政局，都深刻体现着这一理念。通过该理念支配下的诸多方法，曹腾在职场演示了人生命运的反转，他是一位趟过了职场、取得了辉煌、探得了方法的成功人士。

1.2 质性敦厚的曹嵩

公元 135 年（汉顺帝阳嘉四年），被孙程等 19 位宦官推上帝位的汉顺帝刘保发布了一条诏令，允许宦官收养儿子作为后嗣，可以世代继承受封的爵位。长乐太仆曹腾是这条诏令的直接受益人，他收养了家乡旺族夏侯氏的一位男孩为儿子，取名曹嵩。

据曹氏家族一块墓碑所记，汉桓帝建和元年（公元 147 年），皇太后遣费亭侯回封地，费亭地处谯县东几十里，在今河南永城县境内。曹腾应是此后返回了自己家乡，抚养儿子。后来儿子曹嵩按朝廷规定继承了父亲爵位，去朝廷做官。

曹嵩，字巨高，他进入汉桓帝的朝廷，官拜司隶校尉，为监督京师及周边的监察官。不久汉灵帝（公元 168-189 年在位）即位，曹嵩先后升任大鸿胪，大司农，分别执掌诸侯藩属国事务，管理国家财政，位为九卿之列。

汉灵帝光和元年（公元 178 年），朝廷实行了一项新政策，即正式在西园官邸出卖官爵，从关内侯到虎贲、羽林，按职阶高低差等出卖；皇帝则私下出卖公卿职位，三公职位一千万，公爵五百万。太尉崔烈在 187 年时因故被免职，曹嵩即给西园捐钱 1 亿万，获得了太尉官职，成为中央执掌军事的最高官员，位列三公，当时他的职位仅次于大将军何进。其时黄巾军四处起事，许多郡县失守，大概是因太尉没尽到职责吧，曹嵩在次年四月即被罢免，他不久回到谯县老家，后来带着少子曹德与全家人在琅邪躲避兵祸。

曹嵩的长子曹操通过举孝廉，受地方推举进入职场，先后在地方和朝中干事，祖上的爵位当然由他继承。灵帝之后董卓乱朝，曹操弃官出走，回家乡拉起了一支军队，活动在徐州、兖州一带。据《三国志·武帝纪》几处引注并参考《后汉书·应劭传》，公元193年，驻军兖州的曹操约父亲率全家来相聚，并派泰山太守应劭率众去保护迎接，曹嵩带上众多家人和全部财物投奔曹操，走到华县费县之间时，应劭还未赶到，徐州刺史陶谦的部将张闿领军袭击，曹嵩一行无力抵抗，家人全部被杀死，所带的百余车财物同时被掠走。这位曹氏家族的中继人本来晚年能够过上富足、尊崇的生活，但却一朝失误，屈死他乡，留下了莫大的遗憾。

史书上关于曹嵩的人物心性极为模糊，我们只能从几件事情的某些细节和侧面去认识曹嵩。

一件事是：曹嵩进入朝中职场，从司隶校尉到大司农，其职位是上升的，这其中不排除父亲曹腾的协助，但也离不了他的个人追求和勤勉努力，离不开朝中官员及关键人物对他的认可。作为初进职场的年轻人，他看来应该属可以造就的人物。后来捐款买得太尉一职，既说明了他的家财丰厚，也表明他把个人进取看得比财物更为珍重。我们的古人总有光前裕后的心理，而这要通过职场活动及其效果来实现。捐款得职是朝廷推行和允准的方式，这一政策当时推行不久，其各方得失与社会影响不是当事人一时就能看清的。曹嵩以此方式取得更高职位，他个人应该没有违规，至于太尉之职不久被罢免，那是国家平定内乱不力，太尉应当承担的责任，是曹嵩未曾料到的。不管怎样，他在高层职场的进取心、轻财心、事业心还是不能否认的。

另一件事是：他养了一位十分顽皮的儿子，孩子的叔父常将其顽劣之状反映过来，有一次他听到了孩子中风的消息，非常吃惊，赶快前去救助，但见面却见孩子一切正常。孩子说："我没有中风，只因叔父不爱我，所以常遭诬告。"原来是孩子当时假装中风，耍弄叔父。曹嵩搞不清孩子叔父的话是否真实，满腹狐疑地离开了，自此对孩子叔父反映的问题不大理会。可以看到，曹嵩对孩子采取的是宽松式的教育，许多问题常采取事后追究的方法。这次中风事件，他本来可以深究，搞清事情的真相，但他不屑于追究。在他看来，不是叔父诬告孩子，就是孩子耍弄叔父。无论哪种情况，搞得太清，都是对亲情的磨损和伤害；若属于后一种情况，那不仅把孩子置在了不利的地位，而且打击了孩子的机敏心。为了维系亲情和保护孩子，他宁可不去深究。曹嵩在此采取了一种看似庸常实则智慧通融的处置方式，体现着浓厚的护亲之情与舐犊之爱。

还有一事：曹嵩在和全家人奔投曹操的半路上，被张闿领军队袭掠，小儿子曹德在门前被杀死，曹嵩急忙在后墙挖开了一洞，他让随行的小妾先出去，但小妾体格肥胖，钻不出去，曹嵩就带着小妾藏在厕所，最终两人一同遇害。在生命危急的紧要关头，曹嵩竟然把首先逃生的机会让给小妾，小妾不能出去，他则放弃自逃，一起躲藏，不失共赴患难的深情。这是一般人很难做到的君子行为。

曹操后来写过《善哉行》的组诗，其中第二首为："自惜身薄祜，夙贱临孤苦。既无三徙教，不闻过庭语。"后两句分别借用孟母三迁和孔子教子的典故。全诗是说，自己生来福薄，少年微贱孤苦；没有慈母教养，也没听到父亲训导。由此可以推知，曹嵩的发妻年轻时就去世，他携小妾投奔曹操的事实也证实了这一点；同时曹嵩本人早年进入职场，没有父亲那样陪贵人读书的经历，是一位文化知识不多的人。

曹嵩去世后，曹操带着愤恨与徐州陶谦拼杀作战，他大开杀戒，在军队攻拔经过之处，残戮人众极多。那位受托迎接保护曹嵩而迟到的泰山太守应劭，因为惧怕曹操惩诛，事后抛弃郡职投奔了冀州牧袁绍。曹操后来攻破袁绍取得冀州时，应劭已经去世了。曹操在徐州以杀戮无辜民众而报私仇，自然是应该受到谴责的不当行为，但也反映了父子情深义重的一面。做事失误的应劭不敢侥幸能得到宽恕，他深知这事无法得到曹操的谅解。看来，一代枭雄对父亲多少有些怨望的情绪，但他没有忘记自己是父亲的儿子，他始终记念着父亲的巨大恩德。

司马彪的《续汉书》中称曹嵩"质性敦慎，所在忠孝"，强调的是为人敦厚，做事谨慎，体现着忠孝伦理精神。从几件事情的细微处看，司马彪的评价是合乎实情的。尤其是，尽管曹嵩的个人素养和家庭生活有所限制，但他养育出了一位异常杰出的儿子，由此改变了整个家族和国家的命运。公元220年（魏文帝黄初元年），他被孙子曹丕追尊为太皇帝。作为家族发展的中继人，他的人生是成功的。

1.3 才华盖世的曹操

曹魏事业的奠基者和开拓人是曹操，从189年董卓乱政起，34岁的曹操弃官潜离招募义兵，到220年初病逝，曹操在30年间南征北战，先后打败了袁术、吕布、袁绍等多股势力，在北方开拓了广大的地土，为曹魏事业的延续和推进奠定了基础。他在政治、军事、经济等各方面的成就，都显示出了他才华盖世的英雄本色。

1.3（1）成长中的亮点与烦恼

公元155年，汉朝廷大鸿胪曹嵩的夫人生下了一个男孩儿，侯爵之门、高官之家，其第三代首位男丁的珍贵可想而知。家人为孩子取名吉利，爱称阿瞒。孩子稍大些，取名操，字孟德。

操，是一个极富意蕴的汉字。《说文》中有"品行"之释，如《荀子·劝学篇》中有："夫是之谓德操。"现在有节操、操行、操守、贞操等，都含有德行之意。孟，《说文》中释为"长也。从子。"本意为头生子、长子。该字最早的字形，就像将孩子放在容器祭祀神灵的样子。曹吉利的祖父，乃至曾祖父，都以忠厚出名，看重德行是他们几代相延的家风。珍重的起名，应该体现了全家人对孩子的无限疼爱，以及对其成长中的寄意与期望。

孩子长得有些瘦小，但十分机灵可爱。爷爷曹腾伴他成长了几年，其间他的生母不幸离世。他在一个不大完整的家庭度过了少年时代，既享受了富二代、官二代的优裕生活，同时又有管束引导上的缺憾。成长中的阿瞒对读典治业不感兴趣，喜好飞鹰走狗，游荡无度，在人们眼中是一位放荡顽劣的小子。

1.3 才华盖世的曹操

《三国志》作注所引的《曹瞒传》《魏书》《英雄记》及《世说新语》均涉及曹操的生活事迹。因多位作者的取材和心态不同，记载也互有抵牾之处。我们这里选取其中大体可信的记录，看看曹操年少时的表现，以期观察他成长中的光亮与烦恼。

曹操常在家乡的谯水中游泳洗浴，十岁那年，他在水中遇到了一条蛟蛇，蛟蛇不断逼近，曹操无法躲避，于是拼力奋击，蛟蛇最终潜水逃走。他回去后并没有向谁说起这事。后来有一天，一群朋友在路上看见大蛇，众人急忙奔逃，曹操笑着说："上次蛟蛇来咬我都没有害怕，你们怎么这样恐惧呢？"他把那天在水中的情景说给同伴，大家都很惊异。

曹操与袁绍均为朝中高官之子，两位公子哥儿常在一起游玩。有一次，他们商定去窥看一家新婚男女。当晚两人悄悄进入主人家园，夜间大喊"有贼偷窃！"趁其家人都冲出房门寻觅盗贼之时，曹操持刀劫走新婚女子，与袁绍会合后一同出门。半路上袁绍掉入荆棘草丛中不能出来，曹操大呼："盗贼在此！"袁绍慌迫间跳出了草丛，他们放下新娘一起逃脱。这次恶作剧演习得很成功。

曹操游玩无度，常敢冒险，许多事情是父亲曹嵩不知道的。他的一位族叔出于责任感吧，总是把知道了的此类顽劣行为告诉曹嵩，曹嵩自然是要斥责训导儿子。曹操对叔父心有怨恨，又无可奈何，于是想出一法。有次他假装中风，诳骗叔父，诱引叔父去告诉父亲，结果曹嵩看到的事实与得到的消息根本不同，此后对关于儿子负面消息的真实性大加怀疑。曹操以污浊消息渠道的方式达到了掩饰真相的目的，自此更加得意放纵。

富足无虞的物质生活和放荡不羁的行为习性养成了曹操放任自我、无所顾盼、勇敢果决的个体心性，塑定了他极强的自我意识。这种意识是在社会生活中以自我为中心，包括表现自我、保护自我、相信自我、尊崇自我，乃至实现自我的一整套心理活动。制造中风事件就是曹操面对外界毁损的一种自我保护，聪明机警的天质则使他的自我保护更趋严谨和完满。

同时，像所有少年一样，曹操也是在同伴活动中成长。他水中斗蛟后并未感到自身的特别，但当他看到同伴们见蛇奔逃的情景时，就有足够的理由相信自己的勇敢；他与袁绍商定共劫新娘时，并未感到两人的差别，但当袁绍掉进草丛爬不出来，当自己的喊叫刺激对方跳身解脱时，他就有更多理由认定袁绍的软弱，并相信自己的智能优势。在与同伴的交往比较中，更加相信自己的勇气和智力，这使曹操的自我意识大为增强。

同伴游玩是少年人表现自我的舞台。在少年曹操的舞台上，他多能引起同伴们的赞佩和惊异，而来自成人世界的评价和指责则要否定曹操。有着极强自我意识的曹操，想更充分地表现自己、伸张自己，于是就要寻求在自己的舞台上更多地展示自己，因而不治正业、游荡无度，几乎是少年曹操必然的生活状态，特殊的家庭背景也正好给这种生活状态提供了条件。

生活经验会不断地提醒所有少年，现有的生活舞台是狭小的、短暂的，人生最终要走向更大的社会舞台。曹操自然是察觉到了这一问题。一方面他似乎是在坚持执守自己的少年舞台，拒绝来自成年长辈的训导；另一方面，在少年舞台上已充分表现了自我的曹操，实则也在考虑着，如何能在更大的舞台上做出优良表现。他自我，他执拗，唯独显不出他的迷茫。用成人世界的眼光来看，欲自我表现而不得其方，正是少年曹操愈益增加的烦恼。他在郊外骑马射箭，与同族兄弟一起打猎，耍枪弄棒，练武防身，力求从既往习性的牢笼中挣脱出来，希望尽早寻求到在社会生活中展现自我的方式。

1.3（2）闯进成人世界

顽劣的曹阿瞒还未走完自己的少年时期，就陷入了深沉的焦虑与烦恼。少年舞台上给了他更多的自信，成人世界却是在否定他，他不知道后面将要进入的究竟是怎样的世界，怀揣着一股好奇之心和练成的勇气，他大胆地闯进这个陌生世界，窥探风景和路径。

应该是在十四五岁的年纪，曹操随父亲在京城洛阳的高干居住区生活。有一次，他躲过了岗哨门警进入了大宦官张让的卧室，被张让发觉，慌忙中他拿出手戟在庭中乱挥，最后翻墙而走。张让是汉灵帝最信任的宦官，影响朝政许多年，已被封侯。少年曹操想窥探这位朝中大佬，没有途径，不得其法，他私闯其宅，遭遇一定极为尴尬，非常不利，只好落荒逃跑。应该说，这次窥探是失败的，因为他无所获得，并且以不体面的方式离开；但同时这次窥探又是成功的，他发现，成人世界那个极神秘的人物也不过如此，他也自此明白了，那个世界的行事有一定的规则和方式，逞性妄为，只能碰壁吃亏。他的收获并不为少。

提前闯进成人世界，任性的行为难以行通，曹操逐步揣测和摸索到了一种有效的方法：他以应有的礼节去结识人物，借机表达内心、展现自己，以得到他们的认可和评价。自信而勇敢的曹操不久开始了自己的行动，他选择成人世界中那些受人尊崇、喜欢交友、善于提携后辈的知名人物前往谒见。曹操在这期间一定拜访过许多人士，自然有不少名人不待见他，如《后汉书·许劭传》中就说："曹操微时，常卑辞厚礼，求为己目。劭鄙其为人，而不肯对。"曹操当时留给成人世界的名声不好，在汝南郡府干事的许劭因而对他没有好的态度。当然也有一些人能耐心倾听和仔细观察曹操，进而发现其身上的潜质，对他作出上好的评价，并交为朋友。史书上能记载下来的多是后者。

汝南名士何颙，曾在党锢之祸中受宦官诬陷而逃亡，他与袁绍交往很好，两人常私下往来。曹操前往相会结交，何颙感叹说："汉朝将要灭亡了，安定天下的必定是此人。"曹操受到了何颙的高度赞许。

太尉桥玄是社会上的知名人士，已七十多岁，他观察曹操的行为后非常惊异，对曹操说："天下要走向大乱，只有天命在身的旷世人才方能挽救，可以安定天下的人，大概就是你了吧！"又对曹操说："我见过的天下名士很多，却没有能赶上你的，你好自珍重。我已年老啦，只愿能把妻子儿女托付你关照。"桥玄与曹操当时结交深厚，两人说的话肯定不少，他给了曹操极大的鼓励与行事指导。曹操前去拜见许劭，就是听了桥玄的建议。

桥玄与曹操年龄悬殊，但看好曹操，对他的未来寄予厚望。大约是在京城分手前夕吧，他对曹操说："我去世安葬后，你经过我的坟地，如果不用一升酒一只鸡祭献我，你车过三步后肚子疼痛，就不要抱怨我了。"虽是玩笑话，但也反映了一位老者对年轻人的亲爱和看重，表现了两人的亲密关系。

李膺是当时的党人之首，社会名望极高，被宦官害死。曹操与李膺的儿子李瓒交往颇多。李瓒曾任东平郡之相，他对儿子李宣说："时势要乱，天下英雄没有人超过曹操。张邈与我交厚，袁绍是你的外亲，虽然这样，都不要依靠，将来要投奔曹操。"几个儿子照此行事，后来都免于灾祸。李瓒对曹操的信任是发自内心的，他的态度与情绪应该对微贱时的曹操具有期冀人生方向、重树主体信心的深远激励。

还有一位年龄稍长些的王儁，他与曹操特别要好，经常称赞曹操有治世之才。据《逸士传》所记，袁绍与袁术兄弟俩回家安葬母亲时，宾客数万人，王儁与曹操也同往袁家，两人在郊外议论天下之事，说到二袁必为乱世魁首时，王儁就明言："治理天下的人，舍你还有谁呢？"

可以看到，曹操在这个时期带着特定的目的，主动交往过许多知名人物。他提前闯进成人世界，受到过冷遇，但也得到了许多人的赏识和认可。适逢人生的转折与困惑时期，曹操从这些人物那里得到了关于人生发展路径的指引和精神上的支持，他对这种珍贵的情谊一生未忘。

那位同赴袁府的王儁，后来避乱于武陵，在刘表治理的地盘上。刘表一度为保有荆州，与势力强大的袁绍暗通款曲，王儁公开出面劝他联曹弃袁，可惜未被采纳。赤壁之战前曹操挥师南下夺取了荆州，当时王儁已经去世，曹操为王儁改葬迎丧，表彰为先贤。

桥玄在灵光六年（公元183年）75岁时去世，葬于家乡睢阳（今河南省商丘南）。事过多年，曹操行军路过此处，专门准备了祭祀天子的"太牢"之礼前去致祭。他亲自撰写祭文，公开表示："我年龄尚小时，盼在社会上登堂入室，因为本性顽劣，但却被您所赏识。后来我取得的名声荣誉，靠的是您的奖励扶助。士为知己者死，你的恩德我无法忘记。"曹操这次向人们叙述了桥玄当年嘱托他墓前祭奠的戏笑之言，表达了自己内心世界的隐秘感情，也反映了他当时初闯成人世界时的真实情景。

走出少年舞台的曹操，在成人世界窥看景色、观察路径。他从中获得了激励与自信，同时也察觉到了自我知识储备上的不足。他开始自觉地阅读先贤的典籍，对各家学说很快能知其大略。放荡不羁的行为与性格使他对儒家的经典难有兴致，他发现了法家以法治人的优长，对其中的术治心有灵犀。尤其是，他感到了兵家整伍治军、谋求胜算的筹划之妙，干脆逐句揣摩其策，精研细读，随书作记。他在后来多年的征战活动中不断对《孙武子兵法》中的文句作出思考和求证，体会还真不少。当他最后把多年的所记心得汇集整理出来时，竟然就是一部见解深邃的兵法注解。在后世许多研读者看来，曹操的这些文字在各家兵法注解中最有深度。这当然与他的实践经历有关，但也得益于他的聪明睿智和当年研读功夫的精深。可以说，初闯成人世界的曹操，他校正了方法，强化了自信，蓄积着能力。

1.3（3）是"能臣"，抑或"奸雄"？

曹操在与社会名流的交往中既希望得到期盼的指点与鼓励，又希望得到他们的评价。当时年轻人若能得到名流人物正面的评议，就会身价大升，对后面职场的发展大有裨益。曹操受桥玄指点去拜访许劭，主要就是想得到这位评论界权威人士的好评。

许劭，字子将。他面对曹操的评议请求，竟不肯应对，大概是顾忌这位年轻人先前不好的名声吧。但曹操没有离开，他不依不饶，寻机见面，一再请求。许劭不得已，回答他："君清平之奸贼，乱世之英雄。"曹操这才高兴地离开了。

《世说新语·识鉴篇》说，桥玄在与曹操交往中曾对其评价："君实是乱世之英雄，治世之奸贼。"后世人认为，桥玄如以"奸贼"评曹操，不符合二人的亲密关系，因而人们大多否定这一记载。

《三国志·魏志·武帝纪》中裴松子引注的晋人孙盛所著《异同杂语》中说，许劭在曹操的坚持追问之下回答是："子治世之能臣，乱世之奸雄。"这里与《后汉书》所载有异。后来的历史演义小说也许是顾及到了评价对象一生的行为表现吧，采用了这一说法，被人们普遍认可与接受，融进了特定的文化系统中。我们以此认定当时社会对曹阿瞒的评价：治世之能臣，乱世之奸雄。

古人倾向于把社会历史分为"治世"和"乱世"，前者大约指繁荣兴盛的社会，后者则是指动荡混乱的社会。对曹操的评价是指他在两种不同社会境遇中会有不同的表现和定位。许劭和桥玄早先的评语中都提到"英雄"，东汉刘劭的《人物志·英雄》中有："草之精秀者为英，兽之特群者为雄"；"聪明秀出谓之英，胆力过人谓之雄。"后世人们把文采与武功两相突出的人物称为"英雄"。所以，"奸雄"，是指以奸诈手段取得权势的英雄，"能臣"则是指有才能的辅政者。据此而言，对曹操的评价就是：清平社会的辅政名臣，动乱社会的奸诈英雄。当然，这里是单选。曹操无论踩中哪一个，都是实现了自我，满足了他的自我意识，因而听到评价高兴地离去。

与上述理解不同，我们如果把"治世"和"乱世"均看作动宾短语，而不是上述偏正短语，情况又有些不同。"治"和"乱"都作动词理解，那对曹操的评价就是：治理天下的有才能臣，搞乱天下的奸邪魁首。

曹操的时代究竟是治世还是乱世？桥玄曾对曹操说："天下要走向大乱"，李瓒对儿子说："时势要乱"，稍后的诸葛亮说他自己"苟全性命于乱世"。可见，曹操拜访名人之时，国家社会正处在由治到乱的转折时期，既不是完全的清平之世，也不是纯粹的混乱社会。如果用最切合现实的眼光来看待，清平、混乱，其实都是相对的，两者没有绝对分明的界限，只是东汉后期混乱的成分更大些，并且在不断加深而已。曹操所处的时期是"治""乱"两种状态的渗透与交织，按许氏评语来推演，曹操本人当然既是"能臣"，又是"奸雄"。单选应该改成双选。

对于走向混乱的东汉社会，曹操用自己的行动方式去治理，作为一个特定的人物，他有治国理政的突出才能，也会有应有的成效，称其为"治世能臣"没有问题。另一方面，曹操的价值理念与社会的主流意识并非能完全吻合，他治理社会的方式是靠强力推动的，总会受到主流意识的否定，因而被视作"搞乱天下的奸邪魁首"，也不无依据，"乱世奸雄"当然也是他脱不掉的帽子。

在一个社会，"能臣"和"奸雄"是一个硬币的两面，任何人不能剔除其中的一面。曹操正是这样一个带有影子的光亮人物。

1.3（4）初入职场的感触与历练

公元174年（汉灵帝熹平三年），年近20岁的曹操被地方推举为孝廉，具备了入仕做官的资格，他入朝为郎，做了皇帝的侍从。进入职场后，曹操主要在以下几个职位上得到了历练：①京城高官司马防（司马懿的父亲）推荐他担任洛阳北部尉，他在这一职位上干了近三年。②朝廷任他为顿丘县令，但在该职位上时间不长，同年被朝廷召回任议郎。③公元184年，黄巾起义爆发，近30岁的曹操被任军职，为骑都尉。④因平定黄巾军有功，曹操被封为济南相，担任一个王国的最高行政长官，管辖十多个县，相当于郡太守。⑤187年，33岁的曹操被任为东郡太守，他没有去上任，借口有病，告归乡里。⑥188年，朝廷设置西园八校尉，曹操被任为典军校尉，与袁绍等人同列。⑦189年，带兵入京的董卓表荐曹操为骁骑校尉，曹操拒绝接受，逃离洛阳东归，在陈留组织了自己的一支队伍，自此走上了独立发展的职场之路。

1.3 才华盖世的曹操

曹操20岁时满怀豪情地踏进了职场，在七八个职位上历练了15年。其间国政腐败，时局多变，恶竖当道，正义难张。年轻曹操按照自己的方式努力干事、舍身奋争，他受过奖，升过职，也碰过壁。在初入职场的路途上步履艰难、屡遭波折、意气难酬，终于走上了放弃与朝廷合作、自创基业的道路。然而，15年的职场生涯对他而言还是极其宝贵的，他对自己所进入的社会职场有着不少感触，这里列举一些主要方面。

其一，人情是个怪东西 年轻人的自我职场规划，很少将人情世故考虑其中，而一旦进入职场，却总会受到它的摆布。曹操初入职场时，他的父亲曹嵩位列九卿，京兆尹司马防推荐他任职，很难说没有考虑这种关系，似乎人情助人；然而曹操在任议郎次年，堂妹夫宋强因故被惩处时，他却受到无辜牵连，被免职年余。这种既利又害的人情故事多了，竟说不清它是好的因素还是坏的因素。在传统社会和旧式职场，它网状存在、摆脱不了，像长途行路上随身的拐杖，偶可助益，也成索绊。只有控制和驾驭了它，才不致沦为其摆布物。据《曹瞒传》说，曹操在216年晋爵魏王后，专门邀请司马防到邺都欢饮，并笑问："您看我今天还能作尉吗？"表现的正是超脱了人情摆布的一种自信。

其二，有才真是好 要在职场上取得成绩，最牢靠的支撑是自己的才能，这是年轻人立身职场的资本，不必假借于外人。曹操受宋强关系拖累被免去议郎后，朝廷让公卿推举通晓《尚书》《左传》并有一定议政能力的人为议郎，曹操回乡年余，受推荐重任此职。此外他两次被朝廷任命校尉军职，又拒绝董卓推荐的职位去自创基业，后来把事业做得极大，依凭的都是自己的能力资本。他在进入职场前曾苦读经典，辞职回乡坚持阅读，为人聪明机警，悟性超高，对自我才具极有自信，在多次起伏中真正感触到了才能对职场人士的珍贵。

其三，公正是夜行的灯 在陌生的职场选什么路，站什么队，用什么法，缺乏经验的人在某种复杂的局面中可能无所适从，容易犯错。曹操在初入职场的探索中肯定面临这种情况，他在其中就试图用公正公理的要求去衡量问题，以此确定自己的选择。比如，宦官家庭出身的他，在朝中坚定地站在清流队伍一边，对宦官及其亲属的不法行径大加斥责，这在他几次给汉灵帝的建言中明显地反映出来。坚持公正的原则，以国家事业为重，有时会受到邪恶者的打击，也可能引起别人的误会，但这样的选择终究会被证实正确。这里最要紧的是当事人应坚信公正理念指引路径、辨识障碍的可靠性。

其四，法律是治众的利器　曹操做洛阳北部尉时，执掌京城北部区域的治安，他按照有关条例，声明了禁令，要求公正执法，人人不得违反。有一次，皇帝宠幸的宦官蹇硕的叔父违禁夜行，曹操毫不留情，将其严惩。事件在京城引起了很大轰动，地方治安开始好转，人们都称赞曹操的胆识，初进职场的曹操赢得了很好的声誉，他品尝到了依法治众的甘甜。《曹瞒传》中说，曹操生活中不讲究威仪，待人接客都很随意，饮食时衣帽头巾上都会沾有饭汁，但执法却很严格，似乎从不马虎。在曹操看来，法律代表着特定的意志，体现着公正平等的精神，是治理国家和团队的利器，无论是制定者还是受约束者，都应该遵守和敬畏才是。

其五，政绩依傍着魄力　曹操在洛阳北部尉的职位上赢得了名声，成绩的取得得益于他不畏权贵的胆识和勇气。后来他任职济南相，发现该地的基层官吏依附权贵和宦官，上下勾结，贪赃枉法；同时地方豪强和贵族官僚们超越规定立祠祭祀，仅济南就有六百余祠。曹操一反先前国相不作为的先例，一次罢免了八位县级长官，并宣布禁令，摧毁那些滥设的"淫祠"，杜绝奸邪鬼神，施行教化，济南的社会风气为之一新。济南的积弊，各任官员并非看不清楚，但缺乏处置的勇气。曹操在这两处勇于作为，成绩斐然，职场上的政绩正是依傍着执行者的巨大魄力。

其六，历史不能随意效仿　曹操辞掉东郡太守回到乡里，一度过上了闲逸清静的生活，这时，冀州刺史王芬等人，打算趁汉灵帝北巡之时搞一场密谋政变，诛除宦官，改换皇帝。他们派人把计划告诉了曹操，希望联合行事，以成就不世之功。曹操回信明确拒绝此事，他认为地方官员要改换皇帝，根本就不具备历史上伊尹、霍光那样的条件，只会是吴王刘濞搞七国之乱那样的下场，劝王芬他们放弃这次行动。王芬等人未听劝告，举事失败后全家自杀。曹操从政治态度上看来是赞同王芬的，他劝阻这次行动，是觉得条件并不成熟，无法行使伊尹、霍光那样的壮举，他反对随意效仿历史人物，主张依据自身条件来行事。

其七，欢跑的马儿要笼头　勇于做事，不畏艰难，虽挫不馁，是职场干事的应有态度，然而，职场活动必须不断加强理性的精神，这种精神包括对活动目标的明确，对行为意义与必要性的把握，以及对事情可能性的考量。可即行，不可则止，就像给欢跑的马儿套上笼头，有行有止才好。曹操被任命为东郡太守，他当然能够胜任其职，但却出人意料地予以拒绝，假托疾病告归乡里。因为他在济南相的职任上触动了贵族和宦官的利益，任职后期已经感觉到了来自邪恶势力的阻碍。他难以违背道义而取悦权贵，想回避来自他们的打击报复，避免给自己家庭带来的不利恶果，于是就做出了放弃郡守职务的选择。联系他对王芬政变的劝阻，已经能够看到曹操在职场的理性和成熟。

其八，选对路径再奔跑 曹操做议郎被免职时，在东郡辞太守后，只要朝廷一有应召任命，他都毫不犹豫地前去就职，表现了对朝中做官的向往。但当后来董卓推荐任更高军职时，却逃离了洛阳。他实际是看穿了朝廷执政者的无良和作恶，感觉到了与其政治理念的巨大差异，觉察到了他们极不乐观的前景，拒绝与这个集团相合作。他不愿为了一时的职场风光而把自己绑在一驾必定倾覆的战车上。董卓劫持了朝廷，朝廷改变了颜色，往常的职场通道已经变成了邪恶之径，曹操于是走上了一条自创基业之路。选定路径再奔跑，曹操的选择包含着敏锐的眼光、绝大的勇气和昂扬着的自信，体现着他职场15年来的全部经验和智慧。

1.3（5）职场的成功与奥秘

公元189年，董卓控制了东汉朝廷，曹操与朝廷内外大臣袁绍、袁术、张邈、刘岱、韩馥等人一样，坚决地放弃了与该朝廷的合作，他秘密潜至陈留（今河南开封市东南），出售了自家当地的一份家产，在同族兄弟、故旧朋友和贤达人士的支持下，招募和组织了一支军队。至此，他终止了15年的官宦之路，自办"公司"，自主经营，开始了自创基业的职场生涯。

曹操初建的军队约五千人，规模并不大，且没有地盘。在后来31年的社会进程中，曹操依靠这支军队四方征战、大力开拓，却取得了域内最为辉煌的业绩。他的成功过程大要如下：①首先参加了渤海太守袁绍为盟主的十余关东军队讨伐董卓的军事联盟，锻炼了队伍。②自191年起，在东境攻灭黄巾余部，又与徐州牧陶谦、兖州牧吕布和陈留太守张邈等势力反复争夺，至196年建立了以兖州为立脚点的根据地，有了属于自己的地盘。③至197年，在南阳、宛城一带收降张绣，扫灭了僭称帝号的袁术，擒杀了吕布，打败了盘踞小沛的汉室宗亲刘备。到199年时，已平定了徐淮，控制了黄河以南的大片地区，成了当时问鼎天下不可忽视的力量。④曹操的发展，强化了与冀州牧袁绍的矛盾，公元200年的白马之战和官渡之战，以及其后扫清袁氏残余势力的征战，至远征乌桓之役结束后，曹操至206年已基本占有了北方国土，成了天下力量最强大的政治集团。⑤经过短暂休整，曹操在208年挥师南下，袭取了荆州。他准备渡过长江、统一江东，在赤壁交战中却遭遇了失败，荆州等地得而复失。其后在淮南与孙吴反复争夺，把防线稳定在了合肥一带。⑥211年起开辟了西部战场，这年他率军渡过黄河，进入关中，在渭水岸边打败了马超、韩遂的关西军，占有了关中。215年翻越秦岭进征汉中，迫使张鲁归降，曹操留夏侯渊驻守汉中。⑦219年汉中为刘备军队攻取。同年曹操策动东吴袭取了荆州，孙权为寻求保护，表面上归顺了曹操。⑧220年，身为汉丞相的魏王曹操病逝，其时他已占有了全中国最广大的地盘，掌控朝政，位极人臣。身后他的儿子曹丕嗣位丞相、魏王。

曹操自主创业30年，经历了千难万险，他在这一职场的成功是极其巨大的。起初他资本单薄，力量弱小，但三四个阶段下来，就把其他竞争者远远甩在了后面，成了同时代职场上最大的赢家。有句唱词说："兴亡谁人定，胜败岂无凭。"曹操的取胜自然是有一些原由的。

其一，他拥有长久稳定的职场理念。曹操当然是一个有行动风格的实干家，但他首先是一个有自己政治理念的思想家。他自少年后期"浪子回头"后，就勤奋好学，涉猎百家，尤其致兴于法家与兵家的学说，依法治政的理念在他的行为和思想中深深扎根，保证了他政治目标和行为方式的确定性。法家学说推崇的是君主为臣民制法，曹操崇尚法制精神，理解用法精髓，能结合现实情况予以创新和应用。兵法理论教给了他战场上的不断成功，法治方式则使他能够自如地统御起数量不断增大的部队，控制一个十分庞大的集团，法家平等、严律、尊贤、奖罚等理念渗透在他治事和用人的各个方面，极大地提升了团队的战斗效力。曹操的法治方式不是纯粹的，但却是非常独特的，这与袁绍庞大而虚弱的集团状况有着鲜明对照，与那些眼光短浅目标多变的政客更不能同日而语。

其二，他具备灵活应变的机动策略。曹操是因不愿与朝廷合作而自创基业的，但后来董卓被诛除、天下分崩而自我力量又弱小，情况已经变化，他立即吸收了谋士们的建议，主动地把汉皇帝迎请到自己的军中，当然是一种保护，但由此也取得了"挟天子以令不臣"的政治优势，极大提升了他在国家政治舞台上的话语权，此后曹操的对外征讨、封官鬻爵及网罗人才行为，都以朝廷的名义进行，政治策略的这一变化，给他几十年间带来了极大的益处。曹操在军事活动中的随机应变不胜其数，他是以变化的心态看待社会事务，随时准备调整方针以精准应对，与朝廷的关系调整，正是一次收益巨大的战略策略。

其三，他储备长久争战的物质基础。征战天下表面上似乎依靠军队，实际上是后勤军需的较量，军粮不足常是困扰许多将军而无法得到有效解决的难题。曹操深感此事的重大，它吸收了枣祗、任峻等人的建议，在自己的治区推行了屯田制，把汉武帝时期实行过的军屯改为切合当时实际的民屯，并综合创造了一套新的分成政策与推行方式，极大缓解了军粮的不足。他和其他将军的不同在于，面对困难问题，不是仅仅寻求暂时的应对，而是试图去从根本上解决该问题，为长久的战争做好铺垫。把坚硬的果核用力气一下咬碎，是他对待长久难题的惯常方法。不能说屯田制已经完全解决了他的战争需要，但这一方法缓解了困难，为长久战争储备了一定的条件和基础，却是无疑的。

其四，他看重兴旺事业的人才资源。任何一个团队的发展都离不开人才，人才的强盛是事业走向兴旺的根本保证。从自创基业开始，曹操就十分重视对人才的搜罗和使用，这是法家政治理念的基本要求，也是职场实践中的深刻经验。与其他领团人物不同，曹操能把人才理念真正贯彻到创业活动的各种行为中，能以灵活、平易、贴心的方式招徕人才，甚至能放宽政治忠诚度，以最大的宽容争取人才为己所用。在事业走向鼎盛时期，他仍然三下招贤令，体现了他创业活动始终对智力资源的看重。"山不厌高，海不厌深；周公吐哺，天下归心。"表达着他对人才的无限渴求。

其五，他敢于改换过时的治理方式。曹操掌控的朝廷包含着特殊而复杂的政治要素，他面对的治区众庶和活动舞台也都异于已往，善用灵活策略应对现实变化的曹操，在治政方式上因而总是展现为变更、革新的姿态。他对朝政的肃整，既有名号的调换，也有职务权限与相互关系的调整；他推行的屯田与西汉时的屯田不全相同。占据冀州后为保护普通民众利益，他据情颁布了抑制兼并的法令，推行新的赋税政策。205年所下达的整齐风俗等法令，包含了整顿民俗、推行教化和扶持教育的广泛内容。他在任时改善边境治理方法，加强了对南匈奴和乌桓的统管，保障了地方安宁。曹操给法治方式中增加进儒教的内容，认为"治定之化，以礼为首；拨乱之政，以刑为先"，为治政理念的更新找到了充分的依据。曹操喜欢采用"旧瓶新酒"的方式变更治理方式，多是为了减少变革的阻力。

老子说"吾有三宝"，他是把做事成功的不变方法称为"法宝"。任何成功的政治家都有他所以成功的依凭，曹操一生成事的依凭当然不止这些，但这些方面无疑就是他职场上克敌制胜、赢得人生的法宝。

1.3（6）曹操的自白

公元220年，64岁的曹操走完了自己悲壮的一生，数月后他被儿子追尊为魏武帝。曹操究竟是怎么样的一个人，后世人们多有争议，我们先看看他的一篇自白。这是曹操54岁时写给同朝官员的公开文告，他结合自己的职场简历，述说了不同阶段上内心的秘密，正是当时职场心态的自我表白。

——我被举孝廉时年纪轻，自认不是名山中的高士，怕被人们视为平庸，想要做个郡守，搞好本职工作，赢取名声。所以在济南任相时革除弊政，公正荐举，这就触犯了朝中权贵。我觉得被豪强所恨，会给家族招来灾祸，所以就托病归乡。

——辞掉东郡太守时，我年纪不大，环顾那些与我同年举孝廉的人，有的年过五十还在职场干事。我内心想，再过二十年天下太平时，我还是他们现在的年龄。所以我在家乡谯县东面五十里的地方建了精致房舍，准备秋夏读书，冬春打猎，想在此自我封闭，断绝外界往来，但这个愿望终究没能实现。

——我被征召做了都尉，又调任典军校尉，心里又想着为国家讨贼立功。希望能被封侯作征西将军，死后在墓碑上写着"汉故征西将军曹侯之墓"就满足了。这就是我当时的心意。

——后来遇上董卓之乱，大家都兴兵举义，当时我可以招集更多人马，但我经常裁减，不愿兵多，因为兵多了气盛，与强敌抗争，会引起祸端。所

<<< 1.3 才华盖世的曹操

以汴水之战时我只有几千人,后到扬州招募,也不过三千人,因为我志向很有限。

——我担任兖州刺史,击败了黄巾三十多万人。袁术在九江僭用帝号,他的两位夫人已经争做皇后了,部下劝袁术公开登基,袁术说:"曹公尚在,不到时候。"我出兵讨伐,使袁术势穷而亡。袁绍占据河北,兵势强盛,我估计自己力量不敌,但想到这是为国献身,为正义而战,完全可以留名后世。后来所幸打败了袁绍,扫灭了其残余势力。还有刘表自以为皇室宗亲,进退无定,我南下平定了荆州,才使天下太平。

——我身任宰相,人臣的尊贵已达极点,大大超过我早年的愿望了。今天提到这些,不是自大,是想把话说完,所以才无所隐讳。假使国家没有我,不知会有多少人称帝,多少人称王啊。

——可能有人见我权高位重,又不相信天命,会私下说我有不臣之心,这种猜测常使我心中不安。齐桓公晋文公所以名垂至今,是因为他们兵势强大时仍能尊奉周天子。《论语》说:"三分天下有其二,仍能臣服于殷,周文王的德行够崇高了",因为他能以强大侍奉弱小的天子。

——从前燕国的乐毅投奔赵国,赵王想与他图谋攻打燕国。乐毅伏在地上流泪说:"我侍奉燕昭王,与侍奉您一样;假如我获罪被放逐到别国,到死为止都不会残害赵国百姓,何况我是燕国的后代呢?"秦二世胡亥要杀蒙恬,蒙恬说:"从我的祖父起,蒙家在秦守信已历三代,现在我领兵三十多万,按力量足够背叛朝廷,但我宁可死去也要恪守为臣之义,不敢辱没先辈。"我每次读到这两个人的文字就感动得流泪。从我的祖父到我,都是朝廷的亲近重臣,可以说是深蒙信任。到了儿子辈,我家已经超过三代了。我并非仅对诸君说知,还常将这些告诉妻妾,我对她们说:"待我去世后,你们都应改嫁,出去传述我的心意,让人们都知道我的心思。"这些话都是我发自肺腑的至要之言。

——我所以絮絮叨叨地述说这些心思,是看到周公有《金縢》之书可以自明心迹,怕我的心意不能被别人所相信。但要我就此放弃所统率的军队,回到武平侯的封地去,这却真的不可。为什么?实在是怕交出兵权后被人所害。既为子孙考虑,也因为我若垮台了国家将被颠覆,所以不得不慕虚名而受实祸,这就是所谓不得已啊。

——朝廷先前恩封我三个儿子为侯，我推辞不受，现在打算接受它。并非要以此为荣，只是想借为外援，求万安之策。我听说介子推逃避晋文公封爵，申包胥拒绝楚昭王赐赏，读到这些我总是放下书而感叹，以此反省自己。我仰仗着国家威望，代表朝廷出征，以弱克强，以小胜大，想要做的事无不如意，能够扫平天下，不辱使命，这是天助汉室，非人力所及。我家封地兼有四县，享三万户赋税，我有何德配享这么多呢！现在天下尚不平静，我不能让位；至于封地，可以辞掉一些。我把阳夏、柘、苦三县的二万户交出，只享武平县万户，借以消损毁谤，平息议论，减少我遭受的指责。

这是统一北方两年后，曹操在听到朝中大臣对他背后的不利言论时，公开发布的《让县自明本志令》。他结合自己职场上走过的大致路程表明自己的一贯心迹，中心是要表示：受封的县我退让出大半，军权不能交！我没有篡位野心。

后世人们常把曹操放在历史和伦理的天平上不断审查拷问，发出过难以计数的议论，这都没有问题。但按照现代人理解的审查程序，应该给被审查人自我辩解的机会。曹操的这篇文告是他当年思想心迹的全面表白，有助于人们对他本人的理解。通看其全部内容，并结合后来的相关事实，能够形成一些认识。

其一，文告中涉及的事实基本真实。有人认为内中关于开始招募军队的数量不是他说的那么少，说他当初裁减兵员也无证据。除过这条之外，尚未见到对其他事实陈述的质疑。就是说，应该相信文告中涉及的基本事实。

其二，继续执掌兵权是他在朝做事的底线。曹操的表述反映着在特殊职场、传统官场上高层执政者终了收场时面临的困境，符合历史与思维的逻辑。应该认可他的行为，并赞赏他对实质问题的直率表达。

其三，五十多岁时的曹操政治态度是坦荡的。曹操回顾初入职场时自己的隐秘心思：如希望表现自己，乐意安享生活，看重家族安全，追求名留后世，喜欢效法古贤，常以名节自勉等，他一再表露自己是心志不大的平常人，是要借此说明：个人的现状已经远远超过了当年的政治追求，自己已经十分满足了。

其四，曹操应是真心不愿意篡权称帝的。因为曹操非常看重社会和历史的评价，他大半生都以捍卫汉室来号召天下，并消灭了几个自称皇帝的人；

如果最后自己篡汉称帝，那就不能洗刷自己，没法确立起自己正面的政治形象。同时曹操是看重实际的人，他曾向劝进的下属复述孔子之言："施于有政，是亦为政。"职场上做事不在于顶着什么名义头号，而在事实上的拥有。在他看来，只要掌控着最高权位就行，何必非要那个名号呢？他临逝前几月，孙权上表劝他自立为帝，他对身边人说："这儿子是要把我放在火炉上烤。"不称帝的态度是坚决的。

其五，天命理念可能是曹操放弃自我态度的最后推托之辞。文告中曹操曾说别人觉得自己不信天命，又提到自己的战场胜利是天助汉室，看来他并不绝对排斥天命。在他晚年后期，手下陈群、桓阶、夏侯惇等人就假托天命转换来说事，要求代汉立魏，曹操说："若天命在吾，吾为周文王矣。"周朝代殷是在文王儿子周武王手中完成的，曹操的话表明，他绝不违反官场大忌，食言自污，要把忠臣作到底，至于天命果然属魏，那就让儿子去承受吧。他对此默许而不自为。

1.3（7）曹操的生活习性

史书及其引注中多处叙述到曹操的日常生活与行为，我们留意观察其中点滴，从中窥看一位风云人物在职场活动中的生活习性。

喜好读书 曹操统领军队30多年，据说他行军征战间手不释卷，白天和大家讲论用武之策，晚上则阅读思考经传，登高时喜欢赋诗。他对儿子曹丕提到自己儿时伙伴，曾说："长大后能勤学的，就只有我和袁伯业。"袁伯业是袁绍的从兄弟，曾为长安令、扬州刺史，他少年时生性顽劣，至十五、六岁"浪子回头"后，就一直把干事和读书放在了重要的生活位置，因为他确定了明确的人生目标，又有坚强的意志和毅力。读书和工作两者互相促进、相得益彰，既丰富了智识，成就了文采，又做大了事业。

广习才艺 曹操在生活中兴趣广泛，他对多个领域都有涉猎，并且才艺不凡。比如安平人崔瑗崔实父子、弘农人张芝张昶兄弟善写草书，曹操的书法成就几乎能赶上他们。桓谭、蔡邕精于音乐、冯翊人山子道、王九真、郭凯等善下围棋，曹操与他们的水平不相上下。他还懂药理，喜欢养生法，庐江人左慈，谯县人华佗，甘陵人甘始都曾被请来军营做客。曹操喜好音乐，他作了新诗，就让人谱成乐章，叫乐工来弹奏，有时请来歌妓朝夕演唱。曹操喜好不少，才艺广泛，这些活动丰富了生活，开阔了眼界，扩大了交往。

结交人物 曹操善于交往，这对他一生的政治活动大有帮助。他平素行为不讲求威仪，腰间配一个小皮囊，装着手帕和小物件，有时会带着简易的帕帽会见客人，每当与朋友谈话时总是喜欢用典故和开玩笑，说话直露，没有什么隐晦，聊到高兴处会开怀大笑，甚至会把头嗑在桌案，饭汤粘在头巾上。这种率性、随意和直率的交往风格，很能拉近和客人的距离，达到交人交心的结果。但据说有次谈话中他向刘备透露了想谋求国柄的密言，刘备把话泄露给了袁绍，使袁绍知道了曹操有图国之意。曹操为此咬舌流血，以作为失言之戒。

培养后代 曹操在干事之余还看重对下一代的引导，曹丕曾回忆说，他5岁时，父亲觉得世事扰乱，就教他练习射箭，两年后又教他骑马，他6岁就能射箭，8岁就会骑马，后来父亲每次出征都领着他，宛城大战时他刚10岁，战斗中兄长曹昂遇害，他乘马得以逃脱。他因为自小练习，长大后仍然喜好弓马。曹植回忆说，他少年时跟着父亲东临沧海，西至玉门，北出玄塞，南到水边，学到了不少行军用兵的方法。儿子曹彰、曹冲也都各有受父教导的记录。戎马生涯中曹操没有忽略对孩子的教育引导，他百年树人，谋筹深远，不辞责任，这一活动完善了自身人格，也为事业的长盛发展做好了准备。

1.3（8）曹操的"奸"

曹操有时以奸诈的方式来实现自己的某种目的。《三国志·魏志·武帝纪》所引《曹瞒传》记录了一件事情。有一次大军出征时，军粮不足，他私下问主粮官该怎么办？那位主管说："可以用小斗分发粮食。"曹操认可了这一办法，就按此执行。后来兵卒们没有吃饱，都说主帅欺骗众人，大概一时群情激奋吧，曹操知道后去对主粮官说："我只能借你的死来缓解军情，不这样事情没法解决。"就把主粮官杀了，还割其首级写下告示："用小斗发放，贪污军粮，斩于军门。"

《世说新语·假谲篇》中讲，曹操一次在行军路上，因为兵士口渴而无水，他假称前面有梅子林，众人听到后口中流水，即"望梅止渴"。该书同篇还讲过相近的两件事情。曹操常对人说："如果有人想害自己，他本人会心里有感觉。"随后给身边一位侍从说："你带一把刀子悄悄来到我身边，我会说心有感觉,让人抓住你执行刑罚。你不要说受我指使,没有事儿的,事后对你有厚报。"那位侍者信以为真,就按曹操说的去办,被抓住后心里也不慌,最后却被真的杀了。其他人以为曹操在来人刺杀时心有感觉,没有人敢轻举妄动。另外一事是,曹操经常对人说:"我睡着后不能随便靠近,走进来我会用刀砍,但我自己也不知道。你们身边人要非常谨慎。"后面他假装睡着了,一位近侍上前悄悄给他盖上被子,曹操立即将其砍杀。从此每当睡着,身边人从不敢靠近。

《世说新语·忿狷篇》中说,曹操军营有一歌妓,唱得非常好,但情性恶劣,曹操想杀掉她又爱惜其才,想留下又不堪忍受。于是就选下许多人让那位歌妓一同教习,不久有一人的唱声赶上了这位歌妓,曹操就把那位性情恶劣的歌妓杀了。

还有曹操小时候假装中风,耍弄叔父一事,以及与袁绍劫掠新婚娘子途中的表现,这些事情无不表现着曹操处事奸诈。即是说,他在做事中善于对别人用反常手段进行欺瞒,让对方在无所知晓中作出配合,实现自己的目的。他会为了目的不择手段。

实施对象是谁?实现目的和所用手段是什么?是衡量人处事行为基本属性的三个尺度。曹操用机警的手段实现目的,在两军相对的战场上为对付敌人使用很多,这是没有问题的;为缓解军士的口渴来虚指梅林,手段不错,目的良好,可以称为聪明机智。但在前面几件事情中,他为了实现个人自私的目的,用非道德和有伤害的手段,来对付与自己朝夕相处的身边人,性质就发生了改变,就完全属于一种奸诈之"术"。

应该说,如果有谁在自己的队伍中一味使用奸诈的手段,或者以此作为组织团队、驾驭下属的方式,那就会失去诚信,损伤人格,引起团队相反力量的极大反弹。他就难以收拾人心,无法成为统领万众的主帅,这是格局限制了事业。然而,历史上的曹操在职场的发展局面并非如此。可以相信,如果上述事情的记录果然为真,那也应该是作者搜罗出来的不多事件。曹操自有奸诈的手段和能力,但他不会、也不敢将这一方式经常在自己的团队中使用。而就前述几件事情而言,认定曹操做事奸诈,应该没有冤枉他。

1.3(9)"负我"与"负人"

如何对待自我与他人、与社会的关系,往往反映着一个人的人生态度。

曹操在一次危急关头就遇到了这样的问题，他处置这事的方式常被人们提起，进而对他进行了道德人品的长久吊拷。

《三国志·魏志·武帝纪》中记，曹操被董卓举荐骁骑校尉时，他决定弃官逃离，于是用了一个假姓名，从小路出函谷关，向东逃回家中。经过中牟县时，当地一位主管地方治安的亭长怀疑他，遂拘执曹操准备送到县里，亭长的助手认出了曹操，认为时势将乱，不应该逮捕天下英俊，就请求亭长释放了曹操。曹操遂回到陈留得以起兵。

在说到曹操潜逃东行时，裴松之作了三条引注。①所引注的《魏书》中说，曹操当时一行数人骑着马，在成皋（今河南荥阳虎牢关西北）路过熟人吕伯奢家，当时老吕不在，他的几位儿子和家中宾客合伙打劫曹操，牵走马匹并拿去财物，曹操遂持剑杀了对方几个人。②所引注的《世语》说，曹操路过吕伯奢家，老吕外出了，他的五个儿子在家预备下主客之礼相待。曹操觉得自己是负罪而逃，怀疑这几个儿子要图谋伤害自己，当天晚上就持剑杀了八个人离开了。③所引注的《杂记》说，曹操在吕伯奢家听到盛饭器皿的声响，以为吕家人要谋害自己，当晚就杀了那些人。然后凄怆地对人说："宁可我负人，不要人负我。"随后离开成皋。

史书的三个引注所记相同，故事在这里出现了三个版本。按照第一个版本，曹操路过成皋是多人而不是一人，他在吕家杀人，事情虽做得过头，但有点正当防卫的意思。按照第二个版本，曹操逃跑时自己心虚，因此误杀了好心相待的吕家人，应该承担全部责任。第三个版本为曹操误杀吕家人找到了诱因，但仅仅听到食器的响声就不分青红皂白，以为别人要谋害自己而杀掉对方，也未免过于荒唐。这一版本的最为特别之处，是说曹操在误杀吕家之人后，表达了他处事为人的基本态度，原文是："宁我负人，毋人负我。"

负，有背弃、违背之意，引申为辜负、对不起人。曹操的说法正表达着对待自我与他人关系的如下人生态度：在与他人相处、双方利益又相冲突时，宁愿做对不起人的事，而绝不让对方对不起自己。事实上，在自我与他人的利益冲突中不能谋求调和，就必然形成不相容的行为选择：要么伤害我，要么伤害你。曹操在危急逃命的关头，为了避免前者，就要义无反顾地选择后者；当时为了保证自己免于被伤害，就先发制人，甚至不给别人说明解释的机会，即便最后证明是误会了对方，但仍还遵循着他"毋人负我"的处人原则。曹操是一个遇事敏感、生性多疑、行动果敢的人，后来又权高位重，他在社会人群关系中要以"负人"来免除"负我"，自然能够实现。后世人搜罗有关他做事奸诈的事件，拷问他的人品道德，正是从他对"负人"与"负我"那既定的价值选择上来打量他。

后来的历史小说从作者特定的政治立场和传统的历史理念出发，把曹操路过成皋的事情做了几点改写：①引起曹操误会的诱因是主人家为招待他杀猪磨刀。②曹操误杀了吕家人后，又在村庄外砍杀了外出买酒返回的吕伯奢，原因是为了避免老吕结怨报案。这里已经不是误会，是为了保全自己，连冒风险招待自己的恩人也要杀掉。③曹操对大惑不解的同行人陈宫说："宁叫我负天下人，休叫天下人负我。"在这里，曹操原记话语中的"人我对立"，被改写成了"天下人"与"我"的对立，曹操被描写成了敢与天下人对抗。按照改动后的语言，曹操无论和谁打交道，都要亏别人一把，他成了一个毫无道德品格的人物。这样，曹操杀吕伯奢，并不是出于误会，也不是偶然事件，是他人生态度的一次显露。

我们真的佩服小说作者的演义才情，但若重新考察事情最初的记录，觉得还是很有商榷之处。《世语》原文说，曹操误杀了吕家人后，"凄怆"地对人说了那八个字，凄凉而悲伤的样子，似有很惋惜，不得已，悔之不及之意，行为语言在透露着更多的内心秘密。那既然如此，曹操为什么要说出"宁我负人"的话语呢，这里不能排除青年曹操的好胜心在作怪。他误杀了吕伯奢家人，明知错了，有些懊悔，但外表上不愿认错，却尽力在为自己的做错寻找"正当性"掩饰。年轻人在职场上做错了事，心认错而嘴不认的事不乏其人，35岁的曹操正桀骜不驯时，很难说出后悔认错的话，但行为语言多少表达了他当时内心的懊丧。就是说，在一个私下的非正式场合，曹操要显示自己的行为非错，于是有那伤及道德人品的荒唐言论。

近人卢弼所撰《三国志集解》说，东汉宦官吕强是成皋人，吕伯奢可能是吕强的同族人，既然曹操的祖父曾为朝中宦官，那由此就能理解曹、吕两家关系的渊源。该书补充《太平御览》引《魏国统》中所记事情：当初曹操在熟人吕伯奢家住过后继续东行，到了傍晚，路上遇到两个人，长得高大威武，曹操急忙为两人躲路，那两人笑着说："你好像有奔逃惶惧之色，到底有什么事儿？"曹操觉得两人不平常，就把事情的原委告诉两人。临别时他解下身上的佩刀给了他们，说："以此表达我的赤心，愿两位贤士慎勿泄露。"曹操在这里是小心谨慎地躲避着意外的事情，实在是生怕节外生枝，这种心态和行为应当不违背他特定情况下的真实心理。

在"负人"与"负我"的两种选择中，利益调和、两不相负应是职场活动中的上佳方式，即使这一要求在个别时候一时不能实现，也应在事后尽力弥补，以追求双方得失关系的长久平衡；对于最终难以调和的选择，当然应首先分清人我关系的性质，绝不能不分对象，见了人就心生损对方一把的心理。曹操在急难时候做了一件负人之事，说了一句好胜之话，被小说家渲染夸大，使他在身后经受着长久的道德拷问，从而在职场上立就了一面鲜亮的警示牌。相比而言，我们古人主张"忠恕"，推崇"吃亏"，反而是包含更大智慧的理念。

1.3（10）曹操背后的那位女人

人们常会说，职场上成功的男人，他的背后总站着一位出色的女人。在中国传统社会，女人的地位较低，但她们在家内事务上的作用及对夫君职场事务的影响，也不可忽视。我们这里顺次看看曹操背后最靠前的女人。

曹操最早娶的正妻是丁夫人。当时曹操刘夫人已生了一儿一女，儿子名叫曹昂。因为刘氏早逝，丁夫人就养育这两个孩子。曹昂20岁即举孝廉，197年曹操与张绣的宛城之战中，曹昂把战马让给父亲，自己断后阻击时被敌人所杀，丁夫人常说："儿子死了，我没有什么顾念的。"无节制地哭泣。曹操很愤懑，就打发她回了娘家，想让她消除思儿之念。后来曹操去看她，夫人正在织布，家里人传话："夫君来啦。"夫人仍然坐在机子上织布。曹操上前抚摸着她的后背说："转过来看我，咱们一块儿坐车回家！"夫人并不转身回头，也不说话。曹操退行到房子外面，又说："还是跟我回去家吧！"夫人还是不答。曹操说："真要和我分手啊。"随后断绝了关系。曹操让丁家将其改嫁，娘家不敢将人嫁出，丁氏就在娘家住着。丁夫人是一位对儿子感情深厚、秉性刚直、遇事不知转圜的人，局促的心性决定了她与曹操的性格差异与最终结局。

后来，丁氏经常受到曹操继室的馈赠与迎送之礼，她非常感激。去世后曹操按礼殡葬。曹操自己在临终前感叹说："我前后行事，心里感觉没有对不起谁。如果人死后有知，儿子曹昂若问'我母亲在哪儿'，我何言以对呢！"曹操因为感念儿子曹昂，到终了还是觉得没有照顾好丁夫人，心中尚存有对这母子两人的负疚感。

曹操于196年稍后，在迎请汉献帝到军营不久，他废掉丁夫人，立卞氏为继室。在216年曹操晋爵为魏王时，卞夫人即为王后。卞氏是曹操背后最为靠近的那个女人，她的作为和德行对曹操产生过不少影响。

曹操25岁在家乡谯县娶了琅邪女子卞氏为妾，卞氏出身歌女，小曹操5岁，生有曹丕、曹彰、曹植、曹熊四个儿子。生下第二子后，34岁的卞氏随曹操到洛阳，次年曹操因董卓之乱潜逃回家，不久袁术传来曹操死亡凶讯，伴随曹操来京城的身边人都准备各自回家，卞氏劝阻说："曹将军吉凶尚未知晓，今天回家，明天他回来了，有什么颜面和他重会？如果灾祸来了大家一同赴难，有什么不好！"大家都听从了她的话。卞氏在关键时候凝聚了团队，稳住了阵脚，曹操听到这事后非常赞赏。

卞氏没有成为继室时，丁夫人为曹操正妻，加上曹昂在其身边，她对待卞氏母子不大好。后来卞氏继位正妻，并不计较前面的恩怨。曹操出征时，他经常派人送礼物给丁氏，又私下接来相聚，让丁氏坐在主位自己坐于下位，就像过去一样。丁氏常说："我是遭废弃被放逐的人，夫人怎能经常这样对待呢！"对卞夫人非常感激。卞氏是深知曹操珍爱曹昂的情感所在，他以恭谦之心和细致关爱的行动，来代替夫君弥补对丁夫人的歉疚，做到了曹操本人不能实现的事情，团聚了整个家庭，也自然赢得了曹操与全家人的敬佩。

卞夫人生性简约节俭，不崇尚华丽豪奢，身边没有锦绣珠玉，器物多用黑色漆成。她常对自己的亲戚说："生活中应当追求节俭，不应当期望赏赐，追求安逸。亲戚家可能会责怪我对待人太薄，因为我做事有自己的尺度。我跟随夫君几十年间躬行节俭，现在不可能变成奢侈心性。咱们亲戚中有犯禁违法的，我会要求罪加一等，大家都不要希望有钱粮赏赐。"弟弟卞秉住进了新盖的大宅，她去其家宴请各家亲戚，没有特别的膳食，本人和身边侍女都饭菜简单，没有鱼肉，平时生活就是这样节俭。这与曹操在长期战争期间倡导的节俭风格大相一致。

曹操曾经得到几个名贵的耳坠，首先让卞夫人选一个，她选了品质中等的耳坠。曹操问她为何这样选，卞夫人说："我选上等的就是太贪，选下等的显得虚伪，所以选中等的。"可见她处事谨慎，思维缜密，又有足够的理性，与曹操的性格有同有异，既相贴心又相互补。

卞夫人每次随军征战，路上见到年龄大的白发老人，都要停下来问候，赐给绢帛。她常流泪说："最遗憾我父母没有等到这个时候。"她思亲尽孝而不得，把这种爱心转送到贫苦的老年人身上，对普通百姓富有真实的同情心。曹操曾写《蒿里行》，其中有："铠甲生虮虱，万姓以死亡。白骨露于野，千里无鸡鸣。生民百遗一，念之断人肠。"表达了对百姓生活的深切同情。卞夫人的情怀与此相同，且把这种情怀化成了自己的点滴行动。

曹丕被立为魏王太子，宫中女官来祝贺卞后说："儿子被拜了太子，所有人都很高兴，王后您不久会把赏赐品装满府库的。"卞后说："那是魏王觉得曹丕年岁大，所以让他继位，我只要能免于教导失误就很侥幸了，还盼有什么赏赐呢！"女官把这话讲给了曹操，曹操感慨说："生气不改面容，高兴不失节度，做到这些很不容易啊。"

曹操在219年与刘备争夺汉中时，为"鸡肋"口令被误解而扰乱军心之事，按违反法令罪斩杀了军中掌管文书的主簿杨修。杨修的父亲杨彪曾是汉朝太尉，其母袁氏是袁术的同族姊妹，家族显赫。《三国志集解》引《古文苑》载，杨修被杀，卞后给杨修的母亲写了《与杨太尉夫人袁氏书》的书信，内中深情表达说："我卞氏叩首致意，您的家门兴旺，贤郎在位辅国，经常能感到贵门一家的忠诚，情意深重。您的儿子德行盛明，又有盖世文才，我们全家钦佩，当宝贝一样对待。当今天下扰乱，战事不绝，主簿是辅佐主帅的股肱近臣，关乎征伐进退的军令，事须告知；军中设有金鼓作节制，却听到命令而违反统制。做主帅的人性情急躁，一如往常，在前线施行军法。我当时并不知晓，听到后就像心肝散落地上，惊愕得肠胆俱裂，悲伤痛心的感情难以抑制。夫人您宽宏大量，见字幸多容恕。特送上衣服一笼，彩绢百匹，饰室官锦百斤。我个人再送香车一乘，牛一头。这些小意思略表心意，希望您能接纳。"曹操在前线杀了杨修，卞后写书信安慰杨修的家人，她与杨氏名门的一贯情谊应该是真实的，无论书信是否为受托而作，其中对夫君政治行为的配合是及时的和到位的。

深知曹操的感情所系和其职场的利害所在，把恭敬谦和的心性、仁爱施人的情怀和善识大体的理性精神落实到与夫君相关的活动细节中，卞氏由此被曹操选择安排在自己的最近处站立。她在一个时代强人的身后很好地辅助了几十年，曹操一生的光辉中应该有她的身影。

1.3（11）魏王也是个大家长

曹操在职场上的事业很波折，但很兴盛；反观职场之外，曹操也绩效不凡。能够看到的是，魏王曹操也是个大家长。

曹操一生钟爱和收纳过好多女人，因为当时制度、道德和文化对男性婚姻的并存数量没有限定，曹操依靠自己权势所提供的物质基础，建就了一个以自我为中心的妻妾不少子女众多颇具规模的家庭。据《三国志·魏书·武文世王公传》所载，魏王曹操家庭大致情况如下：①卞皇后生了曹丕（魏文帝）、曹彰（任城威王）、曹植（陈思王）、曹熊（萧怀王）；②刘夫人生了曹昂、曹铄；③环夫人生了曹冲、曹据、曹宇；④杜夫人生了曹林、曹衮；⑤秦夫人生了曹玹、曹峻；⑥尹夫人生了曹矩；⑦王昭仪生了曹幹；⑧孙姬生了曹上、曹彪、曹勤；⑨李姬生了曹乘、曹整、曹京；⑩周姬生了曹均；B11年刘姬生了曹棘；B12年宋姬生了曹徽；⑬赵姬生了曹茂。另外还包括许多女儿，如嫁给汉献帝刘协的曹宪、曹节、曹华，与曹昂同母所生的清河长公主，还有其他地方提到的安阳公主、升迁亭公主、高城公主、临汾公主等。

在现代人看来，曹操家庭的内部关系颇为有趣：其一，25个儿子除早逝的几个之外，后来都被封王，他们的生母可以随儿子去封地安度晚年，这种安排当然包含有对生子妻妾的奖励与照顾。其二，生有儿子的13个妻妾是有记载、有地位的，但她们的封号有异，等级不同，在家中的地位有差别；还有一些没有生子的妻妾，如曹操收纳张绣婶娘张济的妻子、先前的正妻丁夫人等。曹操生前作出"分香卖履"的安排，可见没生儿子的妻妾一定不少。其三，女儿大多没有留下名字，如嫁给荀彧长子荀恽的安阳公主，嫁给桓阶的升迁亭公主，只是因特定婚姻关系才记录下了她们的存在，女性在传统社会中的地位之低在此可窥一斑。其四，据《三国志·魏书·何晏传》及引注《魏略》《御览》《初学记》几处所记，尹夫人原是汉灵帝朝中已故大将军何进儿子何咸的夫人，曹操收纳时尹夫人带着儿子何晏来到曹家；杜夫人是吕布大将秦宜禄的妻子，来曹家时带着儿子秦朗。大名鼎鼎的玄学家何晏与魏大将秦朗都在曹家长大，是曹操的养子；尤其是何晏因为超常聪明，深得曹操喜爱，他后来婚娶的妻子是杜夫人来曹家所生的金乡公主，何晏是曹操的养子加女婿。

曹操自己的家庭成员很多，在他这位大家长的生前和身后，成员中间发生过许多事情，给三国的历史和文化增加了不少色彩。

——198年曹操联合刘备在下邳围剿吕布，吕布已派将军秦宜禄去袁术那里请求救兵。刘备大将关羽对曹操说，希望攻破下邳后，让他本人娶走秦宜禄的妻子杜氏，曹操答应了关羽。下邳城即将被攻破前，关羽又为此几次请求曹操，曹操猜想这女人可能长得非同一般，破城后派人迎来观看，最后自己收纳了杜氏夫人。这一事件历来成为人们议论曹操与关羽真实关系的话题。

——在曹操的许多儿子中，"曹冲称象"的故事在少年儿童中很有影响，他使用的方法符合物理学的浮力原理，代表着我们古人当时智力水平的高度，常使我们引为自豪。然而另一方面，具有那么高超的智慧，却没有将认识再推进一步，将具体做法进行抽象升华，形成关于浮力的一般理论原理。止步于感性而不前，这一定是受到某种传统思维方式、思维模式的限制，当代人对此应保持高度警觉。

——曹植文意奇妙，才思敏捷，所写"七步诗"在民间广为传播，无人不晓，他的文才可以作为建安时代的代表。然而因为出身权贵之门，他一直陷入某种政治纷争中无法自脱，造成了他一生的悲剧，这显示了传统社会中的生活不公正。事实在提醒我们，君主独裁、内部争斗、赢者通吃及人身迫害的做法，应该永远成为历史的过去。

——曹丕的儿子曹叡，是为魏明帝，226年至239年在位。他生前无子，养了同族子侄曹芳继承皇位。史载："宫省事秘，莫有知其所由来者。"当时八岁的曹芳肯定选自曹操大家族的后代，而更具体的关系曹叡不愿公开，但有资料说是任城王曹彰儿子曹楷的生子。曹芳在位15年后，朝中权臣司马师在254年将其废掉，另立14岁的高贵乡公曹髦为皇帝。曹髦是魏文帝曹丕儿子曹霖的生子，254年到260年在位。曹髦被杀后，权臣司马昭立曹奂为帝，当时15岁的曹奂是环夫人儿子曹宇的生子。曹奂做皇帝第六年，被迫把皇位禅让给司马昭的儿子司马炎，265年时魏国被晋取代。

曹操开创了宏大的事业，又自建了一个规模颇大的家庭，加之具有他所在大家族的支持，在家国一体的机制中，曹操家族兴盛，事业宏大，料想应该两相促进,持久旺盛。然而很遗憾,曹家下传两代后,就承继乏人,家业被外来势力所控制而无法自我解脱。建国四十多年,家族势力就被踢出了政治舞台的中心。为何人多反而没有力量,为人所制,这一定有团队机制上、执政方式上和处事策略上的种种失误,一定有许多能够启发后人的深刻教训。

1.3（12）既爱美色,也爱才俊

曹操喜爱美色,这是可以肯定的。他权位越高,就越有实现自我欲望的条件,因而他妻妾甚多,广占美色。历史小说就此描写了他"败师淯水"的情节,说是曹操在宛城收降张绣之后的当晚寻找妓女,侄儿向他推荐城里新作了寡妇的张绣婶娘,曹操见其长得美丽,就引诱其留下同宿,为此惹怒了张绣,张绣降而复叛,致使曹操有丧子折将的宛城之败。《三国志·魏书·张绣传》中说:"太祖纳济妻,绣恨之。太祖闻而不悦,密有杀绣之计,计漏,绣掩袭太祖。"从史书所记和事件中曹操的反应看,曹操占有张济的寡妻,属于明娶,还不是小说所述的诱奸,或者抢占。不久张绣二次投降后,曹操还与张绣结为儿女亲家。曹操喜爱美色,自身权位保证了其欲望有正当的实现途径。

曹操善于结交,阅人无数,他有辨识之能,会很快发现人群中的佼佼者。碰到少年才俊,他尤其非常喜爱。

儿子曹冲,字仓舒,长得"容貌姿美",是位小帅哥。曹冲在五六岁时就有成人那样的智力。有次南方送给曹操一只大山鸡,曹操想让山鸡展翅起舞,大家想了好多法子都办不到,曹冲让搬来一面大镜子放在前面,山鸡看到镜中形象,便展开翅膀起舞,停不下来,几乎累死。据说山鸡钟爱羽毛,看见水中影子就起舞,曹冲是想法让它在地面垂直方位上看到影子,解决了问题。又一次,东吴孙权送来一头大象,曹操想知道这头象有多重,他遍问群臣属下,没有人能解决这一难题,曹冲让把象放在大船上,刻下船上水痕的印迹,然后在船上换成石头等物,等到大船沉到前面所刻的印记时,称出石物重量即可。这一方法涉及浮力原理,也包括等量排水体积必有等量压船物体的多重换算。曹冲将这些关系综合盘算,凭直觉悟出,在当时的确不是一般的聪明。曹操听到这个方法非常高兴,立即实施,其实他当时最高兴的是自己有这么智识超群的儿子。

当时军令执行严格，曹操的马鞍在库房被老鼠咬破，仓库小吏非常害怕，私下议论要绑着自己去自首，但仍怕曹操不肯赦免。曹冲知道这事，让小吏等待。他用小刀割破了自己的衬衣，就像老鼠咬破一样，然后装出满面愁容去见父亲，曹操追问为何忧愁，曹冲回答说："人们都说老鼠咬了衣服，主人就不吉祥，现在我的衬衣被老鼠咬了，所以很害怕。"曹操宽慰道："那些话都是胡说，没有什么妨害的。"过了一会儿仓库小吏来禀报请罪，说马鞍被老鼠咬破，曹操笑着说："我儿子的衬衣在身边都被老鼠咬破了，何况马鞍在仓库柱子上挂着。"后来再不提起此事。曹冲深知父亲疼爱自己，他借助这种感情，促使曹操明确指出习俗中的错谬认识，机智地保护了小吏。他也是一位富有同情心、关爱众庶的公子。

曹操常对群臣表示自己想要传位给曹冲。曹冲生于建安元年（196年），不幸13岁就病逝，正逢赤壁大战当年，曹操非常伤心，为其追赠爵位，又办了冥婚，超规格地安葬。儿子曹丕前来安慰，曹操甚至说："这是我的不幸，却是你们兄弟的幸运。"曹丕后来也常说："假如仓舒在世，我也得不到天下。"曹操对曹冲的喜欢和寄望，完全出自对才质贤俊的钟爱。他对儿子曹植也有过不少培养考察，确立的对象有变，而选定的标准和心理是一致的。

据《三国志·何晏传》及其几处引注，曹操的养子何晏，首先是皮肤很白，有人怀疑他施粉而肤白，夏天就送给他热汤面让吃，他大汗淋漓，吃完用红布擦脸，脸部更加白亮。如果他出外行走，观看的人会站满一路。何晏不但人长得相貌绝美，也是一位具有慧心天悟的神童。曹操喜读兵书，有些句子理解不了，试探地询问何晏，七八岁的何晏能够拆开疑点，分条说明，使听的人冰释疑团。曹家上下各类人都很看重何晏，曹操本人对何晏也奇爱无比，他觉得孩子母亲在自己家里，就想确认为父子，出游时带上他，让和自己的儿子一起按长幼次序同坐。何晏觉察到曹操的用心，就故意坐在其他席位，声称"异族不相混伍"。玩耍时画个线把自己圈起来，自称"何氏之庐"。曹操认子不得，就把女儿金乡公主嫁给了他。

何晏长大后做了朝中尚书，喜穿女式服装，自创时髦，违逆传统习俗与大众心理。但他著述丰厚，文意深刻，为一代玄学名流，在中国思想史上有重要地位。曹操对何晏当年的态度，正反映着他对青年才俊的某种痴慕心。

《三国志·魏书·任城陈萧王传》记载，曹操听说朝中年轻人丁仪是一位才学美盛之士，没有见到人，心里就非常愉悦。因为丁仪的父亲丁冲是早年首先支持曹操迎请汉献帝的朝臣，曾鼓励曹操借天子威势把事业干大，丁冲虽已去世，但曹操一直非常感念。听到人们对丁仪的赞美，曹操决定把自己的爱女清河公主嫁给丁仪。他向儿子曹丕提起这事，曹丕说："姊妹们都喜爱长得周正的人，丁仪的一只眼睛有毛病，公主会心中不悦，不如嫁给夏侯楙。"曹操听了曹丕的话，就把女儿嫁给了夏侯惇的儿子夏侯楙。不久丁仪前来和曹操商谈工作上的事情，谈话之后，曹操很佩服地说："丁仪是位高士奇才，就是他两眼瞎着，也应把女儿嫁给，何况他只是一只眼有毛病，这是儿子误导了我。"

在这里，曹操听到丁仪有才，就想把女儿嫁给他，当然包含有不少感恩丁冲的因素，但还是顾虑其眼有缺陷，当他感到丁仪的高才超乎寻常时，认识立刻有了变化，觉得即使其双眼瞎着也不是问题。在他看来，才能非凡的人哪怕有残疾，也不妨碍做自家女婿，喜爱青年才俊的思想极其明显。

《三国志·刘表传》及引注《御览》《北堂书钞》《零陵先贤传》中说：零陵有位年轻人周不疑，从小就有奇才，聪明敏达。曹操听说后，想在朝中给安排个职务，周不疑到了许都，受命写篇关于白雀来瑞的颂章，他拿到纸和笔后一挥而就，让在场的人们大为惊异。曹操大军在北方攻取柳城（今辽宁朝阳南），总是攻不下来，于是画下地势图形征询计策，周不疑看后进献了十条计策，柳城即被攻破。曹操认定周不疑是和自家曹冲可以匹敌的人才，想把女儿嫁给他，被婉言辞谢，又推荐做朝廷的议郎，也没有被接受。

208年，曹操在爱子曹冲去世后对周不疑产生了疑忌，他态度转变，想要除掉周不疑。曹丕曾作劝阻，曹操说："这人不是你所能驾驭的！"最后派刺客杀掉了17岁的周不疑。周不疑因拒绝了曹操的两重好意，表现出了要和曹操拉开距离的架势，曹操心知其意，但仍有其才可用的意念；而当曹冲去世后，他深知自家已经无人能驭控其才。在他看来，某一才质不能为我所用，就会有败坏自我事业的可能，至少存在着对自我发展的威胁，当然要将其毁灭。曹操暗杀周不疑，手法阴暗且卑鄙，却从反面表现了他对青年才俊的看重。

曹操的两种喜好，反映着他私人欲望的强烈，也反映着他在职场事业的追求中善于抓住要害，表现着他对人才不低的识别和鉴赏能力。

1.3（13）职位的升迁变化

174年曹操20岁进入职场，通过举孝廉途径入朝为郎，不久受推荐担任洛阳北部尉，三年后改任顿丘县令，同年被朝廷召回任议郎。其间因受亲族犯罪牵连被免职回乡。三年后又被召为议郎。

184年黄巾起义，被任为骑都尉，年底被外任济南相。187年改任东郡太守时托病告归乡里。188年朝廷设置西园八校尉，被任为典军校尉。189年被推举为骁骑尉时弃职东归，在陈留起兵，自创基业，开辟了新的职场。

190年率军参加关东军联盟，行（兼代）奋武将军。191年任东郡太守。192年受地方势力推举自领兖州牧，195年朝廷正式任命为兖州牧。

196年西迎汉献帝到汝南，被任为建德将军。同年6月改任镇东将军，封费亭侯，对家族侯爵的继承正式被认可。7月奉天子还洛阳后，任司隶校尉。汉献帝向其"假节钺"，诏命"录尚书事"。9月，奉天子离开洛阳东行许昌，被天子封为大将军、武平侯。到了许昌，辞掉了大将军，改任司空，行车骑将军。

204年被任命为冀州牧，辞去兖州牧。208年改制，罢三公官，设置丞相、御史大夫，被任为丞相。211年设副丞相，由曹丕担任。212年初，天子命其赞拜不名，入朝不趋，剑履上殿，如汉初萧何那样的待遇。213年五月，天子以冀州十郡封其为魏公，加九锡，十一月魏国设置尚书侍中、六卿。214年下诏魏公位在诸侯王之上，改授金玺、赤绂、远游冠。十一月，伏皇后被黜后，天子命其置旄头，宫殿设钟虡。215年初，女儿曹节由贵人被立为皇后。九月天子命其承制封拜诸侯守相，授其任命诸侯国高官的权力。216年晋爵为魏王，王家女儿称为公主，食汤沐邑。217年，天子命魏王设天子旌旗，出入称警跸。作泮宫，在魏地设大学。219年夫人卞氏为王后。220年去世，谥号武王。

据《三国志·魏书·武帝纪》，进入职场的曹操一生大致有如上职务变化，后期附有他获得的相关待遇，是要衬托和表明他在职务下实际权力的变化状况。职务升迁变化是客观的，但其中仍有一些看点值得关注。

①196年迎请汉献帝，是曹操事业的重要关节点。这一年他在朝廷中的职务变化极大。其中"假节钺"是国家最重要的授权方式，即交给他统领军队

并可以代替皇帝出征的权力。"录尚书事",即总领朝廷尚书事务。尽管属于兼职,但朝廷的文书行政事务都可以过问。军政二职统于一人,被认为这是曹操在汉朝廷所创新制。

②当年他被封为大将军,不久却辞去此职,改任为司空。这一变化更改其实是他与袁绍势力较量的结果。曹操受封大将军的同时,时为冀州牧的袁绍被封为太尉。大将军在朝廷是最高的职位,这在西汉武帝时就已明确,如卫青、霍光就担任此职,太尉反而成了有职少权的掌军官员。当时袁绍知道了他们两人的任命后非常不满,坚决要求辞去所封职务。曹操感觉到了袁绍的态度,因为他的军事势力还比不上袁绍,得罪不起对方,于是自己辞掉大将军,把这职位给了袁绍,有和平求好的意思吧,以此也想换取袁绍对朝廷班子的认可。而袁绍退回来的太尉之职,他也不好接受,就捡起了司空的职位。由此可看到军事势力在当时职位盘子划拨中的主导作用,也可窥见曹操已经在插手划拨朝廷的官职分配。

③陈留起兵后,曹操参加关东诸侯讨伐董卓的军事联盟,他在其中的职务是"行奋武将军"。《续百官志》中介绍,国家常设并有明确职阶的军职有:"第一大将军,次骠骑将军,次车骑将军,次卫将军。又有前、后、左、右将军。"这里的"奋武将军"应是临时设立的职务。"行",有兼任、代理之意。当时的职位完全由自我势力强弱和外界影响的大小决定。在临时设置的职位上,还不是正式的,也可看到曹操自我创业时起点之低和起步之难,后来任"行车骑将军",尽管也是兼代职务,但情况已大不相同。

④198年到203年间,曹操的职务几乎没有变化,但几年间做的事情的确不少,仅仅军事战场的活动就包括消灭袁术、擒杀吕布、招降张绣、击溃刘备、打败袁绍并夺取冀州等。军事斗争进入如此辉煌的时期,既是曹操军事才能得到了充分展现,也是他政治上"挟天子"的战略策略发挥了效力。其后改任冀州牧,占有了袁绍的广大地盘,表明他已经成为域内无人超越的最大政治势力。

⑤废掉三公,重设丞相,是国家机关运作机制上的一次大调整。西汉前期的君主鉴于丞相总揽政府机构的体制妨碍着君主集权的实现,在汉武帝时设立了以大将军为主体的内朝,这一权力系统听命于皇帝,凌驾在政府机构之上,以丞相为总领的政府机构渐次成了仅仅受命执行的机关,保障了君主

集权的实现。东汉设司马、司徒、司空三公，司马一职有时又称太尉。三方职任分别执掌国家军事、全国人口和监察。这一体制安排也是要避免政府机构的自我坐大。曹操恢复丞相制，是对前面体制变化的反向调整，就是要恢复和保障以丞相为代表的政府机构的运作，避免来自皇权力量对政府行事的掣肘。而且丞相一般是要设府，作为自己独立的办事机构。这样的变革使用的虽是旧有官名，但却体现着不少新意蕴。

⑥曹操在丞相之下设置了副丞相职位，儿子曹丕的世子地位确定后，即任世子曹丕为副丞相，副丞相也配有官署和机构，丞相的私家世袭安排已经显示了出来，这一设定恐怕是没有前例的。

⑦在扫清北方冀州，外部没有更大威胁势力后，曹操在朝中的地位就已无可动摇。其后曹操的职位、爵位和附加的待遇不断提高。魏公、魏王、九锡等，甚至可以使用天子旌旗，自己任命地方高官。至此，皇帝的奖赏招数已经用完了，曹操的职位、权力、荣誉和地位已经到了无法再提升的程度。然而，最后的那张纸壳始终没有剥去。

⑧曹操的职务进退、地位提升、权力扩大，以及对副丞相人选的确定，始终都是以诏令形式发布，奖赏都是皇帝主动送给。214年伏皇后被黜事件之后，丞相与皇帝的矛盾几乎已经公开化，但恰是这个时段前后，曹操权位提升、待遇增多的情况越是频繁。反常的现象如何实现，背后的过程及其采用形式没有文字记录，人们只能想象。

1.3（14）与杨彪家的两代怨结

曹操的同僚中有一个叫杨彪的人，他家四代人连续在朝廷担任三公职务，都以文才名世，当时只有袁术家族可以赶上杨家名望。杨彪本人是举孝廉出身，州府推举的职位他一概拒绝。约174年，杨彪33岁时被朝廷公车请到京城拜为议郎，其后职场上一路顺利，历任过侍中、京兆尹、太仆、卫尉等多个职务。曹操也是174年任洛阳北部尉的，但比杨彪小14岁，两人应该共事过一段时间。189年曹操放弃朝中骁骑校尉，潜归陈留起兵时，杨彪担任朝中司空。

司空杨彪在董卓把持的朝廷中也不得意，因反对迁都长安几乎被杀。董卓死后，朝廷大乱不止，杨彪一直在汉献帝的身边任职，他职务多变，跟随君主汉献帝受尽艰辛。

196年42岁的曹操带兵迎请献帝东归，当时杨彪担任朝中尚书令，负责皇帝的政令文书发布事宜，相当于中央秘书长。车驾在洛阳稍作逗留后终到许昌，因为朝廷迁到了新地方，汉帝刘协就想设宴大会公卿。曹操去到宫殿，却看到杨彪满脸不悦之色，他恐怕被人谋害，假托有病如厕，没等开宴就回到自己军营。杨彪也借口身体不舒取消了宴会。

当时袁术僭号称帝，因为杨彪夫人是袁术的姊妹，曹操上书劾奏杨彪，说他有配合袁术废帝另立的图谋，杨彪随后被捕下狱。朝中掌管宫室修建的将作大匠孔融听到此事，来不及穿朝服，跑去见曹操说："杨公四世清德，天下人敬仰。《周书》上说父子兄弟犯罪都互不牵连，怎么能把袁家的罪算给杨公。这不是欺负人吗？"曹操回答："这是朝廷的意思。"孔融反问："假如周成王杀了邵公，周公能说他不知道吗？"他据理力辩，又以众大臣辞职离开相胁迫。曹操不得已，将案子审理后放出了杨彪。

杨家因与袁家门当户对，两家建立姻亲关系完全合于当时习俗，但仅凭姻亲关系就说杨彪参与了袁术的僭越叛逆，当然是荒谬的。问题在于，曹操与杨彪共事多年，两人多年前就互相知晓，为什么重新相逢，在开始同朝共事时却隔阂颇大，不能相容呢？

应该说，杨彪对曹操首先存有不友好的态度。曹操大老远来迎请汉帝，他对朝廷情况不大熟悉，希望能有人给予自己战略上、方法上和处事细节上的指点，希望能得到忠诚的支持。杨彪是早前熟悉的同事，又担任秘书长职务，能够做出很好的点拨指导，曹操也许存有这样的期盼。但杨彪不是这样，相见后没有相互知心的交流，在对方进殿赴宴时反而满脸不悦。疑心很重的曹操立刻产生了误入鸿门宴的感觉，他找借口离开，其后就琢磨如何清除杨彪，想避免再次遇到不利的境况，提出与袁术有姻亲关系当然只是一种借口。

那么，杨彪为什么不能很好地对待曹操这位老熟人呢？这应有多重原因：一是，杨彪对迁都许昌心有不满。杨家是弘农华阴县人，世代在洛阳做官，他早有眷恋洛阳的心结。当年董卓要迁离洛阳，杨彪曾提了反对意见。现在经过千辛万苦，朝廷从长安重回了洛阳，杨彪觉得就足够了，但曹操却要行至许昌，且有军队相随，含有胁迫成分，杨彪连发言表态的机会都没有。他心中怀疑曹操就是董卓第二，所以一到许昌就没有好脸色。二是，两个人的性格相异。曹操是一个生性活泼、不守成规的人，他少年时顽皮不堪，在成人世界的名声欠佳，而杨彪承传家学，笃守礼仪，有很好的名声。两人同进职场时，杨彪老成自尊，有点瞧不起曹操，当时尽管有些人在抬捧曹操，也不时有曹操干事出色的传闻，但谨守本职的杨彪并没有给予关注，从未正眼去看曹操。后来曹操任了军职，杨彪更是在自认永不相交的另一轨道上注目前行。专注自我，不顾其他，又有一点清高自傲，这里已显露出了杨彪性格的不足。三是，曹嵩曹操属宦官家庭出身，虽然在朝为官，但被人们所鄙视。尤其是曹嵩当年用巨款换得太尉职位，一直成为人们讥讽的话柄，如袁绍在多年后的文檄公告中仍说曹嵩"靠赃款取得职位"。曹嵩在朝任职时，杨彪的父亲杨赐前后也任司空、太尉职务，和曹嵩应是工作靠近的同僚。杨彪对曹操长期的冷漠，多少反映着杨赐对曹家的鄙夷态度。曹操迎请献帝，初控朝廷，这时曹操的情况和以前已大不相同，但杨彪仍然用旧有的老眼光打量曹操，没有积极配合的态度，反而消极对抗，甚至摆出脸色，让对方难以琢磨，因而引发了曹操的怨恨。

在曹操看来，曹家和杨家几代同朝干事，而一直受到杨家的轻蔑，现在自己冒着风险迎请皇帝，保护朝廷，也保护杨彪他自己，但杨彪非但没有正常的支持与热情，反而端起架势，挑衅滋事，行为阴恶。即便没有谋害自己的图谋，但将来难以共事，当然要想法把他除掉。写奏书弹劾杨彪，是初控朝廷的曹操除掉对手、安定局面的步骤，也是对杨家两世怨结的清理，可惜被孔融打乱了步骤，但这一怨恨心结在曹操那里仍然存在。

杨彪出狱后，做事非常谨慎，大概不多说话，也不出头，199年时被任为太常，执掌宗庙礼仪事务。官渡之战前一年罢了他尚书令的职务，应该包含着曹操更深的考虑。205年杨彪被免职，朝廷以前赏赐给杨家的爵位、封地以及其他荣誉次年也被全部收回。杨彪职场多难，他也觉得汉朝气势衰落，就说自己脚上抽筋，行走不便，自此宅在自己家中不多出门。

杨彪的儿子杨修担任丞相府主簿，掌管文书事务。219年曹操在与刘备的汉中争夺战中，杨修臆度军情，违反军令，曹操借故杀掉了杨修。事情传到京都，曹家卞夫人立即给杨彪的袁夫人写了一份情意深长的书信，并送去重礼安慰，似乎在尽力维持两家的关系。曹操不久见了杨彪，看到他非常消瘦，就询问原因，杨彪说他"愧无日䃅先见之明，犹怀老牛舐犊之爱。"金日䃅是汉武帝身边的大臣，他曾杀了自己有违礼节的儿子。岁月已经磨平了杨彪当年的那种高傲气，他因思念儿子而消瘦，但难以说出心中的悲戚，反而以自责的方式来表达。曹操听后，一时都动了感情。

曹操220年去世不久，曹丕代汉建魏，自己当了皇帝，他想让杨彪做魏国太尉，大概是想借重先朝遗老的威望，表示魏国人物之盛吧，派人去告诉杨彪并征询意见，杨彪推辞说："我一直担任汉朝三公，碰上世道变乱，不能对汉朝有所补益。老年时身体有病，怎么能辅助革新了的朝廷？"坚决予以推辞。曹丕仍然任他为光禄大夫，送给他手杖衣袍，以宾客之礼相待，225年，一代名臣杨彪在家里谢世，终年84岁。

杨彪在曹操控制的朝廷不得其时，有他自己的问题。他在初到许昌遭受重挫后，大概感到了问题的严重，于是毁除了自身不多的锋芒，转而以著书立说为使命，在职场上自敛了一生。曹操不是一个不记私仇的人，他对杨家父子的不友好态度，表现着他们两家几代怨望的心结。

1.3（15）为什么不宽恕杨修

曹操爱才，喜欢能为自己所用的年轻才俊。然而，丞相府中的主簿杨修非常有才，且正在为己所用，为什么杨修偏就死于曹操刀下？

《后汉书·杨震列传》附有杨彪杨修父子的事迹，从中可见，219年杨修随曹操出征汉中，与刘备蜀军对抗，当时曹军处在无法前进，又不愿后退的境地，负责协调队伍的护军一时不知道该发出什么号令，曹操这时出面只告诉"鸡肋"。大家都不解其意，杨修说："鸡肋，食之则无所得，弃之又好像可惜。主帅作出回师撤军的决定了。"于是对外通报让慢慢打点行装。曹操本来就对杨修有所顾忌，这次杨修违反军法，曹操就将其处斩了。这里和历史小说中的描写略有不同，但杨修臆度"鸡肋"之令、扰乱军纪的事实，以及遭受刑罚的结果大体相同。杨修死后，曹操的卞夫人给杨彪的袁夫人写信解释并送礼物安慰，杨修母亲袁氏回信说："我的儿子违反军中制度，处罚是他应该得到的，怜念他始到而立之年，就丧命入土……"。原文中有"怜其始立之年"，有人据此认为杨修死时应是刚到30岁，而不是45岁。

杨修在汉中战场上确有该杀之罪，但犯了该杀之罪的人，主帅往往有免死的特权。曹操对特殊犯错人做过宽恕免死的事情不少，对杨修这样的人才，在生死关头却没有保护。问题不是杨修是否可杀，而是在他犯罪后曹操为什么不宽恕？综合杨修当时所处的社会关系，以及曹操对重大问题的态度，可以看出如下原因。

其一，是政治站队问题，以及由此引起的曹植生命安全问题　曹操晚年面临选择继承人的问题，他在许多儿子中曾考虑过曹冲，曹冲不幸早逝，后来考察和培养过曹植，但曹植做事放荡任性，难堪大任，直到217年，他最终确立了曹丕的世子地位。杨修一直和曹植情投意合，互为文友和知己，在曹植和曹丕的暗争中站在曹植一方。虽然在曹丕被确定为世子后，杨修曾努力靠近曹丕，如他给曹丕送去了自己所得的"王髦之剑"，为表示友好吧；而失势后曹植经常联络杨修，杨修也无法断绝两人关系。从表面上及往日的印象上，杨修就是曹植的追随者，他其实在思想感情上也一直倾向于曹植，这是没有疑问的。然而，曹丕是一个很有权术并且报复心极强的人，曹操对此心里有底，他料到自己身后曹丕当权，一定会报复和迫害曹植，曹植将陷入性命可虞的境地，而曹植只有谨守规矩、低调做人，大约才能免于厄难。如果继续有死党追随，保持个人小团体，那一定不是曹植的好事。杨修站队于曹植一方，这一点无法改变和消除，为了有效保护爱子曹植，就必须砍掉他的追随势力，那杨修当然是首当其冲的一位。后来曹丕上位做了皇帝，对曹植深加迫害，曹植仅勉强赚得自己性命而已，这正表明了曹操预料的正确性和及时剪除曹植羽翼的必要性。

其二，和政治站队相关的，是杨修的生活习性　如果曹植是一个谨慎守规的人，他追随曹植，就可以帮助曹植改正往昔怠慢失礼的毛病，这也未尝不是好事；然而杨修恰恰不是这样，他做事过于随便，法纪意识特差，行动上把握不了自己。《续汉书》中记有一事，有一次杨修与曹植两人喝醉了酒，坐在一个车子中，违禁从司马门出去，嘴里还说着任城王曹彰的坏话。此类事情还很多。这次在汉中之战中又臆测军令，无视军纪，说明杨修的毛病非但没改，反而变本加厉。曹操认为杨修若在曹植身边，后面对曹植会形成更多负面的影响，造成儿子曹植不可挽回的错失，会被对手抓了活靶子。因而，对曹植心有怜悯且有愧疚之心的曹操，就一定不能让杨修留在曹植的身边，而杀掉杨修就是最好的办法。

其三，杨修的聪明无关经邦治国　杨修的确很聪明，《世说新语·捷悟篇》就记载了几则杨修善解曹操心思的事情，对曹娥碑上蔡邕隐字"绝妙好辞"的悟得，甚至比曹操快了三十里路。历史小说中就借用了这些故事。《三国志·魏书·任城陈萧王传》引注《典略》《世语》记录了曹植与杨修的往来书信，彰显两人文采，也记录了杨修生活交往中的机智聪明诸事。据此看来，杨修确实聪明，是个人才，但如仔细琢磨，杨修的聪明不在军国大事上，而全是生活小事，有些类似于"脑筋急转弯"式的机智。这样的人才，拥有他不能对治国经邦有所助益，没有了也无伤大体。有他不多，没他不少。所以曹操觉得杨修这样的人无关大魏事业，即便算个人才，自己也完全丢弃得起。

其四，曹操一直对杨家心有宿怨 曹操刚进入职场时就被杨彪所轻慢，他感觉到了杨家对自己家族的某种鄙视，因而早年就对杨彪心有芥蒂，当时因故没有除掉杨彪，后来杨彪龟缩在家从不出头，一直没有把柄，只好和平共处。现在杨修在大战关头公然违犯军法，是自己来送死，曹操觉得实在犯不着出面为杨家人去法外开恩，自己只要顺水推舟，推动执行就可以了，这样既打疼了杨彪，也稍解对杨家的宿怨。

其五，杨修是袁术袁绍的外甥，斩草还要除蔓 曹操曾先后打败了袁术和袁绍两位强劲对手，诛除了他们的家族势力，杨修作为二袁的外甥，与他们血缘有亲，很难说对消灭二袁毫无想法。按照常理，杨修对曹家心有怨望，这反倒是免除不了的。现在杨彪已经人老迟暮，不足为虑，而杨修尚还年轻，这次他面临死罪，草斩而蔓除，也不是坏事。

其六，曹操已到了晚年，上述想法的实现已没有拖延的机会 杨修常常是曹操智商竞技的对手，在某些方面又是心理交流的知己，曹操自然有时也欣赏杨修。但汉中之战时，曹操已65岁，他要清理对杨家几代的宿怨，要铲除袁术袁绍余孽，尤其要剪除曹植势力以保护曹植本人。曹操预感到这是最后的机会，事情已无法拖延，因此就再也不能宽恕杨修。杨修临死前对友人说："我知道自己本来就死得晚了。"他料到了自己被处死的原因，因而知道受死本来已被拖延。汉中之战后，曹操退军回京都几个月就去世了，他在处死杨修这事上应该是把握了很好的时间点。

不宽恕杨修有多种原因，而保护儿子曹植正是问题的核心。杨修在汉中被处死，曹操和夫人分别给杨彪和他的夫人都写信作了安慰。曹操给杨彪的信中说:"我与您共同参与国家的正义事业,您让贤能的儿子辅佐我。现在中原虽然安定,但周边尚未平息。出军征讨事关重大,也会骚扰百姓,所以有明确的进退号令,担任主簿的人应该谨守规则。但您的儿子依仗权贵豪门的威势,经常不与我同心。我几次想绳之以法,顾虑引起怨恨,又觉得他能改正,因而总是给予宽恕。如果这次再予赦免,将会伤害您的家门声望,因此就让施刑。感念你们父子之情,我在此表示沉痛伤悼。"杨彪回信表示:"我们全家的忠诚,总能受到接纳,心里感到欣慰,我儿子顽劣愚钝,却获得您重用,他竟不能像期望的那般效力,报答您的所爱。军队出征时,占着位子做事的人本应该勠力同心,如果处事像开玩笑一般,肯定会违犯军法制度。最能观测儿子行为的人是他的父亲,我常担心这儿子将来会败家,您加恩宽恕了他,使他负罪活到今天,前几天听到这消息我心肠断裂,按人情谁能不是这样,但想到这是他的过错引起,就能稍稍宽心舒缓。您送来马和其他物品,只有亲近故旧能做到这地步,看到所赠其他物品,更加伤感惶恐。"上附曹操杨彪事后通信,我们由此可对他们两家关系有更多的联想回味。

1.3(16)让消极的人才走远些

平原郡般县(今山东宁津东南)人祢衡,是一位盛名在身的人才,他年少时就善于辩论,学养精良。读书时看一眼就能背诵下来,听一遍就记下不忘,为人崇尚气节,刚强而气盛。但这人有个特点,喜欢矫正时俗,待人接物上态度傲慢。

祢衡生于173年,21岁时至荆州一带躲避战乱。《后汉书·祢衡传》记载,朝廷迁至许昌时,各地人才都前来汇集求职,时年24岁的祢衡也怀揣名片来到京都,但一直到名片上的字迹都模糊不清了,仍然无所获得。祢衡结识了年龄大20岁的孔融,孔融对其非常赏识,他向朝廷上书推荐祢衡,同时多次在曹操跟前称赞其才能,曹操就想见见祢衡。

祢衡素来轻视曹操,大概也不满曹操的处政行为,他自称有癫狂病,不肯前往,经常发表一些放肆的言论,曹操为此心中生怨。听说祢衡善于击鼓,曹操就招他来安排了聚会演奏中击鼓的职务,在一次大会宾客时,想让祢衡演示技艺,敲出好的音节。当时击鼓队的人都换了统一服装,祢衡被安排击奏《渔阳》三挝。他小步向前,容态不同,声节悲壮,听到的人都情绪激昂。

祢衡击罢后走到曹操面前停下，有官员喊："击鼓人不更换着装，怎么敢轻易走到前面？"祢衡说："好吧！"就解开了内衣，脱光衣服，赤裸站立。然后慢慢拿出着装穿起来，穿好后再次击了一遍鼓就离开了，全然没有惭愧之色。事后曹操笑着说："本来想戏弄祢衡，反而被祢衡戏弄了。"

孔融事后见到祢衡，责备他说："您是大雅人士，难道应该这样吗？"告诉他曹操是有爱慕之意的，祢衡答应前往。孔融又去见曹操，说祢衡是犯了病，现在他自己请求前来道歉。曹操高兴了，告诉看门的人有客人来就通报。这天时间等得很晚了，祢衡衣着不整，手里拿着三尺长的木棒坐在军营门口，用木棒捶地大骂。门吏前来通报说：外面有个狂生，坐在营门胡言乱语在骂人，请求将其逮捕治罪。曹操听到后发怒，对孔融说："祢衡这小子，我杀他就像杀掉麻雀老鼠一样。这人有点虚名，杀了他大家会说我不能容人，现在把他送到刘表那儿吧。"于是安排几个骑兵送他去了荆州。

祢衡来到许昌找工作，开始一无所获，多亏知心朋友孔融出面帮忙，把他介绍给了当权人物曹操，但祢衡为什么拒绝见面，后来又在击鼓的位置上不守规矩，以赤裸身体的方式亵渎仪式、冒犯曹操呢？应该有两个原因。首先是他恃才自傲，有蔑视权贵的心态。他可能不赞成曹操的政治理念，对曹操的执政行为有所不满，因而以不合作的态度表达自己的愤恨和轻蔑。此外，他真的有癫狂病，这一病情在情绪波动时就极易发生。祢衡的确善于击鼓，他深知被任鼓吏，包含着曹操对自己的嘲弄和打击。走进场面，情绪一激动，就控制不了自己，在场上官员不知情的喊话中，懵懵懂懂地脱光了全身衣服，发生了裸体示众的丑态。这一意外的亵渎仪式事件使宴会主持人曹操在全场宾客面前丢了面子。曹操自认被祢衡戏弄，是因为事情确实伤害了主持人的声誉。然而出丑者本人竟毫无惭愧意识，这正是其病情发作、神志不清的表现。

孔融尽力要撮合祢衡与曹操的关系，事后在两边说了好话，他使用了媒婆说婚的方式，向双方都表达对方的倾慕之情，要消除其间的不良情绪，重点是要为祢衡创造被曹操召见的机会。曹操倒是希望能再次接触这位盛负名声的高才，所以在军营中等待，但最后等来的仍然是狂生骂街的结局。他绝对不会想到，孔融所说关于祢衡知错道歉，根本就是孔融自己的杜撰，不代表祢衡的真实心理。那么，祢衡为什么这天误时爽约、到傍晚来扣棒骂营呢？

得罪曹操不说，难道他不知道会把孔融夹在中间不好做人，不怕失去孔融这样真诚的朋友吗？问题是，他的癫狂病那时又发作了。

祢衡的癫狂病他自己对外宣称过，孔融给曹操也提到，应该是人们都知道的问题。他平时敢发议论，愤世嫉俗；病情发作时神志不清，胡说八道。人们从他言行出格的外表上分不清当时属于哪种情况，所以碰到他言语偏激、出口骂人时总是倾向于原谅他；而世人的原谅宽容又养成了他言论放肆的习性，使他成了一个敢于冒犯权威、言行无底线、不受人待见的人物。他离开许昌去了刘表那里，有过一段不愉快的经历后又被刘表送到江夏太守黄祖那里，因为同样问题，他在25岁时终被黄祖杀掉。一位年轻的人才各处求职，却经常游走在言语伤人、被权贵嫉恨欲杀的危险路径上，正常的人不会如此吧。

祢衡在与曹操的接触中连续两次发病，尤其是击鼓时裸身示众，让曹操丢了面子，但他是无意识的，曹操已给予原谅。历史小说出于对曹操的贬损需要，改编出了"裸衣骂贼"的情节，抹去了史书所记祢衡自称有癫狂病的事实，将其打扮成一身正气、怒斥国贼、视死如归的英雄。事实上，即使要灭除国贼匡救天下，那个场面还远不是逞能之时。

祢衡是有才的愤青，他常常不分场合，言语不逊，对任何出众人物都无恭敬态度。在许昌求职不得时，有人建议他去找找陈群、司马朗两位忠厚之人，祢衡说："我怎么能去找那些杀猪卖酒一类人呢？"又有人建议他去找荀彧、赵稚长。祢衡回答："荀彧可让去借面吊丧，稚长可让监厨请客。"他与孔融、杨修两人相好，常说："大儿子孔融，小儿子杨修，其余都是碌碌之辈，难以充数。"他常常口出狂言，目中无人，无缘由地侮辱他人。这无论出于什么原因，都会影响团结，涣散队伍，是集体团队中的消极因素。正是考虑到这一问题，曹操在对祢衡短暂试用后就坚决地放弃了他。让消极的人才走得远远的，表现了曹操在职场团队建设上的现实方式，他把烫手的山芋送给关系不温不火的刘表，给了对方人才又难为其用；让两个负有盛名的人儿在南方去互相撕咬、互相折磨、充分表演吧，这也不失曹操的一种心机。

1.3（17）一对生死友谊的破裂

曹操早年在职场上有一同僚，叫张邈，字孟卓。东平寿张（今山东东平南）人，年轻时因侠义而闻世，名列汉末"八厨"，"八厨"是说有八个人物能以财救人、轻财重义，张邈即为其中的一个。因张邈能救人急难，很多人都归附他。

张邈一进职场就在朝廷干事，后被任为骑都尉，他当时和曹操、袁绍都是好朋友。189年曹操潜回陈留组织自己的军队时，张邈正担任陈留太守，他们一同举义起兵，各自组织军队，参加了对抗董卓的军事联盟。当时在公布的联盟名单上，张邈为陈留太守；曹操没有职务，未列入公开名单中，盟主袁绍任他兼代奋武将军。

因为讨董联盟在军事上迟滞不进，在董卓挟献帝西迁长安时，曹操率自己的军队向西追赶，在荥阳汴水之战中，曹军与董卓大将徐荣交战，结果一败涂地，军队死伤很多，曹操本人和战马都受了伤，只好连夜退归。这次战斗是曹操的单独行动，只有张邈派自己的大将卫兹领着部分军队追随。曹操与张邈两人在战场上结下了情谊。

盟主袁绍统驭无方，待人又有骄矜态度，张邈不畏强大，在正式会议上对此公开指责，袁绍很不高兴，由此结下怨恨。后来曹操经营东郡一带时，袁绍听说张邈与吕布有交往，就让曹操杀掉张邈，曹操没有听从，还写信责备袁绍说："孟卓是我亲近的朋友，如有分歧应当互相宽容。"张邈知道了这事，非常感激曹操。

曹操因战略发展需要，同时因父亲曹嵩被徐州牧陶谦部将所害，他于193年大举出征徐州，临行前告诉家人说："这一战我如果回不来，你们就去投靠孟卓。"后来他从徐州回兵见到了张邈，两人垂泪相对。曹操在关键时候把家室托付给张邈，可见两人交往之深。

曹操任兖州牧不久，吕布领军前来争夺此处地盘，他路过陈留时拉着张邈的手互相诉说，张邈一想到袁绍、吕布等人的势力之大，常常内心不安。194年曹操再一次出征徐州，张邈和曾任广陵太守的弟弟张超，还有曹操留守军队中的中郎许汜、王楷，在东郡守备陈宫的教唆鼓动下，东迎吕布为兖州牧，致使当地好多官员都投降了吕布。率军去徐州作战的曹操，这次几乎失去了整个兖州，只有三座城为曹操所有。曹操闻讯立即率军回师，经过与吕布军队一年多的艰苦鏖战，才恢复了兖州领地，赶走了吕布军队，稳定了地盘。

张邈兵败后随吕布逃跑,把家属留在雍丘(今河南杞县),安排张超驻守。曹操包围雍丘城几个月,攻破后放纵兵士杀掠,实施屠城,斩杀了张超并灭张家三族,张邈想向袁术求救,未到寿春城就被袁术军队所害,身死族灭,下场极为悲惨。

曹操与张邈一同起兵,在战场上相知相交,成为可以将家室性命相托付的朋友,友谊颇为感人,然而不到几年,张邈兄弟及其家族就成了曹操军士的刀下鬼,一段生死友谊如此结局,令人唏嘘不已。

应该说,曹操与张邈两人早年的友谊是极其诚挚的,在曹操地位低下、行动孤单的时候,张邈首先给予了唯一的配合与支持;而曹操敢于顶住势力强盛者袁绍的指令,拒绝对张邈背后下手,这和曹操责备袁绍一样,都体现了对他们友谊关系的珍重,是匡扶社稷、重整山河的共同志向把两人联系在了一起,这也符合张邈年轻时所秉承的重义轻财的理念。

然而,战乱年代的利益纷争,身份地位的起伏变化,以及生死命运的不可把握,往往会对人们所持有的价值理念形成极大冲击,能够保持稳固价值理念的人是不多的,张邈就是经不起时代变迁巨大冲击、且判断力不敏锐的人物。当时张邈看到的是天下走向大乱,周围强手云集,人人在争夺利益,曹操四处受困,一切理念都经不起考验,前景一片迷茫。陈宫这时对他有一段说辞,大体上一是说时局大乱,人各为己,以你的条件何必受制于人;二是说曹操东征时兖州空虚,迎请强人吕布来兖州你们共同治理,这是极好机会。张邈相信了这话,在一片喧嚣纷争的社会,他原有的价值理念发生动摇,那种看重义气友谊和不屈强大势力的生活信念被丢弃,他也不明白人生事业的发展前景主要由人的内在素质决定,因而在袁绍、吕布、曹操及陶谦等一大批人物的争战较量中,张邈对时局变化的前景做出了最错误的判断,进而以弃小投大的功利态度来处事,竟然背弃友谊,投降吕布,在背后捅了曹操一刀。这一连串的行为过程中,包括对事情趋势的判断,甘向强大屈服的人生态度,不守忠诚的观念转变,都是他原有价值理念发生动摇的结果,这一动摇导致了他人生的逆转和灾难。

现代西方人说,世界上没有永恒的朋友,只有永恒的利益。中国古人会说,天底下没有永恒的朋友,却有永恒的理念。人生的奋斗不是以巩固友谊为目的,曹操当然没有必要固守与张邈先前哪怕极诚挚的友谊。在张邈放弃理念、背叛友谊、造成重大损失的情况下，曹操靠自己的英武和韧力战胜了强敌，并对张邈作出严厉报复。他做得有些过分，但他在强势对手的围堵中脱困出头的事实，展现了某些制胜原则的不变性存在，表明了崇奉利益原则的极大局限，说明以短视眼光追求利益的人儿反而常常得不到他们追逐的利益。

1.3（18）与陈宫的恩怨纠葛

陈宫是三国时代的出色人才，他与曹操有短暂合作，不久反目成仇，互相伤害，给各自的事业和人生造成了重大损失。

陈宫，字公台，东郡（今河南濮阳西南）人，他性格刚直烈壮，年轻时与海内知名人士相交结，应属地方名流。去掉历史小说的虚构情节，据散见于《后汉书·吕布传》和《三国志·吕布传》及其引注中的记录可知，191年曹操任东郡太守时，陈宫在本郡治所武阳与曹操开始交往，次年曹操被地方势力推举为兖州牧，陈宫应该支持了这一活动，并跟随曹操到兖州。194年曹操报父仇兴兵讨伐徐州牧陶谦，出征前安排陈宫为东郡守备，负责全面防守事务，荀彧、程昱、夏侯惇等人驻守鄄城、范县、东阿等地。从这一人事布局上看，陈宫是当时很得曹操信任的僚属。

但非常遗憾，待曹操领大军前往徐州与陶谦鏖战正酣时，陈宫却联络陈留太守张邈及曹操旧属许汜、王楷等人背叛了曹操，把正在四处抢夺地盘的吕布请进来，推举为兖州牧，兖州各地官员一时纷纷响应，投降了吕布，仅剩下了荀彧等人驻守的三城坚守未降。曹操立即回军争夺失掉的根据地，因军队远来迎敌，战斗力不足，加上当地连年受灾，粮食不足，争夺兖州受尽挫折。他一度曾准备接受袁绍邀请，前往投靠，多亏程昱劝阻才坚持了下来。经过一年多的煎熬，曹操终于赶走吕布，夺回了地盘，这是曹操三十年军事生涯中最为艰苦的一段经历。

陈宫跟随曹操不久，就受到重用，他反目为仇，背后插刀，正是他的背叛和挑拨才导致了几乎失掉兖州的后果，这的确是一次巨大的友情伤害。曹操夺回失地不久，即被朝廷正式任命为兖州牧。三年之后，曹操出兵征讨吕布，在下邳城活捉了吕布和陈宫等待处理。

军士把两位囚俘捆绑着带到曹操面前，曹操问陈宫："公台老友，你平常自以为很有智谋,如何今天到这个地步?"陈宫指着吕布说:"这个人不听我的话,就到了这个地步。如果他听我的,也不至于被活捉。"曹操笑着说:"那今天这事你说该怎么办?"陈宫回答:"为臣不忠,为子不孝,当然要处死。"曹操说:"你这样死了,你老母亲怎么办?"陈宫说:"我听说以孝治理天下的人,不伤害别人的至亲,我老母亲能否存活,只能由您来决定。"曹操再问:"你的妻子儿女怎么办?"陈宫答:"我听说施仁政于天下的人,不断绝别人的祭祀,妻子儿女能否存活,也由您决定。"曹操没有回答。陈宫说:"让我出去受刑,以明军法。"随即自己往外走,旁边人劝止不住,曹操流着眼泪送了出去,陈宫并没有回头。

陈宫在与曹操对话后,他无所顾念,引颈就戮。曾经宣称"宁我负人,毋人负我"的曹操,在与陈宫交往中尝到了被人所负的一大苦果,而抓到仇人,满可以报仇快意时,反而留恋顾念,不忍出手。曹操在这里抛弃自己早先的宣言,想要宽恕陈宫,应该有以下原因:一是,陈宫是个人才,曹操在事业初创、气象方张时,正需要更多能救弊补缺的人才来支持,陈宫正合于这样的要求,曹操想留下陈宫为己所用。二是,陈宫结交广泛,在东郡、兖州一带人望颇高,曹操要借此团结网罗这批名流,强壮自己治理该地区的社会基础。三是,年轻时好胜逞强,不知世事之圆浑,说了那句"负人""负我"的盛气话,但根本就没往心里去。曹操在近前就宽恕了降而复叛的张绣,他做事待人从来都是以实际需要为准则,不存在对"负我"的陈宫不能宽恕的前提。由于这些原因,曹操对抓获的陈宫反复盘桓询问,在多个点上提醒他,暗示自己可以宽恕对方的心底,甚至打出亲情牌作引诱。他是想要陈宫说句软话,表达出企求活命之意,作出个继续同心合作的保证,好让自己有台阶可下,准备顺势做个人情。但有负情义、叛而被抓的陈宫却当着众人之面毫不配合,坚持要慷慨赴死,曹操虽不情愿,但军法犹在,情势难转,只好流着眼泪送走陈宫。陈宫死后,曹操像先前一样厚待他的家属,负责出嫁了陈宫的女儿,把他的母亲招来供养到寿终,可见他挽留陈宫是出于至诚。

曹操如此看重陈宫,那陈宫当年为什么要背叛曹操呢?这里的史料非常缺乏,看不出相遇三年间两人有什么直接的利害交集。《资治通鉴·汉纪五十三》中说:陈留人边让,做罢高官退职后回到家乡,他恃才傲气,看不起曹操,经常讥讽诬蔑。同乡有人设计陷害,把他告发给曹操,曹操杀了边让,并处斩了其妻子儿女。曹操的家庭出身常被政见不同的士人所讥讽，他负气杀了边让这位有才气的名人，"由是兖州士大夫皆恐惧，陈宫内亦自疑"。陈宫尚不是张邈那样眼光短视、心无主见的浅薄之人，《通鉴》的分析是有道理的。陈宫对曹操以权势对付读书人的方式很有意见，认定曹操是难以合作之人，由此产生了反叛和脱离曹操的想法，他叛离曹操，反映着两人理念道义上的分歧。另外，陈宫此前与吕布没有直接接触，他凭感觉到的外界影响和既有声势，一时对强人吕布产生了尊崇心理，以为凭借吕布的力量可以保护兖州、抗拒曹操，于是串通张邈等人，做出了一个背叛友情、违背趋势的错误决定。当他绑身于吕布的战车后，就已经没有了自由的选择，只能将吕布奉陪到底了。

陈宫也是一位光明磊落的人，他因一种难以沟通和无法自明的原因脱离了曹操，给对方造成了重大损失。被擒后曹操几乎已经亮出了要宽恕自己的心底，但他知道，在世人的视野和眼光中，自己当年的行为是背叛友情、恩将仇报、不合道义的，既然这样，就不必贪生求命，在世间去充当那接受舍施、负义偷生的角色。当道义亏欠时，就应当拒绝别人怜悯，慷慨地去赴死。他不允许人们在自己身上用打折的标尺去矮化刚性的道义。

陈宫那看似无由的负心背叛是要维护读书人在权势面前的尊严，而出身宦官家庭的兖州牧曹操，在遭受退职高官和学人名流讥讽侮辱的时候，也不可能听之任之，他会利用拥有的权势作出报复，曹操和陈宫两人的行为似乎都合于"情理"。是家世鄙视、权势滥用、群体阻隔导致两人走上了反目为仇、互相伤害的地步，不禁令人唏嘘感慨。

1.3（19）备下宽厚之心待人

曹操在被兖州地方势力推举为州牧时，他强化地方治理，推举和任用了一批年轻人物。《三国志·魏书·武帝纪》记载了两件事情。

一件是：东平人毕谌被任为别驾。别驾是地方长官的辅佐，常跟随长官出巡又不同车，故称别驾，相当于州牧助理。194年张邈反叛投降吕布期间，劫走了毕谌的母亲和妻子，毕谌当时随曹操出征徐州，回军作战时听到了这个不幸消息。曹操知道后对毕谌说："你的母亲在对方手里，你就去照看吧。"毕谌叩着头说自己没有二心，曹操赞赏了他，哭着打发他走了。毕谌离开后，就去了吕布张邈那边，后来一直跟着吕布干事。198年曹操攻破下邳城活捉了吕布，同时也俘虏了毕谌，大家都为毕谌感到担忧，曹操说："做人孝敬他的双亲，那干事不也忠于他的主上吗！这是我所期盼的。"他安排毕谌做了鲁相。

另一件是：一位叫魏种的人被曹操举孝廉。张邈反叛时，兖州地方官员纷纷响应，曹操当时曾对别人说："其他人反叛，但魏种不会抛弃我。"事实上魏种却跟着反叛了，后来几经辗转，魏种投靠了袁绍。曹操听到后发怒说："他魏种不向南到越地，也不向北到东胡，却这样选择，当初何必要推举他！"曹操消灭了张邈和吕布后继续扫除其残余，199年兵进袁绍控制的河内郡，河内郡太守缪尚战场失利，率众投降，曹军曾在攻下射犬（今河南修武西南）时活捉了魏种。曹操亲手解开魏种的绑绳，将其封为河内太守，他对人说："魏种人才难得。"让他全面负责黄河以北的政务。

《三国志·魏书·臧霸传》和《资治通鉴·汉纪五十四》记载了几件相关联的事情，泰山华（今山东龙口）人臧霸年轻时以勇壮闻名，在18岁时曾带着几十人截道抢夺被官府诬陷逮捕的父亲，后来跟随陶谦与黄巾军作战，因战功被任骑都尉。曹操东征陶谦、回师兖州时，臧霸领兵协助吕布作战，与曹操为敌。后来曹操消灭了吕布，臧霸就把自己藏匿起来。曹操想法寻找到臧霸招来相见，见到后非常高兴，任命臧霸为琅邪相；并让找来他的故旧下属和朋友，一并给予任命。曹操还把青州、徐州划归到臧霸治下，让他一并管辖。在后来曹操与袁绍数年对抗期间，臧霸率领精锐部队驻守青州，守卫了曹操的东线安全，使其能够专心于北线作战。臧霸后期成了曹魏集团的重要将领。

曹操初为兖州牧时，曾提拔了徐翕、毛晖二人为将，张邈反叛时，两人都跟着响应了。等到兖州叛乱被平定后，徐翕、毛晖二人为逃命投靠了臧霸。曹操知道了这一消息，即托刘备传话给臧霸，让把徐、毛二人的首级送来。臧霸对刘备说："我所以能自立于世的缘由，就是因为不做这些事。我臧霸身受曹公不杀之恩，不敢违抗他的命令；但是成就王霸大业的君主，可以用大义来说服，希望刘将军为我求情。"刘备将臧霸的话告诉了曹操，曹操非常感叹，他对臧霸说："这是古人的高尚行为，臧君能这样做，这正是我所希望的。"于是改变了主意，任命徐翕、毛晖二人为郡守。

<<< 1.3 才华盖世的曹操

在上述事件中,毕谌、魏种、徐翕和毛晖都是曹操提拔任用的年轻才俊,但在曹操情势危急的关头,都曾做过有负曹操的事情。毕谌离走虽然是出于守母尽孝的不得已,但吕布撤离兖州三年多,毕谌一直没有回归的表示;大军围困下邳城数月,他也没有主动与城外联络的迹象,显然是做了跟着吕布干到底的准备。臧霸因为早期追随陶谦的关系,一开始就站在了与曹操为敌的立场上。就是说,在曹操兖州鏖战的困难时刻及其稍后一段时间,上述五人都不看好曹操,其中那些负心背叛的人更使曹操恼怒。但是,当这些人一旦被擒获做了俘虏,可以自由处置时,曹操并没有实施报复以逞快意,反而加以任用,有些还授给重要的职务。事实验证了曹操这些措施的正确性,也展现了曹操一些重要的施政特征。

首先能看到,曹操坚持了对人才的保护和重用。曹操立意开创宏业,靠的就是人才,他曾表示:"今天下尚未定,此特求贤之急时也。"初掌兖州政务时,他以自己的标尺选择了年轻才俊作出任用,后来时局变化,情况反复,无论这些人的活动选择怎样,但他们作为人才的资质没有变化;同时无论自己的情感波动如何,人才兴业的方针没法动摇。这样,释旧怨而重新任用,就是上好的处置方法。上面几个人与自己心有芥蒂隔阂,但他们具有能帮助自己兴盛事业的才能。在这里,小道理要服从大道理,个人情感要服从施政方针,暂时的变化要服从长久的目标,这就必须舍弃前者抓住后者。曹操在对如上个别事情的处置上,都展现出了能够把握大局的政治驾驭能力。

其次可以看到,曹操的施政内含有稳固的理念。比如他认为,能孝敬双亲的人必定忠诚于主上;成就大业的人不能抛弃仁政等。曹操所持有的这些理念在当时社会上其实有很深的根基,他不仅对此信而不疑,而且他进一步把这些理念贯穿到自己具体处政的行为中。一是,根据忠孝一体的理念,他很有把握地释放了毕谌;也用感化的方式招来臧霸而重用,希望他们把由孝而生发的忠诚用到自己身上。二是,根据仁者无敌的理念,曹操对这些没有特殊利害缘由的负义人物都给予了宽恕,他充分理解人性中趋利避害的坚固特性,原谅他们在危急时候为了自我保护而选择的从众态度。他这种备下宽厚之心,以善待人的方式,既团结了人才,又展现了宽厚为政的形象。不仅如此,仁政理念还使他在职场上与同僚的对话中有了共同的语言和思想基础,容易达成共识。他能接受臧霸的抗命行为及其正面的建议,修改了先前处置徐、毛二人的命令，都得益于对某种稳固理念的坚守和应用。曹操的这些施政行为从侧面告诉人们，没有优秀理念指导的施政根本就是一种胡作妄为。

1.3（20）和囚俘的一场对话

汉建安三年（198年）十二月，曹操和刘备的军队围困下邳城已经三个月之久，吕布众叛亲离，走投无路，只好领着身边几个亲信自白门楼下城投降，《三国志·吕布传》及其引注《英雄记》《献帝春秋》，以及《后汉书·吕布传》《资治通鉴·汉纪五十四》都记录了曹操处置吕布的过程，综合各家大同小异的叙述，可以在此还原曹操和囚俘吕布的那场对话。

大营中，主帅曹操坐定中央，众多将官及一大群手执武器的士兵围于侧旁。当时豫州牧刘备、曹军主簿王必也在场，吕布被缚绑着推到前面。

吕布：曹公，你现在为什么变得瘦些了？

曹操：我们未曾谋面，你怎么认识我？

吕布：当年在洛阳，我们在温氏园见过面。

曹操：是了！但我已记不起。我现在所以变瘦，是因为想早点这样和你相见，着急着嘛！

吕布：从今天起，天下就可以平定了！

曹操：这话怎么讲？

吕布：您所顾虑的人不过是我吕布，我现在愿意归顺你。我率领骑兵，您统帅步兵，那天下无人可敌。

曹操：哦，……

吕布：齐桓公不计射钩之恨，拜管仲为相。现在让我吕布为明公尽股肱之力，做您的先锋官，这不很好吗？

曹操：……

吕布：（转身对刘备）玄德，您现在是座上客，我成了俘虏，身上绳子捆得这样紧，您难道不能替我说句话吗？

刘备：（点了点头）

曹操：（笑）为什么不直接说，反而告诉刘使君？我缚绑老虎，能不捆紧吗？

曹操：（向背后军士）去给把绑绳松一些。

王必：（急上前）吕布是强悍囚俘，他还有军队在不远处，不能松绑。

曹操：（对吕布）我本想给你松绳，但主簿不听我的，没办法呀！

吕布：我对待手下将官挺宽厚，而将官们临急时大都背叛了我。

曹操：你背着妻子去爱将官的夫人，能说是厚待将官？

吕布：（低首，沉默）

曹操：（转过头盯着刘备，示意他说话）

刘备：不可以听他的！您忘了他先前跟随丁原、董卓的事情吗？

曹操：（沉思着，慢慢点头。令军士把吕布推出去行刑。）

吕布：（被推出。眼睛瞪着刘备）大耳儿，最不讲信用的人！

对话很快结束。曹军士兵把吕布推出营门，即刻将其缢杀，首级送至许都。

吕布半世英雄，自我期许很高，不想现在却被曹操逼到了绝境。他一见面提起曹操身体变化，表示对曹操的留意和关注，引出早年认识相交的话题，就是想要拉上故旧关系。他是为保命来制造气氛，引起话题，免死活命的目的非常清楚。为此，他还做了多方面的努力，第一，公开表达对曹操的归顺，表示要为曹操的事业效忠献力。第二，把自己的失败归咎于部下将官的背叛，借以说明并非自己无能，由此抬高自己在曹操心目中的分量。第三，借重刘备作通融，希望刘备在关键时候替自己说话，请求到曹操的宽恕，让自己免去一死。

曹操自196年陈留起兵，自我创业以来，遭受到了吕布造成的不少苦楚：首先是吕布作为董卓集团的骨干成员，给朝廷的治理和社会百姓带来了巨大灾难，曹操就是因为董卓之乱，才辞掉公职兴兵举义的，董卓造成的灾难，吕布应该承担很大责任。更为痛恨的是，曹操在东郡、兖州经营的几年间，吕布抢夺地盘，又与袁术勾连作恶，曹操受尽了他的骚扰之苦。这次在稍微安定了许昌后，曹操下决心前往征讨，终于力缚猛虎，擒拿了吕布。他深知这样的结果来之不易，本来是要无所犹豫地斩杀吕布、除掉恶端，但事到临头，当吕布提出要辅佐自己充当前驱先锋安定天下时，珍爱人才的曹操不禁心有所动。他深知吕布是少有匹敌的勇将，属不可多得的战场英雄，能得到这样的人才支持，自己以后事业的发展将更为畅顺。所以在吕布主动拉近关系、表态归顺，又托刘备人情相求的时候，他即意念转变，准备答应下来。

他让军士为其松绑，就是已经开始为自己的态度转变做出铺垫。

然而，主簿王必提醒他要重视险恶局势，坚决表示不能宽松吕布，虽然对吕布的处置没有明确说出，但却表明了对其必须提高警惕加以提防的态度。敏感的曹操立刻感觉到了问题的复杂性，也明白了部下对处置吕布的倾向性意见，他以开玩笑的语气终止了对吕布的松绑指令，继而在吕布提到部将的不忠厚时，毫不客气地揭出了吕布自己对部将的不仁厚行为。曹操这里指出的吕布丑事，史料上无处查证，但相信不是凭空杜撰，而从吕布无言相对、沉默无语的反应看，应该是有具体事实的。曹操对吕布的揭丑之言，是要有意置对方于尴尬境地，借此逆转双方向和解合作关系转化的气氛。至于对吕布的最终处置决定，他想要留下更多的考虑盘算时间。刘备是他心中一直比较看重的人物，在决定没有做出时，他顺便征求了盟军将领刘备的意见。

刘备已经受到了吕布的人情之托，他也顺便点头认可，其实在刘备的内心，吕布是一个恩怨交织，爱恨叠加的人物，他曾多次打乱了自己的发展设想，抢夺过本属于自己的徐州地盘；但也曾数次作为同盟军，向自己借助过力量，还句人情话给他也未尝不可。然而，一想到吕布明确表示要协助曹操征服天下时，刘备的内心就警觉了起来，曹操将是自己事业发展的强劲对手，刘备不愿意让曹操这只猛虎再添上吕布的翅膀，阻碍自己未来的发展。但曹操现在正认定自己为朋友，内心的话难以说出，于是，内心灵机一转，借吕布的历史表现来说事，把吕布两次叛杀主君的事情抖了出来，给曹操收降吕布的心理重重一击，至于对吕布的承诺，已经顾之不及了。刘备是一个外示和祥、内心极有主见的人，他未多说，却抓住了要害；没有表态，仅提示事实，却让曹操即刻放弃了收降吕布的心思。

作战勇猛是吕布立世的长项，但没有做人信义却是他没法消除的人格缺陷。曹操喜爱人才，也富有征服天下的雄心，这当然要以自身的安全为前提，他绝不可能冒着重蹈丁原、董卓两人覆辙的风险，做养虎自伤的蠢事。于是，与囚俘的一场对话结束后，处置的决定就立刻做出来并被付诸实施了。

1.3（21）一次法外施恩的试验

建安九年（204年），曹操基本剿灭了袁绍在河北的残余势力，占有了冀州，为了解决袁绍治理冀州期间的弊端，肃整社会秩序，他颁布了一系列法律政令，如不许私仇械斗、禁止厚葬等，后来陆续还有一些涉及社会经济和生活习俗变革方面的政策法令出台，俨然开始了一种崇尚法制、循法行事的气象。

《三国志·魏书·武帝纪》记载，205年初，一群逃亡的民众来到曹操营门前自首，原来是先前大军出征时，粮食辎重要从水路运输，大船从河渠里行走，因为天寒结冰，需要当地百姓打开河面冰层，这项活动称为"椎冰"。当时"椎冰"任务紧急，组织人力的命令就非常严格。但命令发布后，当地许多百姓不想承担这次劳役，纷纷逃跑了，自然是给大军行程造成了不小影响。后来曹军征战顺利，拒绝这批逃避劳役的人们投降，即"令不得降"。当曹军眼下已经占领整个地盘后，这些百姓归降不得，按法令就要被重处，所以跑到曹操营前来乞求赦免。

曹操应是知道这件事情发生的缘由，他对前来求情的人们讲："我答应了你们的请求，就会违反法令；抓了你们按法令办事，你们就要被斩首。你们还是赶快离开吧，去躲藏在找不到的地方，不要被我们的官吏抓获。"听到这些吩咐，前来求情的人们非常感动，大家流着眼泪离开了。

在这里，一批违反法令的民众前来求情，希望主帅赦免他们先前的罪错。曹操作为法令的制定人和知情人，不能有令不守，但又同情眼前的百姓，也不愿拒绝求情而施行处罚，于是他对这批百姓实行法外开恩，让他们逃跑远走，隐藏起来，躲避官吏的追责，使法令追究不到。他所采取的法外开恩办法，是企求既不伤害自己颁布的法令，又免去对犯错求情者的处罚，显示自己对百姓的情与恩，守法施恩两不误。事实上，在军情紧急时颁布的一项严厉法令，可能会有惩处条例上的过分之处，但既成的法令不好更改，也不能弃而不守。曹操教唆违令者跳出法律管辖范围，借以逃脱法律制裁，他作为制法者，显然想要追求一种无缺陷的法外开恩。当时在场的百姓深明制法者对他们法外开恩的为难处，感受到了曹操的恩义之重，感动得流下了眼泪。

求情的百姓在曹操那里获得了极大的恩德施予，但不幸得很，他们最后还是受到了处罚。史书记载："民垂泣而去，后竟捕得。"这批流泪离开的百姓，后来竟然未免于逮捕。没有其他史料，我们当然不知道这批百姓究竟是因什么原因最终被捕，也不明白最高执法人曹操到底是否知道这一结局。但从事理逻辑上分析，他们应该是没有跳出法律管辖范围，被曹操下属官员们发现，逃避"榷冰"劳役的罪错受到了追究。而到了被捕和受惩处的地步，即使曹操本人知道，也无法插手作出特别赦免的指令，何况曹操本人并非一定知道事情的结局。可以说，曹操这里指使违法百姓逃避受惩的法外开恩，属于执法过程中的一种试验，最后是以失败告终的。

历史上有些学人把这批百姓后来被捕归咎于曹操，认为是曹操"既纵之而复捕之"，似乎他表面上纵容百姓，落个宽厚爱民、施人恩惠的美名，事过后再去追究逮捕他们。这里是用奸诈的心性理解曹操。其实，曹操当时要求他们要躲藏到官吏找不到的地方，如果官吏后来真的见不着、找不到，即使曹操本人想要逮捕，恐怕也无可奈何。而问题是，在曹操已经基本统一了黄河以北的广大地盘内，是否存在无人知晓、藏而可匿又方便生存的法外之地？如果这样的地方一时觅之不得，曹操那种法外开恩的设想本身就无法实现。

曹操在战局胜利后，逞一时高兴愉快之心情，要给求情的百姓来一次无缺陷的法外开恩，这一试验的结果失败了，但它也给人们留下了一些思考和启发：

——严厉的执法和对违法者的施恩，本质上是两个相互冲突的行为。试图网开一面，法外施恩，必然要伤害法律的严肃性；而要坚守法律，就无法真正把想象的恩惠施予这些违法之人。通过躲避藏匿的方式逃脱法律追究，完全能做到的极少人是有的，他们可以在一定时期内达到预想的结果，但这不是真正超脱法律的可靠方法。

——传统社会的法律本质上是权势的法律，它无非是权势人物依靠权势力量来推行自我意志的工具。比如那条组织"榷冰"并不得违抗的法令，制定时就已将普通百姓置于受劳役被惩处的地位；而且，在城头频换大王旗的战乱年代，某地百姓的劳役究竟应该送付谁家，也是靠权势大小来划分决定的。法律从根本上的这种缺陷，决定了它无论如何都缺乏真正的公正。

——下层百姓始终是社会生活中的弱势群体，在传统社会中当然是遭受法律刀具屠宰的对象。在这样的社会，下层百姓犯禁急难时往往寄望于人情关系乞求下的"法外开恩"，但这不是有损法律公平和人格平等，就是于事无补难以实现。而解决根本问题的办法，正是积极参与当代社会的法治建设，用现代法治的理念去思维，去拯救自我。

1.3（22）悔杀华佗

和平常人一样，曹操的一生也是带病生存，他身体上经常会出些小毛病，到了五十岁左右，他患上了风疾，又称为中风，这病和他少年时瞒诈叔父所谎称的病正好相同，属于心脑血管疾病，老年人易患，病发时头痛难忍，对他的工作状态和生活质量都有很大影响。但和普通人不同的是，曹操可以请来当世最好的名医。身兼冀州牧，执掌整个朝廷事务的大将军曹操，为治疗风疾，请来了名医华佗。

据《三国志·华佗传》《后汉书·华佗传》记载，华佗其实是曹操的老乡，也是沛国谯（今安徽亳县）人。他又名华旉，字元化。旉，有施予万物之意，所以有人根据他的字为元化，认为他本名可能就是华旉，行医后以华佗名世。华佗少年时在徐州一带游学，懂得健身养性的方法，通晓多种经典。沛国相陈珪举荐他为孝廉，朝廷太尉黄琬也征召他入朝任职，他都辞绝了，专心于医术，治愈过很多疑难病症，在当时极有影响。

曹操因病请来华佗，他的头风病每次发作，心乱目眩，华佗用针刺法会立刻治好。华佗经常在他身边，就像私人医生一样。华佗对曹操说："这病难以根除，要长久医治，可以延长岁月。"华佗在曹操那里待得久了，想回家看看，就对曹操说："收到了家里的来信，要回去一些日子。"到家后，他借口妻子有病，到预定日期并不返回。曹操几次来信传唤，又让郡县的官员上门催促。华佗依仗自己的医术，厌烦吃官饭的事儿，还是不肯上路。曹操非常生气，派人去华佗家看视，告诉派去的人："若他的妻子果然有病，就送给他小豆四十斛，宽延他的返还日期；如果他是虚言欺诈，就把他绑着送来。"华佗就这样被送到了许昌监狱，拷打审讯后，他认罪服法，荀彧对曹操说："华佗的医术实在很高，经常能救人之命，对他应当包涵宽容才好。"曹操回答："不用担心，天底下难道离不开这鼠辈吗？"最后将他处死。华佗临死前，把他的一卷书交给狱吏说："凭这书可以救活人命。"狱吏害怕法律惩罚不敢接受，华佗也不强求，用火烧了这书。

华佗是历史上的名医，曹操请他来为自己治病，因为对方不愿做他的私人医生，就被无端杀掉，屈死人手，那部凝结着华佗一生医学经验的《青囊书》也未能流传下来，成了医学史上极大的憾事，曹操由此也犯下了一个广受后人诟病的罪错。

　　曹操怎么知道华佗之名的呢？信息可能源自广陵太守陈登。曹操十多年前在兖州徐州一带与吕布数年纠缠期间，下邳名士陈登给了曹操很好的协助，其后陈登因功升任广陵太守，在广陵太守职任上不久，陈登得了一种病，面色发红，不思饮食，华佗诊脉后开了汤药，服后即病愈。华佗当时告诉陈登："你这病过三年会复发，遇到良医就可救治。"到了三年时间，陈登的病果然复发，可惜当时华佗不在身边，陈登不治而死。曹操应该是从陈登那里听到关于华佗治病神功，以及能对疾病作出准确预言的消息，慕名请来了华佗。他们两人虽为同乡，但各自有着不同的人生选择，走着不同的职业道路，如果没有顽疾在身，曹操也可能不会和华佗发生生活的交集，是他因诊治的需要招来了名医华佗。

　　那么，华佗已经来到曹操身边为其治病，并且显示了自己药到功见的手段，应该已赢得了对方的信任，但却为什么不愿长期跟随曹操？志书上说，华佗本来是个读书人，最后却以诊疗医病为业，常常有些后悔。据此有人认为，华佗在曹操跟前挟艺自重，是想让曹操给他官职，因为曹操没有满足他的要求，就借故离去，放弃对曹操的治疗，并编造家里有事的谎言不再前来。《后汉书》上说，华佗"为人性恶，难得意，且耻以医见业"，所以找借口离开曹操回家了。这和上面的看法基本一致，而且进一步把原因指向了华佗心性为恶的方面。华佗的职业是治病救人，其行为的效果总是为善的，这里没有列举心性为恶的事实，不知道这一判断因何得出。在这里，华佗完全拥有重新选择自己工作职业的自由，无论是他不愿跟随曹操吃官家之饭，还是他想重新恢复游医生活，或者是他因为求官不得而负气离去，都得不出心性为恶的结论；不能因为他的离开对象是权势高官，就变换标准，认为是他犯了弥天大罪，为人性恶吧。

　　剩下一个重要问题就是，曹操为什么要杀掉华佗？曹操在拒绝荀彧的劝阻，执意杀掉华佗后对人说："华佗能治好这病，但这小人有意不给治好，借这病抬高他的身价。我不杀他，他也终究不会为我除断病根。"这里，曹操凭什么认为华佗有意不为自己除掉病根，是养病自重呢？综合各种资料看，只能有两个原因：一是，华佗当年对陈登旧病三年复发的时间预料非常准确，能如此预料疾病而不能根除此病，这使曹操对华佗的"养病"手段产生了想象；二是，华佗对自己治疗时能针到病息，但却公开说过他的病需要长期医治。在后来多次传唤，他借故不来时，曹操就自以为是地相信华佗在自己身上故伎重演，要保留病根，抬高身价，等待自己病情严重时前来要挟。照理说，一个人以自己拥有的特殊技艺为资本，与相交往的人挟艺抬价，这未尝不可。但在曹操看来，做医生本来就属卑贱职业，我招呼你使用你，是你的幸运，你竟敢向掌控天下的人物来要价，甚而竟敢催叫不来，以谎言相欺。从他以"鼠辈""小人"称呼华佗的态度看，他的确有这样的认识，他以居高临下、处尊视贱心理看待对方，心底里根本没有把华佗当作正常的人才来看待。曹操病发头痛时，一想到华佗招而不来，在养病自重，他就已经把自己的病痛完全归咎于华佗的作为，进而形成了杀人泄愤的心思。是传统社会中对技术人员的鄙薄，以及权势人物对普通民众的习惯性傲慢交织作用，加重了曹操的恶狠心，促使曹操杀害了华佗。

杀掉了华佗，曹操满足了一时的泄恨快意，但他不久后悔了。首先是他的头风病依然未除，他恨华佗没有为他根除疾病，但在华佗死后，他头疼发作时，连治表除痛的人也没有，只能苦受疾病的折磨和煎熬。更为沉痛的是，他最疼爱的儿子曹冲生病时没有人能够医治，即使这位魏王大人想放下身价，屈尊求人，却连可求的对象也找不到。儿子死后，他长叹说："我后悔杀掉了华佗，生生让我儿子死啦。"痛苦和悔恨的心情难以言表。世界上万物连缘的道理在此被印证：一个人做过的善恶行为最终总是指向他自己。

1.3（23）老朋友成不了新朋友

曹操有个少年时就相识的老朋友，叫许攸，字子远，南阳（今河南南阳）人。许攸年轻时与曹操、袁绍都很交好。187年袁绍因不满董卓的专权而离开朝廷去冀州兴兵起事，许攸跟随而往，一直做袁绍的谋士。

建安五年（200年），曹操和袁绍的军队在官渡对抗了几个月，战事紧急关头，曹操军队的粮食供应不上，士卒极为疲乏，曹操已经给运粮的将官们说："再等十五天我们打败袁绍，就不需要大家再劳累了。"恰好在这时，袁绍谋士许攸前来投奔曹操，《三国志·魏书·武帝纪》中说，许攸很贪财，因袁绍不能满足他，就来投奔了曹操。《后汉书·袁绍传》中说，当时许攸的家属犯了法，主持后方政务的审配逮捕了他的家人，许攸非常气恨，就投奔了曹操。

本纪引注《曹瞒传》中说，曹操听说许攸到来，顾不上穿鞋就出去相迎，他拍手笑着说："子远，您今天来，我大事成功了。"入座后，许攸对曹操说："袁绍军队人多，你们用什么办法对付？现在有多少粮食？"曹操说："尚且可以支持一年。"许攸说："没有这么多，你再说说吧！"曹操说："可以支持半年。"许攸说："您不是想打败袁绍吗？为什么总是不说实话！"曹操说："前面是开玩笑，其实可以支持一月，该怎么办呢？"许攸说："您领着军队在此孤守，外面没有援兵，粮食已经用尽，情况太危急了。"许攸因为知道袁绍军队的屯粮之地，所以当时向曹操献出了火烧乌巢之法。曹军火烧乌巢后，袁绍军队大溃，曹军在战役中的胜利已不可逆转，并由此掌握了与袁绍军队作战的主动权。

经过几年的争夺，到204年，曹操攻占了冀州，被朝廷任命为冀州牧。《三国志·许攸传》引注《魏略》中说，打败袁绍夺得冀州后，许攸自以为有很大功劳，经常与曹操开玩笑，每次在酒席上，不考虑自己的身份，直呼曹操的小名，会说："阿瞒，你要不是我，就得不到冀州。"曹操笑着说："你说的对。"后来许攸和一群人走过邺城东门，他看着身旁的人说："曹家要得不到我，就不能出入这个城门。"有人把这话报告给了曹操，于是许攸被逮捕入狱。本传说他"以恃旧不虔见诛"，即依仗着故旧关系而不恭敬受到诛戮。

应该说，许攸在曹操打败袁绍的过程中的确立有大功，但在曹操军队将官中立有大功的人很多，为什么许攸经常在曹操跟前这样轻浮呢？这是因为许攸自少年时就与曹操交好，几十年过去了，他始终把曹操当作老朋友来看待。他在宴会上和其他公众场合，喜欢和曹操开玩笑，并以曹操小名称呼，一是希望在众人面前显示他与曹操的深厚关系，借与主帅的老朋友关系显摆自己，抬高身价，获取其他同僚的敬服；二是他也想借用开玩笑的方式炫耀功劳，让曹操和众人把自己的功劳常记在心，知恩图报，不要稍有怠慢。

然而，曹操的部队是论功行赏的，许攸把故旧关系带到生活工作圈，实际上是打破了集团内部功劳与位置、功劳与亲疏间的对应与平衡，曹操对此是不高兴的。同时，许攸功劳再大，也是做臣子的，君臣关系应是职场工作中一种最重要的关系，其间隐含的等级和严肃性，不允许以轻浮的态度来表达，在面对公众的场合尤其需要讲究。许攸的行为，是要以老朋友关系来冲击和代替新的君臣关系，并且要把这种代替行为在公众中传扬张大，当然就违反了传统社会中职场和官场的大忌。曹操对他那些持续不断的轻浮行为由心中不快，产生怨恨，直到定罪诛杀，是必然的。

另外，曹操敢于处死许攸，也是由于许攸本人道德人格上的瑕疵，许攸从袁绍处叛逃而来，给旧主致命一击，取悦了新主，但却犯了"忠臣不事二主"的大忌，已经失去了作"忠臣"的人格资本，何况他背弃旧主，还是缘起于自己家属因为贪财受罚而心生怨隙。曹操对许攸作出重处，不仅是向下属昭示了背主求荣人士的悲惨下场，在本集团作了一次深刻的"忠君"教育，而且宣告了故旧朋友关系在职场活动中的零价值，用事实告诉人们，在复杂多变的社会生活中，往往是老朋友成不了新朋友。

老朋友成不了新朋友，这是因为少年朋友双方经历了岁月的变化，形成了不同地位，不同心理和不同追求的差别。作为地位较低的如许攸那方，如果一味带着旧有的思维对待新的关系，必然与现实发生冲突，会遭受现实的打击，进而丧失朋友和友谊。作为地位较高的如曹操一方，不需要故旧朋友支配下的关系，不希望把老旧关系带入新的现实，他们追求双方新的对应关系。老朋友能够转化为新朋友更好，但那其中一定少不了生活环境的引导和考验，缺不了双方思想理念的彻底转变与相互适应；如果不能转化，最终也就丧失了朋友和友谊。

1.3（24）玩了一次"骗婚"

官渡之战两年后，袁绍吐血不止，病重而亡，他的几个儿子主持冀州政务。曹操为进一步削弱袁绍的残余势力，采取了对其中两个儿子分而治之、各个击破的策略，在此用了一次"骗婚"的手段。

袁绍有三个儿子，长子袁谭，次子袁熙，少子袁尚。《三国志·魏书·武帝纪》《三国志·袁绍传》记录了曹操主动与袁谭约婚结亲，不久又退婚的事情。因为各种原因，袁绍生前把权力交给了少子袁尚，引发了袁尚和袁谭之间的夺权内斗，两人派军队公开争夺邺城，袁谭被袁尚打败，逃到了平原（今山东德州），因为袁尚继续追击，袁谭就派人去见曹操，以投降归顺为条件，请求曹操派兵支援。曹操采纳了谋士荀攸的意见，接受了袁谭的投降。为了稳定袁谭，表示自己捐弃前嫌接受投降的诚意，他为儿子曹整聘娶了袁谭的女儿，结下了婚亲关系。

曹操稳定了袁谭后，以主要力量对付袁尚。他率军队北上，去救援亲家袁谭，袁尚闻听消息即刻退兵，袁谭的平原之围得以解除。而袁尚退兵后，他下属将官吕旷、吕翔投降了曹操，被封为列侯。袁谭听到二吕降曹受封的消息，私下刻制将军印绶，悄悄送给了吕旷、吕翔二人。204年初，曹操利用袁尚再次进攻袁谭的机会，率兵攻取邺城，迫使袁尚回军来救，并在中途伏兵打败袁尚，袁尚远逃中山，曹军随即夺取了邺城。而在曹操包围邺城与袁尚军队大战时，袁谭则趁机攻取了甘宁、安平等地，还收集了袁尚的败散残军，趁机扩充自己的力量。

曹操攻取邺城后，给袁谭写信谴责他的负约行为，并且和他解除了婚姻关系，打发他女儿回去。作了这些事情后，他即向袁谭军队发起攻击，夺取了平原之地，袁谭被迫逃到南皮（今河北沧州）。205年初，曹操包围了袁谭的军队，消灭了他的全部力量，并处斩了袁谭，杀掉了其妻子儿女，至此荡平了整个冀州。

在这里，曹操与袁谭的婚约到底是真还是假，可以看看当时的具体情景。曹操在收到袁谭的投降请求时，谋臣们大都怀疑袁谭请降的真实性，只有荀攸让曹操答应下来，但荀攸也并没有肯定袁谭是真的投降。就是说，曹操是在并没有确认袁谭投降为真的情况下，就为儿子聘娶了袁谭女儿，他约婚结亲的真诚性本来就不足，事情一开始就包含有虚假的成分。

当袁谭私下送给吕旷吕翔印绶，暗中拉拢二吕时，曹操已看穿了袁谭投降的虚假性，本纪引注《魏书》中记录，曹操当时对人说："我本来就料到袁谭投降会打着自己的小算盘，他想让我打败袁尚，等袁尚失败后，他趁我军疲惫，寻找机会自强翻身。"但事实上曹操这时并没有公开戳穿袁谭的伎俩，两家的婚姻关系继续保持着。曹操二次北上进攻邺城，中途邀击打败了袁尚军队后，才以袁谭派军队私自攻掠地盘为借口，写信公开指责袁谭。这是因为袁尚兵败远逃中山，曹操军事斗争的目标要转向袁谭了，因而就适时地撕破了双方伪装的笑脸，公开解除了婚姻关系，并把聘娶了两年的袁谭女儿打发回家。断绝了与袁谭的关系，双方的军事争夺就开始了。可见，虽然事情中有袁谭不真诚的方面，但曹操主动与袁谭的婚约，一开始就是一种不真实的骗局。

对于这次"骗婚"事件，史书上说，"太祖知谭诈，与结婚以安之"。有史家评论："袁、曹结婚，乃彼此相饵之计。"曹操与袁谭的"骗婚"是相互的，二人心内相诈而外示以诚，但主动权始终在势力强大的曹操一方。同时，曹操是一位政治人物，他的行事方式，大多都服务于自己特定的政治目的。他对袁谭的"骗婚"，显示了他思想开放、策略灵活而很少受传统礼仪拘束的行事特点。"骗婚"事件表明，在玩心眼的方面，袁谭远不是曹操的对手。

1.3（25）痛哭袁绍

建安七年（202年），官渡之战两年后的初夏，袁绍在战场失利的打击下病情加重，吐血而死。204年曹操经过艰苦争夺，到八月攻下了邺城（遗址在今河北临漳县西）。《三国志·魏书·武帝纪》《后汉书·袁绍传》等处记载，曹操在邺城，得到了袁尚遗弃的印绶节钺，抓获了审配、沮授等忠于袁氏的骨干人物。安定了邺城后，曹操亲自到城外西北16里的袁绍墓前做祭奠，痛哭流涕。《资治通鉴·汉纪五十六》中说，"操乃临祀绍墓，哭之流泪。"

袁绍是曹操一生在军事战场上碰到的最大对手，经过多年的运筹和鏖战，才战胜了这一强敌，成长为天子宇下最有力量的政治势力。到了值得高兴庆贺的时刻，为什么曹操反而到对手墓前痛哭流涕呢？许多读史者对此大惑不解。裴松之引注《魏氏春秋》作者孙盛的观点认为，袁绍本是对汉朝心怀逆谋的人，身为朝廷命官的曹操去其墓前哭祭，首先是有害于他的职场形象；同时，把对袁绍的仇恨隐藏起来，虚伪地去流泪哭泣，毫无必要。总之认为曹操这一行为是"百虑之一失"。《三国志集解》列举学人唐庚观点，认为曹操对待袁绍是"以公意讨之，以私情哭之"，墓前哭祭是表达他的私人友好情分。还有些学人拿曹家取走袁绍儿媳甄氏说事，认为墓前哭祭本身就很虚伪。这些看法不仅没有想到曹操网罗河北政治势力和争取民心所需要的政治策略，而且从根本上都忽略了事物内涵的多重性，人们临事感情的复合性，以及曹操思想成分的复杂性。

曹操哭祭袁绍，首先是他心理上长久承压得到解脱时的大发泄。在曹操那里，自从他进入职场，尤其是196年独立起兵创业以来，袁绍就一直是在自己前面领跑抢食的强手，虽然他不比自己高超，但他依靠家世显赫的优势，抢先一步，形成不薄势力，他领导过自己，支配过自己，抗拒过自己；及等自己历经千辛万苦在中原东部创下一片基业时，袁绍即开始对抗自己，压迫自己。当年初到许都，本来好端端以朝廷太尉之职相送，他竟用讹诈方法，迫使自己辞掉刚刚到手的大将军之职，拱手送他。此后他成了朝廷中和各地区政见相异人士敢于公开对抗自己的心理支撑与军事后盾。近几年他依凭势力，公然挑起双方事端，企图吞并自己，一度几乎灭亡自己。袁绍像一块沉重的石头多年压在自己心上，使自己常常不能展眉舒心、长夜安寐，让自己真正感到了创业的艰难，人生的不易。现在，这一阻梗终于被排除了，压在心头的大石块被揭翻了。面对"石头"而涕哭，实在是心底里压抑了多年的苦痛终于在最恰当的场合得以宣泄。

　　曹操哭祭袁绍，也是对自己朋友的真诚祭奠。在曹操那里，袁绍是自己儿时最相得的玩伴，几乎同时进入社会职场，同在朝廷供职，又同时进入军界；面对董卓在朝廷的胡作非为，两人又具有同样的态度和同样的选择，表现了青年英俊胸怀理想、报效朝廷和拯救黎民的雄心壮志。尽管这位朋友依靠自己的家世背景，能够在职场上超越自己几步，并且经常与自己有处事见解上的分歧，但他陪伴过自己，影响过自己，也支持协助过自己。在讨伐董卓的军事联盟中，盟主袁绍就指定自己为兼代奋武将军，使没有资格列入正式名单中的人，在联盟中有了正式的名号；联盟解体后又推荐自己为东郡太守，自我创业由此获得了最初的立脚点；在与吕布争夺兖州的困难无奈时候，他又邀请自己入伙合作，虽然自己辞绝了邀请，但朋友的情分是真实的。几年前，袁绍已扫清了北方韩馥、公孙瓒等地方势力，占有了广大的地盘，现在看来，他的一切军事成果都是送给自己的垫脚石。可以说，是袁绍后期的活动激励了自己，成就了自己，极大地扩充和抬升了自己。自己和他以军相抗，相争夺的只是对地盘的占有、事业的发展额度和对天下政治的主导权，绝不想伤害他人身。现在，朋友袁绍把活动的成果，连同他的人身生命一同抛了出来，自己已拿到了手里，不禁回想起了他真诚亲切的历历往事，不由生出无限的同情，怎能不悲伤万分？无论人死后是否有知，自己都要把这种真诚的思念与眷恋当面告诉给朋友。墓前哭祭时曹操泪雨涟涟，他曾回想起当初举义起兵时两人间的一段对话，情感应该不是虚假的。事后他特地看望了袁绍夫人，又将袁绍家人在战乱中丢失的宝贵财物归还他们，赐给袁氏全家多种布匹和粮食，既是表达关爱，也是消减愧疚，与袁绍的朋友之情在他内心不是没有。

曹操哭祭袁绍，也是感叹世事无常，人生易老，为一个强大集团的短时间毁灭而悲哀。人生是怎样的过程，世事究竟如何演变，年轻的时候对此只是一种概念，是一串天真烂漫的想象，因而对遥远的未来充满信心，以为自己可以做身边万事的主宰。曹操是这样，他千真万确地知道袁绍也是这样，袁绍真的还成了北方半个天下的主宰人，直令自己及一大批人站在后面羡慕和仰望。但曾几何时，宏大的基业灰飞烟灭，那高大的形象也成了冢中之骨，令身后仰望着的人们内心不寒而栗。现在，自己的基业超越了袁绍，自己在天底下就是昨天的袁绍，身边笼罩着巨大的光环，但一想到眼跟前袁绍的短暂间变化，不禁有难以名状的心惊与悲伤。老天啊！为什么会如此残酷，如此无常？为什么人们如此渺小，难以把握住自身的命运？曹操在这里是为人的命运，也是为自己的未来归宿而担心忧伤，流泪痛哭。

当年汉高祖刘邦经垓下之战歼灭了楚军，夺得天下，他以鲁公之礼安葬了项羽，为其发丧，洒泪而去，项羽的各支宗族，都不加杀戮。曹操祭奠袁绍，与此具有相似的道理。那些叱咤风云的政治人物的心理感情并不单一纯粹，他们的心底可能残酷，但绝非无情。

1.3（26）系列政令安河北

官渡之战歼灭了袁绍的主力部队后，曹操于201年夏在仓亭（今山东阳谷县北）再次击败袁军。其后一年间，一边平定某些郡县的反叛和刘备在汝南等地的起衅攻扰，一边休整部队，作着进军北方的准备。为了配合对河北进军的军事战略，实现对袁绍势力所盘踞广大地区的占领和巩固，他陆续颁布了一些法令。

《三国志·魏书·武帝纪》记载，202年初，曹操向南击溃刘备军队后回到家乡谯县驻军，颁布政令说："我举义兴兵，是要为天下黎民除暴乱。在故土上的百姓，死丧数实在太多，走上一整天，几乎见不到认识的人，这让我感到凄凉悲伤。自我兴兵以来，凡军队将士没有后代的人，可以把亲戚养为后代，授予土地，官方给他耕牛，安排老师教学。有后嗣的人为其立庙，让后代祭祀他的先人。如果死后灵魂有知，我百年之后就没有什么遗憾了！"同时他修复了家乡附近的睢阳渠,还亲自写下祭奠之文,以太牢之礼祭祀了睢阳城北的汉太尉桥玄之墓,以践早年的"斗酒相酹"之约。

203年,曹操进军河北,七月颁布政令说:"自天下崩乱十五年来,新出生的儿童见不到仁义礼让的风气,我非常担心。现在各郡国都要正视文学,各县每满500户就要安置学校教官,选择乡里具有才能造诣的人教习学生,保证祖先倡导的道义得到继承,以利天下治理。"

204年,曹操攻克邺城,他受诏为冀州牧,其时发布政令:"河北遭受了袁氏祸乱,今年就不要交租赋了。"并重申了抑制豪强兼并之法。相随发出公告:"治国理家的方法,不怕少而怕不均,不怕贫而怕不安。袁氏治理时,让豪强恣意妄为,他们的亲戚随意兼并,下层贫弱百姓顶替他们上交租赋,出卖了家产还不够抵扣;审配的宗族,甚至隐藏通缉抓捕的罪人。这样的治理怎么能让百姓亲附、军队强盛呢?自今按每亩四升收取田租,每户交绢帛两匹,彩锦二斤就行。此外不得擅自增加,各郡国的守相,要公开监督执行,不准许强者隐藏不交,让弱者重复交赋。"

205年初,消灭了袁谭势力,全部占有冀州后再发政令:"有与袁氏一同作恶的,可以从头开始,重新做人。"下令民间不得寻私仇报复,禁止厚葬,一切按法律办事。数月后发布"整齐风俗令"说:"结党拉派,为前代圣人所痛恨。听说冀州的风俗,是父子分居,还互相诋毁。人际间造谣中伤,指白为黑,是欺天骗君的行为。要想形成良好风俗,那些事情不清除,我感到羞愧。"

这一系列的政令有破有立,把对袁绍旧政的清除和所要实行的新措施结合了起来,体现了曹操对社会治理中的变革思想,从中可以看到以下几点:

其一,他的政令发布,是以配合与巩固军事斗争为中心目标的。这些政令涉及经济、政治、教育、移风易俗等多个方面,体现了对民众实际利益的保护和对民众价值理念的引导,前者保证自己的军事活动能在当地百姓中获得广泛的群众基础,后者保证自己对冀州的治理能具备相适应的思想基础,两者对于巩固已经取得的军事成果都具重要意义。

其二,渗透于各项政令中的一条重要思想,是自己举义兴兵及进军河北的目的。曹操表明了自己为天下黎民除暴乱,及要消除社会不公正的理念,张扬了举动为民的思想,使自己在河北的战争行为、变革措施都占有了道德制高点。他在几项法令中不失时机地直接表达了对民众的同情怜悯心，并以具体政令体现出来。这使公告中体现的理念、目标和措施都完整统一了起来，强化了对民众心理的穿透力量。

其三，法令对以往社会种种弊端发生的根由作了追究，认为是袁氏的腐败治理导致了这些结果。一则公告中还揭露了袁氏统治集团及其主要人物欺民枉法、掠夺弱民的罪状，这为袁氏统治的彻底垮台找到了充分理由；同时由于张扬了自己对社会良好的治理理念，就为自己取代袁氏而重建的政治统治提供了合法性根据。公告中曾强调要抑制豪强兼并，并有具体措施作保证，这多半应是抓住了当时社会治理的根本问题，他在邺城宣布免租减赋和抑制兼并的政令，当时就深受下层百姓欢迎，由此也显示了曹操与袁绍在社会治理上的根本差异，展现了两人在政治上所代表的不同社会阶层。

其四，曹操热衷刑名、看重法制，但同时，他又积极推崇传统文化、坚持用儒家理念确定社会价值并整肃社会风尚。他依据"不患寡而患不均"的思想来制定反对豪强兼并的政策法令，以父慈子孝的原则来试图重建当地家庭和谐关系；他也把家庭的代际延续和香火祭祀看得十分重要，非常重视地方兴学和对民众的教育；他为朝廷流迁十五年来社会道德风尚的下降而担忧，主张恢复和继承传统社会中的"先圣之道"等等。儒家的思想理念在他那里还不仅仅只是一种借重的工具和外在的粉饰，是要真实贯彻的核心内容，而法制反倒是保证核心内容贯彻的整肃手段，对两种不同思想体系，这里体现着一种"内儒外法"的独特性兼用方式。

其五，对于饱受战乱之苦的河北民众，曹操始终把解决民生问题作为新型治理的中心工作。曹操在此期间还颁布过"军将败抵罪令"，重申"将军退却即死"等法律；稍后颁布过网罗人才的求贤令，主张"唯才是举"。这些法令大致上展现了曹操社会治理的基本内容及其特点。他把全盘变革和民生为大结合了起来，使二者互相配合共同促进，从多方面表现了他正视现实、切合实际和直击要害的求实思想精神，也表现了他不拘旧式、善于变通和手法多样的灵活处事策略。

1.3（27）与上司的误会和冲突

曹操选择了"奉天子以令不臣"的策略，使他在天下政治舞台上获得了极大的优势，他始终掌握着对外政治斗争的主动权及其合法性依凭。但有一利也有一弊，他把天下政治的中枢机构安置在自己身边，因为这一机构本来就具有自身独立的构成要素和运作机制，所以机构的运作毕竟会与他个人的政治意志发生冲突；而要控制该机构政治运作的独立性，就难免要发生控制与反控制的冲突，出现双方相互间的种种摩擦，无论对这种关系如何作谨慎处理，其间的误会和冲突都在所难免。

《三国志·魏书·武帝纪》《后汉书·献帝纪》《后汉书·皇后纪》《资治通鉴·汉纪五十九》多处记载了曹操与汉献帝刘协的几次重大冲突。196年，曹操派兵到洛阳奉迎献帝刘协，中间得到过皇帝身边卫将军董承的照应。稍后车驾来到许昌，曹操受邀请进宫中赴宴，他即见到中书令杨彪冷眼相对，围绕对杨彪的处置，将作大匠孔融与曹操当面论辩，这表明曹操与朝廷的摩擦冲突已经开始。但同时，曹操在朝廷被任命为司空，兼车骑将军，取得了"百官总己以听"的资格，他以不明原因杀掉了侍中台崇、尚书冯硕等，属于一种杀人立威吧；因接应迎驾有功的董承升任辅国将军，这些表明了他已基本掌握了对朝廷的控制权。他对朝廷的控制权，和他与朝廷的摩擦冲突是同时发生，又同向扩大的。

曹操不久派自己的军队宿卫皇宫，把中央警卫部队换成自己的属下。朝廷议郎赵彦经常和汉帝刘协议论时政对策，曹操觉得讨厌就把他杀了，据说其时宫廷内外被伤害杀戮的人还为数不少。有一次，曹操因事进宫殿面见刘协，刘协见到他气愤地说道："你如果能辅佐我，就多宽容些；如果不能辅佐，就开恩把我放了。"曹操闻言大惊，施礼退出，此后不敢单独去宫中面见刘协。在这里，曹操以为他忠实履行着"百官总己以听"的托付，略无负愧地为皇家的事务竭诚奉力，却未料皇帝对他已经到了无可忍受的地步，其间的反差如此巨大，这使他感觉到就心生后怕。他再也不敢独自进宫谒见皇帝了，但他已无法抛弃这个既是光彩又是累赘的机构，对权力中心二元化的局面也无可奈何。

刘协对曹操如此大的怨恨，不是源于二人的心性不合，而是源于一种政治系统中二元中心的摩擦，以及长久摩擦而产生的冲突。在传统的政治设定中，皇帝被赋予了无限的权力，这种权力具有神圣性、最高性和不可侵犯性。献帝刘协本来是准备依靠曹操的力量来恢复汉家皇室的统治权威，没想到在曹操的控制下，皇帝的权力，包括朝廷官职的分配都被曹操以势侵夺，皇帝只成了一个受他摆布的傀儡，成了为曹操政治意图服务、并为他的政治利益提供便利的工具，不仅自己的理想破灭了，与大臣的关系被颠倒了，个人尊严也受到了无尽践踏，他一再忍让，但看不见尽头，忍无可忍，当然就有发泄出来的一天。

车骑将军董承的女儿是皇帝刘协的贵人，刘协写下密诏转交给董承，让他联络天下忠于皇室的义士清除曹操。据说密诏是夹在衣带中传出来的，称为"衣带诏"。董承持诏书私下联络了偏将军王子服、长水校尉种辑、议郎吴硕，以及暂处许都的左将军刘备，组成秘密的反曹同盟，试图寻机会除掉曹操。200年初，董承等人的密谋不知什么原因被泄露了出去，曹操遂将其一网打尽。当时刘备因故率兵去徐州出征，免于祸难，其余董承等四人被全部诛杀。曹操派人进宫抓捕董贵人，刘协借口董贵人已经怀孕，请求曹操对其免刑，但没有被接受，董贵人同时被处死。

朝中侍中伏完的女儿伏寿，约在195年，即董卓被司徒王允设计诛杀的那年，被立为献帝刘协的皇后，她看到身边董贵人被曹操诛杀的悲惨情景，心中悲凉而恐惧，因为计无所出，就给父亲伏完写了一信，诉说曹操残逼之状，并表达了皇帝刘协对曹操的怨恨，托父亲想办法搞掉曹操。伏完是西汉伏生的十五代孙，世传经学，深沉有略，随朝廷到许都后，他交出了侍中职位和印绶，已改任屯骑校尉，意在以皇家贵戚身份回避权臣曹操。收到女儿的密信，他搁置起来，并无任何行动，本人在209年病逝。但不知什么原因，到了214年，伏皇后写给伏完的信被泄露了出去，曹操追查到这封多年前的密信，看后大怒。他以皇帝刘协的名义写下策书，斥责皇后伏寿"阴怀妒害，包藏祸心，不可以承天命，奉祖宗"。让御史大夫郗虑、尚书令华歆两人领兵入宫，手持节符去收缴皇后玺绶。伏寿关门藏在宫墙夹壁中，被华歆从夹壁中拖拉了出来。当时刘协在外面大殿坐着，正在招呼郗虑就座，伏寿披头散发，光着脚到面前哭泣诀别说："不能救我一命吗？"刘协说："我也不知道能活到哪一天！"回头对郗虑说："郗公，天下真的会有这事吗？"伏寿被拖出去关进暴室，幽禁而死，她和刘协所生的两个儿子被鸩酒毒杀，兄弟姊妹及宗族一百多人被处死，母亲盈等19人被流放到涿州郡。在这里，刘协并无尽力挽救伏寿的努力，从根本上说他已无力控制局面。但对一封时过多年、且未引起任何波澜的旧信,曹操如此大动作地追究,显然有点小题大做,处罚过度了。

难于理解之处在于,两个高层人物的政治权位之争,都是通过宫帏女眷的家庭关系表达和表现出来的。从伏寿被黜事件中可以看到,柔弱善忍的女性到了权力中枢的风口,反倒忍不了夫君正在隐忍的事情。更为吊诡的是,两份密信是怎么泄露出去的,伏家收到女儿密信后,深沉有略的伏完知道这种事情百无一算,并不准备行动,为何把这危险的物件匿藏多年,最终还是泄露出去了。

不管怎样,曹操和刘协的权力冲突,因为衣带诏事件和伏皇后遭废黜两事,到了无法掩饰的程度。历史过程和事理逻辑在这里一致表明:曹操迎请献帝刘协到许都,获得了对外斗争的优势,但同时带来了权力机构的二元化弊端,他必须花费很大精力去对付由此带来的内部摩擦,以及不时发生的外在冲突。对付这一问题,由于权势力量的优势在曹操一方,曹操始终能够掌握问题解决的主动权,他无疑能依凭自己的权势力量控制和影响国家最高中枢机构的运作。但由于这一中枢机构拥有独立运作的历史惯性,也拥有人们对其惯常独立性运作的文化认同,所以曹操对它的任何控制,无论如何谨慎小心,在道义上都被看作是有悖伦常、不合情理的,何况有时候他会把事情做得狠毒过分。因而曹操主要凭借自己军事力量打下来的半壁江山,从古到今的大多人们都认为不该姓曹。

1.3（28）他把三个女儿嫁给了皇帝

曹操把汉献帝刘协迎请到许都,要借助朝廷的声望来号令天下,但同时却带来了政治体系内管控中心的二元化弊端,自己的军政管控中心与国家政治中枢机构形成了不断的相互摩擦,公元200年的衣带诏事件和214年废黜伏皇后事件,是两个中心之间相互冲突的公开化表现。两次冲突都以曹操的胜利为结局,但却由此增大了曹操与国家政治中枢机构间的裂痕,弱化了他利用该机构来号令天下的影响力。为了解决两次事件带来的不利影响,曹操采取了另一有效的政治生活策略:他把自己的三个女儿一次嫁给了皇帝刘协。

《三国志·魏书·武帝纪》《后汉书·献帝纪》《后汉书·皇后纪》《资治通鉴·汉纪五十九》中记载,曹操三个女儿接受皇帝聘娶和进皇宫受封号不是一次完成的：①213年七月，晋升为魏公刚半年的曹操，把他的三个女儿曹宪、曹节、曹华同时许配给刘协，年龄稍小的曹华暂时留住在魏国以待年长，其他两位应是受聘当时就成婚。②214年上半年，三个女儿一并被封为贵人，留住魏国的曹华应是此时进宫同时受封。③215年正月，伏皇后被废黜两个月之后，刘协选立曹节为皇后。

值得留意之处，一是，曹操的三个女儿进宫两年内，就有一个晋升为皇后，两个为贵人。该区间正是伏皇后被黜事件爆发之时，两者在起事因果上有无内在联系，其中大可寻味。二是，三个女儿被娉娶时，刘协的朝廷当时出了束帛玄𬘘5万匹作为聘礼，玄𬘘是古代专门用作延聘贤士或女眷的礼物，这种表面的隆重礼节当然意在显示刘协对曹家并无芥蒂，以及他主动对曹家结好的态度。而从根本上来说，事情的策划人无疑是曹操本人，曹操把三个女儿嫁给皇帝刘协，是有自己深沉考量的。

首先是，当时与刘协的关系已经到了公开冲突的程度，他要用联姻的方式化解这种隔阂。利用朝廷的声望来服务自己的政治目的，这是既定的战略方针，实行这一方针，开弓没有回头箭，中途遇困难而放弃只能使局面变得更糟。现在，方针已实施推进，无论面临多大的挫折都只能修复车辙继续前行，修复的办法是拿出自己的诚意，亮给对方最真诚的心底。天底下几乎无人不珍爱自己的儿女，几乎没有人怀疑父母对儿女的痴爱心，这样，把女儿嫁给刘协，既能显示自己对刘协全力扶持的真诚，也能让刘协理解自己的一片苦心，这应是化解已有隔阂、修复双方关系的最好办法。

其次是，刘协的后宫一再生成倒曹图谋，他要让曹家的人占居后宫正位以便永远杜绝此类现象。自己和众多亲信的关注力以往一直都在朝廷正殿上，后宫曾是自己眼目难及之处，而事实上刘协的后宫成了反曹阴谋的发源地。现在让自己的女儿进入后宫并占居正位，不仅向外界展示双方良好的合作关系，而且在国家最高权力机构的内外就没有了对抗力量存在的空间，能保证自己的政治策略会更加畅顺地推行。不仅如此，因为女儿的进宫，自己会获得国丈身份，兼为皇家贵戚，对朝廷的控制就合于东汉时代最高权力执掌的传统，会自然消解外界对自己的许多腹诽言谤。

再次是，把女儿嫁给当朝年轻的皇帝，是对女儿婚姻能够做出的最好的安排。女儿正处于待字出闺的年龄，与其嫁给其他显贵子弟，不如嫁给皇帝本人；这个皇帝的确没有权威和力量，但他也用不着东奔西跑，辛苦繁劳；自己的一切活动无疑在守护着皇帝，而女儿嫁给皇帝后，自己的活动也同时是在保护着女儿，让女儿能最大程度地分享到自己辛劳的成果，当然是一件幸运之事。另外，三个女儿一起进宫，虽然一时难取正位，但姊妹间有团结无嫉妒，即使将来皇后补缺，曹家的女儿三位候补，即有三重保险，占居正位是大概率的事情。

另外是，曹操是想在皇家血统中加进曹家的血缘，希望借此保证刘曹两家后面几十年的友好关系。曹操多半没有做取代汉家天下的准备，而他想要长期占据汉家权力中心的思想意识还是比较强烈的。在他看来，曹家人为刘家干事掌权，这种状况的保持很大程度上依赖于双方继嗣人的友好合作与互相认可。曹操结亲于刘家，与刘邦当年和亲于匈奴有相似的心理，寄望获取亲缘关系；他一次将三个女儿嫁予，更表现了他要强化和扩大两家后辈亲缘关系的心思。

220年初曹操去世后，当年十月曹丕逼使汉献帝刘协禅位，实施以魏代汉。当时他派人去刘协那里收取玺绶，汉献皇后曹节非常气愤，坚持不给。使者受命跑了好几次，曹节传唤使者进到室内，她以理斥责，最后把玺绶扔到了窗底下，痛哭着骂道："老天不会保佑你！"左右侍女都悲痛得不能仰视。不管曹节的行为是否反映着父亲曹操的态度，但无疑在以魏代汉的重大节点上，她坚定地站在刘协一边，而不是兄弟曹丕一边，这也反映了他们夫妻间真诚友好的关系，表现了曹节对夫君刘协的忠贞感情。历史上有些人一直认为，曹操把女儿嫁给刘协，是安排在刘协后宫的眼线和卧底，显然歪曲了曹操出嫁女儿的真诚情意，也曲解了曹节姊妹与夫君刘协的真诚关系。

1.4 文韬武略开帝业（曹丕）

曹操在三十多年间开创了属于自己的宏大事业，但他始终是作为东汉朝廷的大臣出现的，而把曹魏事业推向最高政治层面的是曹操的儿子曹丕。曹丕在接替父亲曹操的魏王权势后不久，即导演了汉帝禅让的把戏，真正建立了属于曹魏的国家。从他七年的执政经历和一生的个性风格上看，他够得上一位文韬武略的开国帝王。

1.4（1）少年时的磨炼

曹操卞夫人于187年冬在家乡谯县生下了第一个儿子，这时为汉灵帝中平四年，卞氏来到曹家已是第9个年头，她的身份为妾，尚有丁夫人为嫡妻。儿子出生当天有青色云气像圆形车盖一样笼罩在房屋之上，人们认为有这是大贵之兆，曹操给这位儿子起名为"丕"。《尚书·大禹谟》中有："嘉乃丕绩，天之历数在汝躬。"这是舜帝赞美大禹功绩，向他禅让帝位时所说的话，其中的"丕"，意为大。联系典籍中用字的背景，可见曹操对这位儿子有着不小的寄望。

其时黄巾军已被朝廷击败消灭，33岁的曹操辞掉了东郡太守的职位称病回到家乡（参见1.3.4《初入职场的感触与历练》），父亲曹嵩捐金作了朝廷太尉去京城赴任，曹家父子都在为汉朝的事业和个人的声名积极打拼。次年，曹嵩被免职，曹操又被朝廷任为西园禁军的典军校尉，曹丕不久与刚出生的弟弟曹彰随母亲到了京城洛阳（参见1.3.10《曹操背后的那位女人》）。189年九月，曹操因董卓之乱潜逃回家乡兴兵举事，曹丕应是在一年后随母亲离开京城前往兖州跟随父亲生活，其时曹丕年近五岁。从《三国志·魏书·文帝纪》及引注资料中可以看到曹丕在少年成长时期受到的教育和他的刻意磨练。

曹丕字子桓，他五岁时看惯了城郭残破、乡间战乱和暴骨野外的悲惨情景，曹操觉得当时世事不定，于是教他学射，随后教他骑马，曹丕六岁就能射箭，八岁能马上射击；同时他对读书学习也抓得很紧，八岁时就能写文章，一直读完了古今经传和诸子百家之书，称得上博览群书，学识出众。曹操在兖州时与陶谦、吕布交战多年，频繁地率军出战，曹丕几乎参加了每次出征，这大概也是出于曹操的刻意培养吧。197年曹操率军南征宛城，张绣投降几天后又反叛，曹操长子曹昂和侄儿曹安民遇害，十岁的曹丕乘马得脱。从早年所受教育、自我兴趣及后来的成果上看，曹丕是一位文武兼备的人才，又经过了战场出生入死的考验。

曹丕在后来所写的《典论》中有一段对他少年生活作回忆，其中说："我生于中平之季，长于戎旅之间，所以自少年时就喜好弓马：打猎追逐野兽能达十里路程，骑马射箭在百步之外，这样时间一长就体格健壮，兴致也一直不减。"他接着叙述了以下几件事情。

徒手抓兽 建安十年（205年），平定了冀州，得到了北方献来的良弓和名马，那年晚春之时，曹丕和族兄子丹（曹真）在邺城西郊打猎，他一天徒手抓获了九只獐鹿，三十只雉兔。

给荀彧论箭术 后来军队南征到了曲蠡（今河南许昌南），尚书令荀彧奉命前来慰问犒劳，荀彧与曹丕谈罢军务之后说："听闻你射箭能左右开弓，这确实不容易。"曹丕说："您大概没有见过骑着善解人意的良马，'俯马蹄而仰月支'的射法吧。"这是一种与马配合，俯身仰射的经典技法，荀彧笑着称是。曹丕说："按常规的套路射向靶子，即便每次射中，也不是最好的。如果驰马在田野上，在草木茂盛处迎面射击兽禽，能使弓不虚弯，射中必深，那才是好射手。"当时在座的军队官员张京就很称赞。

拜师学击剑 曹丕专门学过击剑，曾拜多人为师，他感到各地剑法不同，只有京师的更好些。后来听说在桓帝、灵帝之间，有位虎贲军官王越剑法优良，当时在京师很有名；又听说河南郡的史阿自称早年与王越相好，学得了他的全部剑法，于是就找到史阿跟他学习击剑，直到剑法精熟。曹丕还练习过称为"持复"的双戟武艺，当时自以为没有对手，后来跟从陈国的袁敏学习单戟攻双戟的技法，又觉得非常神妙，对手不知道如何应对。

与邓展比试剑术　曹丕有一次与平虏将军刘勋、奋威将军邓展等人一同饮宴，他早就听说邓展手臂功夫很强，通晓五种兵器，又称其能空手夺白刃。于是曹丕与邓展讨论剑法，说了很长时间，曹丕不赞成对方的剑法。两人平时关系好，又想互相切磋学习，因而决定作一比试。当时两人酒酣耳热，正在吃甘蔗，就以甘蔗为剑，下殿比试剑法。曹丕三次击中邓展臂膀，在座的人大笑，邓展心有不服，要求再比。曹丕说："我的剑法急促，难以击中面部，所以只能击至臂膀。"曹丕知道再次交手，邓展必会突然出手以求击中，于是佯装前逼，邓展果然避之向前，曹丕却采用了用脚横扫的"脚郸"法，正好击中邓展的脑门，在场的人都吃惊地观战。曹丕回座位坐下，笑着说："过去名医阳庆让淳于意抛弃已有的药方，另授给他扁鹊秘术，现在我也希望邓将军捐弃已有技法，来学我的剑术。"在座者无不欢欣。曹丕在这次比试中把他高超的剑术向同僚露了一手，显示了他击剑技艺的精熟，无意间也表现了他比赛中夹杂的诡诈战术。阳庆传医术给淳于意是《史记·扁鹊仓公列传》中所记西汉初的事情，曹丕的玩笑话还展现了他对历史典籍的熟悉和生动应用。

父亲教他读书方法　曹操一直喜好诗书文籍，即便行军打仗，也手不释卷，每次儿女早晚前来问候请安，都看见他从容读书。曹操多次给曹丕讲："人年轻时学习心思专注，长大后读书容易忘记。长大后能勤奋读书的，我们早年朋友中就数我与袁伯业（袁绍堂兄袁遗）两人。"受父亲的影响和教诲，曹丕年少时就诵读《诗经》《论语》，稍后将五经、四部中《史记》《汉书》及诸子百家全部通读，他自认为少年读书给成年后的应用作了充分的学识积累。此外，曹丕还喜欢一种弹棋的游戏，该游戏练习人的机巧，曹丕为此作过《弹棋赋》，《世说新语·巧艺篇》中就有他的相关故事。

总之，以读书和武艺为主要内容的少年活动反映了曹操对这位儿子的刻意培养，也表现了曹丕为自己进入社会获取功业所作的早年准备。能够从中看到，作为出身王侯的贵族子弟，曹丕在少年时代就自觉追求并具备了应有的文武之才，他是一位很有潜质、颇具文韬武略的公子哥。

1.4（2）在夺嫡之争中险胜

曹丕五岁前自洛阳到了兖州，九岁居住于许都，除多次随军队出征外，他在父亲的指导下修文练武，加上本人的勤奋努力和天资聪明，逐渐成长为一位文武兼备的优秀青年。197年二十多岁的长兄曹昂阵亡，曹丕成了曹操众多儿子中的长子，后来母亲卞氏又继位曹操正妻，曹丕在家族中获得了嫡长子的特殊地位。

大约206年，曹丕到了所谓的弱冠之年，二十岁的曹丕举茂才，被州府荐举为通过考察的优秀人才，但并没有被任用。《三国志·魏书·文帝纪》引注资料中说，208年，曹丕为朝廷司徒张温征召任用，而曹操给朝廷上表说："张温任用朝廷官员的儿子，这一任用是不真实的。"他让朝中重臣郗虑持节传达献帝刘协的旨意，免去了张温的官职。也许曹操对张温免职有另外的考虑，但表面上似乎显示出他对曹丕的要求一如既往的严格，是不允许儿子借助自己的地位来获取个人成长捷径的。

按照传统社会的惯行规则，嫡长子应是家中父亲的继位之人，但曹操并没有着急把曹丕的太子之位确定下来，主要是在曹昂阵亡后，40岁出头的曹操并没有传嗣的紧迫感，同时紧接着的官渡之战和对河北之地的数年争夺，曹操的主要心思在战争上。另一个重要的原因是，曹操家中出了一位天才神童曹冲，又有一位文才超世的曹植，他们都深得曹操的喜爱，曹丕嫡长子的优先地位在父王心中的分量因而并不很重。208年，十三岁的曹冲不幸病逝后，曹操南下荆州，又蒙受了赤壁之战的失败，及等次年局势稍稳时，五十五岁的曹操开始圈定曹植和曹丕，准备在卞夫人的这两位儿子中选定自己的继位人。

曹丕和曹植兄弟两人具有不同的行事风格，他们在曹操的同僚中都有自己的朋友和支持者，一贯提倡唯才是举的曹操为了宏大自己开创的事业，希望对圈定的两人进行更多的考察了解，而在曹操本人的传嗣意象没有确定之前，曹丕和曹植两人俨然成了继位魏王的竞争对手，他们的支持者在暗中参与其间，对两位候选人的竞争推波助澜。当时曹植背后的支持者有杨修、丁仪、丁廙等人，这些人才思敏捷，意气相投，为曹植多次谋划助力，对曹操的决策发生过不小影响（参见1.6.2《文学天才的失落》中），这使嫡长子曹丕的正常继嗣徒生波折、节外生枝。

曹丕自幼就在文才和武艺两方面磨练自己，又多次跟随父亲四方征战，应该具有不小的政治抱负，他的文才虽然不如这位胞弟来得敏捷，但综合素质也决不至输给曹植。他在继嗣为王的竞争中也求助过意气相合的支持人，正是主要依靠朝中一批崇尚传统理念及老成持重官员的支持捧场，终于压住了几乎倾翻的天平。综合史书中各处零星资料，能够看到曹丕在这场竞争中受到的支持。

吴质大约是曹丕在平定河北时认识的知心朋友，两人才学相当，曾经同朝共事，分离期间经常通信倾诉，属于交心的朋友。有一次曹操率军出征，几个儿子都出外送别父亲。曹植出口成章，极力称颂父亲的功德，周围人瞩目相望，非常佩服，曹操听了也极为高兴。而曹丕大概觉得自己文才难及吧，怅然有所失落，吴质立即上前对曹丕耳语说："临别时你只管流眼泪就行。"大军启程时父子告辞，曹丕流着眼泪拜别，曹操与身边的人都伤感不已，事后大家都觉得曹植言辞华丽，而诚心不及曹丕。有一次，曹丕想与在京城外作朝歌县长的吴质商议事情，为避嫌，就把吴质装在大竹筐中用车拉进邺城，杨修知道后遂将此事报告给了曹操，曹丕很怕曹操追查，吴质让他第二天拉上一筐绢进城，曹操派人前来查验该车，却并不是杨修报告的那样，于是不质疑曹丕，而是怀疑杨修诬陷曹丕。朋友吴质对曹丕的协助不可低估。

216年曹操作了魏王，六十二岁的曹操更有了选定继嗣的紧迫感，但他仍然在两个儿子中难以确定，就暗中向相府外的官员发出函令，让收函人标明自己中意的人选。朝廷尚书崔琰把信函开着封口送来，上面写着："春秋之义，立子以长。曹丕仁孝聪明，理应继承王位，我崔琰将以死守护。"崔琰是曹植妻子崔氏的叔父，他在曹操密访中公开亮出了自己的态度，又表明一种大义原则，使曹操看后感叹不已。丞相府助理毛玠当面给曹操说："先前袁绍因嫡庶不分，导致了败亡族灭。立太子的重大事情，就不要再问了。"

当时丁仪等人在曹操面前大肆称赞曹植的才华，公开建议立其为太子，曹操于是向丞相府曾负责过军事的官员邢颙询问，邢颙对曹操说："让小儿子代替嫡长子继位，这是先世警戒的事，希望您深切考虑！"他没有公开指明，但意思非常明白。还有一位在曹氏所封魏国任虎贲中郎将侍中的桓阶，是曹操长期信任的人物，他多次向曹操陈述过曹丕的优良之处，认为可以继嗣接班。曹操发出密函征询对两位儿子的看法时，桓阶告诉曹操说："现在曹丕在众兄弟中最为仁孝，天下都知道，而大王您仍然拿曹植来询问我，我实在感到迷惑不解。"这些身边人物的意见，虽然他们对曹操的最终选择都不起决定作用，但无疑牵制了曹操对此事的决定，使他对曹植一直心存疑虑。

那位在199年官渡之战前督促张绣再次投降了曹操的贾诩，在曹操身边一直地位高，受尊重，他对此事并不发表意见，曹丕使亲信之人前去询问自保的方法，贾诩说："希望将军您提升道德风度，干好自己的事情，时时勤恳努力，履行儿子的道义。做到这些就行。"曹丕按照他所说的去办，更加谨慎做事。曹操有一次去见贾诩，他让周围的人退下去，然后就选嗣一事询问贾诩，贾诩默然不应。曹操说："我与爱卿说话，您却不回答，是怎么啦？"贾诩说："正好我在想一些事情，所以不能立即回答。"曹操问："您在想什么？"贾诩说："在想袁绍、刘表父子。"曹操听罢大笑，返回后遂确定曹丕为太子。

在曹丕与曹植的夺嫡之争中，没有主动去参与的贾诩投了最关键的一票。袁绍和刘表都是因为在选嗣问题上废长立幼而败坏了自己的事业，贾诩在曹操的追问下作被动式回答，揭明了曹操曾经亲眼看到的两位敌手的惨败原因，触及了曹操对身后最为关念的焦点问题，相比于事业的成败，继位人是否文才超世自然都成了不值一提的问题，自认聪明英武的曹操绝不屑于步袁绍刘表的后尘，因此毅然决定坚守嫡长子继位的原则。

217年十月，曹操立曹丕为太子，曹丕在最后关头终于取得了夺嫡之争的胜利，这是许多大臣为他争取的结果，是竞争对手曹植生性缺失屡次犯错所致，当然也是曹丕谨慎行事，其综合素质在长期僵持竞争中得以持续展现的结果。另有史料记述，曹丕在听到自己做了太子的消息时，一下子兴奋地抱住身边亲信辛毗的脖子说："你知道我心中有多高兴吗？"曹丕的这一行径被辛毗的女儿听到后心生鄙夷，但也反映了他长期竞争中心情遭受压抑一朝释放的情景。

1.4（3）太子的情怀

汉魏时设有五官中郎将的职位，这是府署中对众官作协调统领的职务，为相当于二千石的四品官员，其中的"五官"是采用了五行学说的理念，泛指众官员，五官中郎将处在署中众多官职的中枢位置。在211年汉丞相曹操征讨关中马超前，献帝刘协封曹植、曹据、曹林三人为侯，没有封曹丕，而任命他为五官中郎将，同时任其为丞相副（即副丞相），允许他置官署（开府），在丞相西征时留守邺城。曹丕的府中有长史凉茂、邴原，还有其他官属：徐干、应场任五官将文学，赵戬为司马，郭淮、卢毓为掌管警卫的门下贼曹，常林为功曹等。几年前就相识结好的朋友吴质在外县相继任朝歌（治今河南淇县）、元成（治今河北大名东）县令职务，曹丕给他写信回忆当年与几位友人一块儿在南皮（今河北南平北）一带游乐的情景，表达思念之情。215 年曹操率大军攻夺张鲁占有的汉中时，曹丕仍然留守邺城。

然而曹操长时间不立太子，曹丕心中生疑，大概也很郁闷吧，当时有一位叫高元吕的人，善于看相，曹丕将他请来询问自己的命运，高元吕说："命运贵不可言。"曹丕又问他能达到的寿数，回答说："年寿到四十会有小灾苦，过后就不用担忧了。"又有资料说，曹丕有一次同三十多位客人同坐，他请来善于看相的朱建平，让看看自己和众位宾客的年寿。朱建平对曹丕说："将军您会活到八十岁，到四十岁时会有小灾难，希望谨慎做好保护。"

后来经过与弟弟曹植的数年竞争，曹丕在 217 年被父王立为太子，多年紧张压抑的心情终于得到释放。《三国志·魏书·文帝纪》及其引注与相关史料记述，曹丕被立为太子的当年冬，社会上发生了疫情，应该是一种严重的传染病，受到伤害的人很多，曹丕非常感叹。当时朝廷王朗担任最高司法长官大理，曹丕给这位自己一向尊敬的老臣写信说："人生来有七尺身躯，死后只有一抔黄土，唯有立德扬名可以不朽，其次只有撰著文章。瘟疫多次发生，士民死亡甚多，我算什么人，能够保全寿命？"于是论述撰写《典论》和诗赋，约计百余篇。他把许多学人召集在肃城门内，讲述文论大义，侃侃而谈，没有倦意。

曹丕在与儒士学人的交流中常常赞扬汉文帝的国家治理，认为他采取清静而宽仁的方式，务求以德化民，有贤圣治国的风格。华山之下的汉文帝庙中原有东汉人所立石碑，曹丕后来给原有文字的碑上再刻二十多字，应该是表达了他的推崇和致敬。当时学人儒士中有的人认为汉文帝虽然为人贤良，但在心性聪明和善于治国方面赶不上贾谊。针对这种看法，曹丕撰写了《太宗论》，其中说："当年有苗氏不臣服，重华对其使用象征性的武力；南粤尉佗称帝，汉文帝用恩德感化，吴王刘濞不来朝请，文帝赏赐他几杖以示宽容，而天下因此获得安宁；汉文帝弘扬三章之教，运用和乐简单的风俗，想要让往日受累的民众能够昂首挺胸，没有恐惧之心。像贾谊那样才思敏捷的人，

81

有管仲、晏婴那样的才具，让他筹划国政，是出众的贤臣，但怎能与汉文帝的器量相提并论呢？"他写文章坚定地维护了对汉文帝的最高评价。后来有一天，曹丕又平静地对人说："其实我对汉文帝的三件事也不赞同：一是杀掉舅舅薄昭；二是宠幸邓通；三是慎夫人衣服不能拖到地，殿上的帐帷用各地上书的布套来缝制，这种俭朴失了法度。舅后之家，只要报恩给予养育就行，不应当给予权力，一旦触法犯罪，又不得不发生伤害。"有史家说，曹丕想要秉持中庸的方法，以汉文帝作为君王的行为标准。

曹丕在疫情肆虐的关头感到了生命的脆弱，于是想到了古人关于立德、立功、立言的"三不朽"事业，他感到当时能做的只有撰述立言，于是向前辈王朗表达内心所思，并开始撰写文论诗赋，取得了不少成绩。这一心态和行为表现了身为太子的曹丕摆脱了夺嫡竞争的压抑后，已经给自己的人生制定了宏大目标，他不甘于庸庸碌碌地过一生，发奋要做出不朽的事业，即便有一天在瘟疫的肆虐中倒下去，也要让自己的业绩彪炳史册。这是年轻储王积极健康难能可贵的上进心态。他组织当时的儒士学者集会交流，对涉及的问题宣讲讨论，应该是活跃了京城的文化气氛，提升了学术的社会影响，在一定意义上也实现了自己的人生价值和某种具体目标设想。

汉文帝的确是汉朝历史上极有影响、深得后世推崇的君主，他是当时人们能够感受到的最富仁爱和真诚、最有治国策略、执政最为稳定的帝王。曹丕推崇汉文帝的治国成就，并且写文章说明自己的看法，表明他当时不但已经在帝王治国的视角上考虑社会问题，而且为自己树立了优良的标杆，也体现出了他相应的治国理念。从他对汉文帝三条不足的补充说明中，能够感觉到他敏锐的思维和准确的辨别力。他推崇前代君王汉文帝刘恒的治国方式，但又具有自己的独立认识而不盲目崇拜，这一切似乎都表现着他良好的思想素质。

218年二月初，大约疫情刚刚结束吧，曹丕给吴质写信，大意说："时间过得真快，我们三年不见，书信来往，难以解除心头的思念。去年瘟疫流行，许多朋友相继去世，内心实在悲痛。当年我们一起游乐，行则同车，坐则连席，不曾须臾分离！每至传杯饮酒，弦管同奏，酒酣耳热，仰头赋诗。当时觉得我们会长久地在一起，没想到几年之间，好多朋友已经离世。编订遗著，看到他们的姓名已在阴间的名册上，怎么忍心提说呢！"曹丕信中用大段文字对徐幹、应场、陈琳、王粲等多人的文章风格做了评价，赞扬了他们的优秀文才，这应属于后世所称文学批评的范畴。

曹丕接着说："年龄不断增大，心中千头万绪，经常有所思虑，以至整夜不眠，何时能回复过去那样的志向意趣？转眼已经变成老翁，只不过没有白头而已。光武帝曾说，他年纪三十，在军中十年，所经历的事不止一件。现在我的德能赶不上他，但年龄也已相齐，以犬羊的身躯，装饰着虎豹的皮毛；没有众星的明亮，借助着日月的光芒，行为举动被人关注，何时能不再这样！恐怕永远不能像过去那样同游了。少壮时真的应当努力，年龄一旦过去，怎么能够再得到呢！"

曹丕给朋友的书信内容诚挚，表达了他成为太子后与普通人同样的感情世界，展现了他内心对昔日友谊的珍重，及对光阴流逝的深切感叹，也表现了他对自我政治作为的高度期许。这是一个尚未实际掌权的储君内心所思的道白，尚未失其原生的真诚。该书信和此年前的行为言论一起，体现着太子曹丕掌政前的美好情怀。

1.4（4）继位为王

作了太子的曹丕在几年的活动和交往中展现了他的宏大志向和治国理念，他在父王曹操几次出征期间留守邺城，维护了后方的安全。219年，曹操兵出斜谷与刘备争夺汉中而无果，后来上庸之地又被刘封孟达所夺，八月关羽自荆州围攻樊城并水淹七军，在边境形势紧张之际，曹操五月自汉中退归后一直驻军洛阳。其间留守邺城的曹丕收到了长乐卫尉陈祎密报，西曹掾魏讽纠结党徒，谋划袭击邺城，曹丕立即逮捕诛杀了魏讽，被牵连处死的有数千人，其中包括张绣的儿子张泉和王粲的两位儿子。魏讽谋反案的细节史书上记载不详，无法判断该事件的真实程度及曹丕处置的正误，但能由此窥见他独力处理政务的果决力。

关羽当年兵败被杀后不久，曹操也于220年正月逝于洛阳。《资治通鉴·魏纪一》《三国志·魏书·文帝纪》及其引注记述，谏议大夫贾逵等人稳定住了洛阳的部队，然后宣布了消息。噩耗传到邺城，太子曹丕恸哭不已，大臣们也都相聚痛哭，一片混乱。当时司马孚（司马懿之弟）担任中庶子，其职务是负责太子的教育管理，在他对曹丕的劝慰和主导下，邺城中百官集会，作出安排，次日以王太后的指令，命太子曹丕继位魏王，照例发布大赦令，尊奉母后卞氏为王太后。不久汉献帝刘协派御史大夫华歆带着诏书，授给曹丕丞相印绶和魏王玺绶，并接替了曹操的冀州牧兼职。

在权力接替的各种仪式进行期间，曹丕把汉朝使用了24年的建安年号改为延康，时为延康元年；他将父王曹操的遗体安葬在邺城西面的高陵，此后以魏王、汉丞相兼冀州牧的身份开始了自己的政治活动。

重新任命了高级官员 任命太中大夫贾诩为太尉，御史大夫华歆为相国，大理王朗为御史大夫，不久又任前将军夏侯惇为大将军。这些任用中有职位名称的改变，也有人事的调整。其中那位在确立太子一事上发挥重要作用的贾诩受到重用，尤其引人注目。

追封祖父为王 五月份汉献帝追封曹丕的祖父、朝廷故太尉曹嵩为魏太王，曹嵩的夫人丁氏为魏太王后。曹嵩在曹丕出生当年因捐金而赴任朝廷太尉近一年，193年被徐州牧陶谦的部将杀害于泰山附近。这一追封不可能没有曹丕的主动安排，事情极大地提升了曹氏家族的地位。

制度改革 在朝廷设置散骑常侍、散骑侍郎各四人，此为六百石的五品官员，与原来的侍中、黄门侍郎共参尚书事务；同时对宫中宦官的任职作了限制，他们的职级和权限不得超过部门署令。曹丕新设职位应该是要把自己的亲信人选安插进朝廷中枢机构；他将限制宦官的规定写成金策，存放在宗庙的石函里，这应体现了对自己执政的长久考虑。据《晋书·安平王孚传》所记，当时在选拔侍中、常侍等官员时，长期跟随曹丕左右的亲信暗示主持选官的人，想自己担任，反对从他处选调。司马孚说："现在新王刚刚登位，应该进用全国各地的贤才，怎么能够借机举荐自己身边的人呢？任职不根据才能，做了官也并不尊贵。"因此才从他处进行选拔。另外，曹丕还开始推行九品中正制。当时尚书陈群认为，汉朝任用官员的方法，并没有把人才都推举出来，于是提出推举各郡有声望的人担任"中正"，让他们依照品行与能力把当地人才评定为九个等级，政府按等选用。这一整体制度的变革当时称"九品官人法"，在后来影响极为深远。

接纳蜀地叛将 上一年攻取了上庸之地的蜀将孟达，在驻守地与副军中郎将刘封不和，受到刘封欺辱，于是率领部曲四千余家来降。孟达仪表不凡，颇有才情，深受曹丕器重。曹丕与他同乘一辆车子，任命他为散骑常侍、建武将军，封平阳亭侯。又合并房陵、上庸、西城三郡为新城郡，安排孟达兼任太守，让他负责西南方面的军政事务。曹丕还派征南将军夏侯尚、右将军徐晃和孟达一起袭击刘封，上庸太守申耽投降了曹军，刘封逃回成都（参见2.5.4《反复无常的孟达》），这一行动使西南的边境线向前有了很大推进。

为南征而治兵　这年六月，曹丕声称要准备南征，于是在邺城东郊进行大规模的军事演练，当时朝中公卿都现场观看，魏王曹丕坐着华盖车亲临视察，并进行阅兵仪式，据说已发出了南征号令。在曹丕要领军出征时，主管军队屯田事务的度支中郎将霍性上疏劝谏说："圣人说做事要得到百姓的欢心；兵书上说作战打仗是危险的事情。先王（指曹操）的功绩无与伦比，现在能拿出来称道的，都称不上是厚德之行。我觉得大王应当特别注重朝中政务，对外采用守弱的方式，保持应有的威慑力就可以成就大功。现在刚开始创立基业，就起兵征讨，必然有凶险，会发生意想不到的灾祸。"霍性的奏书送上去后，曹丕看罢大怒，派遣监察官员审查，最终将其处死，不久又后悔，但已来不及挽救。

史书上对这次治兵一事记述得非常明白，但有史家认为，在东吴击败关羽后的几年间，孙、曹两家的关系应该和睦友好，不会发生曹丕南征之事，这应该是曹丕想取代汉朝，以南征作为借口而整顿军队，强化曹丕对军队的统率权威，为备非常之需的行为。这一见解应是合乎实情的，当年确实没有发生曹丕领军攻吴的事实，应该仅仅是做了个南征的姿态就停顿下来了，霍性的被杀实在是因他上疏中对曹操的德行否定而犯了王家忌讳所致。

回家乡祈福　曹丕不久还返回家乡，驻军谯县，他在县城东郊大摆宴席，犒劳军队将士，招待谯县父老，并演出歌舞百戏。曹丕当场发布王令说："先王一直希望活着的人生活快乐，遵守礼仪应当不忘根本。我们的家乡谯是出生霸王之地，会有圣人出现，现在免去本县人的二年租税。"当地官员和百姓都前来敬酒表达祝颂，直到日落才散去。曹丕接着还前去祭祀了祖先陵墓方才返回邺城。有史家认为，曹丕在父王死后不到三年守丧期满，就回家乡演出歌舞欢乐，并不符合传统的孝道礼仪，以至于认为这是他年寿不长、国祚短促的致因。这一认识可能有些夸大其词，但整个活动安排则都表现了曹丕衣锦还乡的炫耀心理，也隐约透露出他要祈求祖先亡灵保护自己更大政治作为的复杂心态。

接替了魏王之位短短几个月，曹丕推动完成和作出了好多事情，其中有些是为他后面实现更大的政治抱负做准备，有些包含着他先前对治国活动的长远思考，无论这些活动未来会产生怎样的政治影响，但从中能够看到，将近34岁的中年人曹丕设想不少，并且不乏极高的工作效率。

1.4（5）燃萁煮豆

曹丕在继位魏王后为了实现他早先的志向和情怀做了许多事情，展现了果决高效的行事风格，同时他也没有忘记夺嫡之争中给自己制造了人生苦痛的对手。在曹丕看来，作为嫡长子接班继位本来是天经地义、无可争议的，偏偏那位自恃文才的弟弟曹植在一些奸佞小人的支持下要来抢夺本来就不属于他的太子之位，这和抢夺王君之位几乎没有什么不同。作了魏王的曹丕威势十足但又非常愤懑，他决心要对这些不守本分的忤逆者作出必要的惩处，让他们吸取教训，也让属下臣民知道心生非分是要付出代价的。

曹丕对这些竞争者和反对派的惩处是在刚刚安葬了父王之后就开始的。《资治通鉴·魏纪一》《三国志·魏书·文帝纪》及其引注记述，担任监察职务的右刺奸掾丁仪，和任黄门侍郎的丁廙兄弟早先一直为曹植上位而助力抬轿，曹丕对他们早就心有怨恨，现在掌控了权力后立即将二人及两家男子全部处死。那位积极支持曹植做太子的杨修一年前出征汉中时因其他问题被先王曹操处死，免去了曹丕的惩处，否则曹丕的屠刀也不会绕过杨修。

鄢陵侯曹彰当时在长安驻军，父王曹操去世后他赶到洛阳，询问贾逵魏王的印玺在何处，贾逵当即严肃地说："国家已经确定了太子，先王的印玺不是您应当询问的。"当时在邺城的尚书陈矫也提醒曹丕应该马上继位而不必等待汉献帝的诏书，他说："魏王在外去世，全国惊惶恐惧，太子应即位以安定人心。现在魏王钟爱的儿子曹彰正守在灵柩旁边，他若在此时有不智之举，生出变故，国家就危险了。"这位同母弟曹彰有统军平定代地之功，被曹操亲切地称为"黄须儿"，他对接替父王权位当然有自己的期盼。为此，曹丕在作了魏王的次月即发布命令，让各位诸侯立即回到自己的封地，曹彰是在极不情愿的情况下离开邺城的，曹丕就是要以此断绝地位接近的众兄弟对最高权力的非分念想，王令针对的正是多位亲兄弟，因而没有半点宽松灵活。三年后曹彰来到京都，权位更高的曹丕并不立即与他相见，以致这位兄弟因愤恨

>>> 1.4 文韬武略开帝业（曹丕）

而暴亡，但曹丕对这样的结果大概并不会过分在意。

对于夺嫡之争中的主要对手曹植，曹丕不仅有一股怨愤之情，而且存有一种嫉妒之心。另有《魏略》上记述了这样一件事：一位名叫邯郸淳的才士早年客居荆州，曹操得到荆州后听闻其名，大约在209年邀请邯郸淳来相见，见到后非常惊异和敬重。当时曹丕想广交天下英才，也听说过邯郸淳的名声，已经将其列在了准备延揽的文学官属中，恰好曹植也想结交邯郸淳，大概是曹操当时有点偏爱曹植吧，就打发邯郸淳去见曹植。曹植见过后非常高兴，请他坐下后并不着急叙谈，因为天气暑热，曹植让侍者打水来自己洗澡，澡后施上粉，露着头发赤裸上身，就跳起了胡舞，演练五禽戏，其后手舞宝剑，朗读了几千字的戏剧小说，然后才问道："先生觉得如何？"然后穿好衣服，整理仪容，与邯郸淳一起评说天地混元造化的开端，品评万物形成差别的根据，然后议论三皇以来贤圣名臣壮烈人物的优劣之差，接着赞颂古今优秀的文章赋诔，评价官员政务应该处置的先后顺序，又论说军事用兵胜败变化的趋势。其后让厨师将备好的酒和烤肉交错送上，座间的客人都不作声，没有人能够与他对谈的。直到傍晚，邯郸淳回到曹操那里，根据自己看到的事情极力赞叹曹植的才情，称他为"天人"。当时曹操还没有确立太子，听到这话心里就更偏向曹植。邯郸淳多次赞赏曹植的才情，曹丕当时就为此内心不快。

从与邯郸淳的接触中可以看到，曹植上知天文，下晓地理，圣贤典论、古今人物及军事政治几乎无所不通，并且都有自己的见解，的确是学富五车、才高八斗，这样的才情，不要说当时在座饮酒的人，即便在整个天下也难有匹敌者。曹植生活中不拘礼节、随性而为，这样的人其学识不是刻意凭勤苦得来，而是随天性爱好获取，邯郸淳称之为"天人"是有道理的。曹丕对曹植的才情应该有所了解，心中的嫉妒当然难以消除。他曾经用尽全力来与随性发挥而不在意的弟弟争夺太子之位，最终在竞争中险胜，算是勉强守护住了自己嫡长子应得的地位，但对弟弟曹植的嫉妒和戒备心始终难以释怀。先秦韩非就提出："君主的祸患就在于信任别人，如果信任别人，就会被对方所控制。"为此他提出，君主要特别提防自己身边的人。曹丕从自己的亲身经历中对这样的观点深有领悟，当他作了魏王，成了国家手握重权的人物时，当然要对有能耐和自己相对抗的人物做出提防，而弟弟曹植就是其中的重点。

鄢陵侯曹彰等人回到自己的封地之时，曹植的监国谒者灌均迎合曹丕的意图上奏说："临淄侯曹植醉酒，言辞违逆不敬，劫持并胁迫魏王的使者。"因为曹植在兄弟间的权位竞争中失败后，他作为弱者一直受到母亲卞太后的保护，曹丕对他过重的处置难以下手，遂在灌均上奏后贬曹植为安乡侯。然而，曹丕对曹植的提防打压并非到此为止，史料中记载的多种事情都是他对曹植打击迫害的持续手段（参见 1.6.2《文学天才的失落》中），人们熟知的"七步诗"就是对曹植进行有限度打压的典型事件。历史小说对诗作作了精炼化改动："煮豆燃豆萁，豆在釜中泣；本是同根生，相煎何太急！"豆萁是指豆子的秸秆，是和豆子在同一根系中生长，后来因为两者所处地位不同，因此而构成了一方对另一方的残害。当饱受烈火煎熬的豆粒在锅中哭泣求饶时，人们怎能不对无辜受害的豆粒一掬同情之泪，而对兄弟相残的现实心有不忍！

　　人们对曹植等人生存境遇的同情绝不代表已经走上权势地位的曹丕也会如此，抱负远大心有嫉恨的掌政人曹丕，因为有数量众多的兄弟，他要绝对保证自己的执政地位，因而坚持对这些诸侯王们的各种政治行为做出了更为严格的制度性限制，这一意念和方式也传导给了后来的继位人，以至成了曹魏政治治理的一大特点。那些封王诸侯在底层生活中一次次的呼吁呐喊，族兄弟曹冏在多年后所写的《六代论》上疏（参见 1.6.11《一份政治改革的意见书》），最终都没有改变执政人根深蒂固的既成理念，四十多年后大魏治理的终局在这里埋下了隐疾。

1.4（6）一场禅让的大戏（上）

　　曹操生前身为汉朝丞相，而实际拥有朝廷一切大权，有人劝他自做皇帝，但他觉得只要掌控着最高权位就行，何必非要那个名号！他晚年时有些臣属假托天命转换来说事，要求代汉立魏，曹操说："若天命在吾，吾为周文王矣。"他下决心要把汉朝的忠臣作到底，至于天命果然属魏，那就让儿子去承受吧（参见 1.3.6《曹操的自白》）。新继位的曹丕完全没有父辈那样忠诚汉室的精神负担，反而有更多的功名进取心；而境内的割据势力大多已被兼并，重大的军事行动已经不需要"挟天子以令诸侯"的统战裹挟方式，于是曹丕感到了借助汉朝廷的空壳政治资源是一种颇受掣肘、得不偿失的事情，他要筹划属于自己的政治活动方式。

　　在曹丕重新任命了高级官员不久，社会上就传出了许多关于魏当代汉的图纬之事。《三国志·魏书·文帝纪》及其引注记述，220年三月，黄龙出现在谯，这是帝王之兆显现在曹丕的家乡。当初，在汉熹平五年（176年），就有黄龙出现在谯，时任朝廷光禄大夫的桥玄问太史令单飏说："这是什么征兆？"单飏善于观看天象，他回答说："这里以后会有帝王出现，等不到五十年会再次出现。上天的征兆恒常稳定，这些会被验证。"其时在朝廷任事的殷登把这话记了下来。过了四十五年后，殷登尚在，他听到黄龙在谯出现的消息后说："单飏之话现在得到验证了！"曹丕为此召见了殷登询问过去的事情，对人说："殷登是位诚实的老者，他信服占卜之术，把论说天道的话记下来了，难道真有此事！"随后赐给殷登三百斛谷子让他返回家中。

四月，饶安县（治今河北盐山西南）上报说当地出现了白雉，这也是人们认定的瑞祥之兆。有资料记述，政府为此对饶安免去了部分田租，赐给所在的渤海郡百户酒肉，特许当地聚会饮乐三天。碰上吉祥之事让百姓聚饮欢乐，当然是合乎传统习惯的，但帝王出现的瑞祥事件在认定上本来就包含很大的主观性，现在对事件的上报地居民给予优厚赐赏，实际上对臣民起到了诱导鼓励作用。

朝廷左中郎将李伏向魏王曹丕上表，其中收集了好多符瑞之事，请求曹丕顺天应人。曹丕看后回复说："可以向外宣示。但我德薄之人，怎么担当得起？一定是先王大德通于神明，不是人力能做到的。"魏王府的侍中刘廙、辛毗、刘晔，朝中尚书台桓阶、陈矫、陈群等人则上书认可李伏的看法，认为汉朝自桓、灵之世已经衰落，符谶已在昭彰大魏的至德所在，劝曹丕顺应天意。曹丕再次发令说："犁牛的斑纹长得像虎，草刚生出与禾苗相似，事情有似是而非的时候，现在碰到的就是。你们这样劝告，只能加重我的失德。"他让把自己的王令公布给群臣，务必让大家都知道。

不久，朝廷太史丞许芝列出了许多谶纬现象献给曹丕，他在《周易》《春秋》等古籍以及东汉时期的大量注文中找出了好多原句，如《春秋汉含孳》中有："汉以魏，魏以征。"《春秋玉版谶》中说："代赤者魏公子。"《春秋佐助期》中有："汉以许昌失天下。"《易运期谶》中说："言居东，西有午，两日并光日居下。其为主，反为辅。五八四十，黄气受，真人出。"这是说在"許昌"之地，汉朝四百年运数已尽，汉魏两家必定主辅易位。《易运期》又有："鬼在山，禾女连，王天下。"古魏字可写为"巍"，也是表明大魏的运

89

数已到。许芝说："我的职务是史官,现在考究符谶察看征兆,已经看到事情到了转化之际,特此报告。"曹丕阅后发令说:"周文王三分天下有其二,尚且服事殷朝。我的德行不及先圣,但也不敢忘记高山景行的大义。现在魏国百姓,还有受寒的人穿不暖,挨饿的人吃不饱,虽然有许多祥瑞,但我仍然心中战栗,手写不出字。先前闲时写过一诗:'丧乱悠悠过纪,白骨纵横万里,哀哀下民靡恃,吾将佐时整理,复子明辟致仕。'我只愿守着这样的心境以终了,不是假话。请将此向远近的人宣告,让大家明白我的诚心。"侍中辛毗、刘晔等十多人又联名上书劝谏,曹丕发令说:"下发全国各地让人们明白我的心曲就行,至于其他说辞,难道是我的心意吗?听说东征的将士经过沿路各郡县,看到百姓面有饥色,有的人家短衣服都穿不齐,这些责任都在我身上。我有负上天瑞祥,下愧士民百姓,做个偏王尚且德不堪任,还谈什么为帝!应该停止这个话题,不要加重我的失德,使我离世之后能无愧于后世君子。"

似乎是曹丕发现了国内百姓的贫苦状况,真心要把代汉称帝的事情停顿下来。事情向群臣作了通告,督军御史中丞司马懿等多人上书表示了态度,他们支持太史丞许芝的提议,认为:"自从殿下继位以来,人们都感到了广大的恩德,天人相感应,符瑞同时来,考察历史记载,瑞祥从来没有像现在这样众多。事情已经超过周文王了,过分恭谦会让百姓不安。"曹丕于是发令说:"世界上所缺少的是道义,多出来的是苟且;常人的心性,总是把缺少的道义看得不值,把多余的苟且看得宝贵。我虽然德薄,但还不至于像常人那样把苟且看得贵重。古人说'石可破而不可夺坚,丹可磨而不可夺赤'。丹石尚且保持自身品质,何况我跻身士人之列,接受过君子的教诲。古代的高洁之士以仁为富,以义为贵,我也希望远离失道的苟且,确立丹石不夺之志。'三军可夺帅,匹夫不可夺志。'我的心志,岂能被他人所夺!"

代汉建魏的话题似乎是由魏王曹丕推动的,但一系列的图谶符瑞被确认后,当群臣开始上书公开表达支持魏王代汉的态度时,曹丕则仅仅要求把图谶现象的天意解读和自己的恭谦辞谢之意公布给天下民众。在代汉称帝的进程中途,他似乎真的产生了某种惶恐不安之心,面对众人的劝进之辞,他祭出了品质心志的不易旗帜,临门而拒绝抬步。

1.4（6）一场禅让的大戏（中）

曹丕以魏代汉的进程从220年三月开始，大约到了盛夏时节他却因某种原因按下了停止键，尽管司马懿等先朝大臣出面劝进，但他标节明志，拒绝临门抬脚。《三国志·魏书·文帝纪》引注《献帝传》记述，在剧目眼看演不下去的地步时，出场了一位重要人物汉献帝刘协，是他出面打破了僵局，也许曹丕在内心就一直等待这位当事人上场配合对演。

时年40岁的汉献帝刘协在9岁时被董卓扶立为帝，在这个尊贵而又屈辱的位置上生活了三十年，在魏王称帝的图谶盛行已久、群臣的劝进奏表天下皆知，而明确承受着天意人心的魏王曹丕反以百姓贫寒而自责，自称自己德薄之人愧居大位时，刘协的内心会是什么感受呢？十月初，刘协向曹丕发出了禅代天下的皇帝诏书，其中说："天命不会恒常，帝王不会一姓，汉室衰落为时已久，祸根在于宦官，董卓作乱后国家四分五裂，当时汉室没有尺寸土地，不具一介之民，靠着魏武王（指曹操）奋勇征讨才平定四方。当年虞舜有大功，尧帝就禅给天下，汉朝是承接尧的运数，具有传圣的道义。现在让御史大夫张音作使者，持符节奉上皇帝玺绶。"尚书令桓阶等人向曹丕报来消息，表示"天命不可辞，民心不可违"。同时提出召集诸侯群臣，宣读玺书，举行仪式。曹丕写字发令说："只讨论我不该承接的话题就行。正在打猎，返回后再说。"桓阶又补充了设坛场、择吉日等准备事项，曹丕发令说："我真的不敢承当，还有什么可准备的！"

刘协在这份诏书中明确表达了禅位之意，表示要效仿尧禅位舜的理念和形式让曹丕接受皇帝之位。当时尧帝禅位前曾把自己的两位女儿嫁给虞舜做妻子，《尚书·尧典》中记载尧帝话语为"釐降二女于妫汭，嫔于虞。"刘协在诏书中也提出"釐降二女，以嫔于魏"。古语中的"釐降"为下嫁之意，据此可知，刘协应是要把自己与伏皇后或董贵人所生的两位女儿嫁给曹丕，这一仿效行为当然不排除家族间情感联络的需要，以及对女儿婚事的安置，但《魏书·后妃传》等史料中对此事并未作出记录，以至于有人认为刘协可能只是把女儿嫁入曹魏家族中，当然，嫁给"虞舜"本人作妃子的可能更大些，只是妃子地位低，史书没有记载而已吧。

曹丕在刘协发诏之后的拒受态度并未松动，这样的王令他几天内还写了

曹家龙兴 >>>

十多份：①侍中刘廙上奏定于十月十七日举行禅让仪式，曹丕发令："现在是辞命不受诏！在军营前发布玺书即可。天气寒冷，让筑坛的士兵停工返回。"②刘廙发布了玺书后，曹丕再发王令说："应当将玺绶奉还，写上辞让的奏章。当年尧帝也曾把天下让给许由和子州支甫，他们或者退而耕田，或者借口有病远入山林。有高尚节义的人轻富而贱贵，所以名留千载，他们求仁得仁，仁不在远！坚守节义的，有人蹈东海而逝，也有人不奉汉帝禅让之诏。赶快写奏章奉还玺绶，宣告天下，使大家都知道。"③辅国将军刘若等120人向魏王上书，提出整顿坛场，择吉日受命，刘若应是皇家宗亲，有鲜明的代表性。曹丕发令举了节义高尚的人物，表示说："各位都是我的腹心之臣，应该明白我的内心所想。以后再不要纷纷乱言。"④刘若等120人又上书表示说：为臣事君应该坚持对的，劝谏错的，哪怕违逆君主心意也绝不畏惧。曹丕发令说："目今百姓寒者未暖，饥者未饱，鳏者未婚，寡者未嫁；孙权、刘备尚存，还得整军备战，好多事情需要推进。你们本来不应干扰我的思虑，为何却要这样对我相愧和逼迫呢？赶快写奏章奉还玺绶，不要加重我的失德。"⑤侍中刘廙等人上书魏王说："陛下考察前代各世人事，固辞禅命，拒践尊位，心意十分恳切，我们怎敢不听从！那就只能写出奏章遣返使者。"曹丕写王令说："泰伯三次推让天下，人们无法用语言称赞他。孔子感叹他的大德，我算什么人呢？"曹丕在这里几乎全部引用了《论语·泰伯》中的原句，对周族古公亶父的长子泰伯多次推让继位权的行为作出了赞赏，由此应该看懂曹丕的心迹了：他要的是泰伯的"三让"。

曹丕立即给献帝刘协写了上书："皇帝陛下：月初收悉玺书，册命受禅，听闻后五脏震惊，不知所措。许由匹夫，尚且身避帝位，为臣无德可称，宁愿守节以辞。谨拜章陈述，使臣属毛宗送来奏书，并奉上玺绶。"⑥给事中博士苏林、董巴上表魏王，讲了一通天象祥瑞，又讲了五行承运的道理，大概属于博士最新的研究成果吧，最后提出："舜以土德承尧之火，今魏同样以土德承汉之火，受禅践位，在于今年此月。"曹丕发令说："这些都需要圣德，我德薄之人，怎么堪当！我已辞让，希望皇帝能允许。这些可让内外官员都知道。"⑦献帝刘协不久发诏书说："汉家在位年过四百，运数已终。我敬畏上帝，所以禅位于王；天意不可违，众心不可逆。今使张音奉皇帝玺绶，王即可登位，不必再违诏命。"尚书令桓阶等上奏魏王，认为不能固执地辞让，要求安排有关部门修坛场，择吉日接受禅命。曹丕发令说："要有三让而不接受才行，为什么要这么着急？"⑧曹丕再给皇帝上书说："收悉玺书，重受诏命时，我肝胆战悸，不知所措。我总觉得少有功德，难比古圣，宁愿避身箕山。谨拜表陈述，并奉上玺绶。"侍中刘廙等人提出百姓不可一日无主，神器不可须臾无统，上书请魏王立即决定。曹丕发令说："天下重器，让有圣德者承当，尚且有惶惧之心，我算什么人呢？你们也没有到无主的地步，这事应等再次辞让之后，从容商议是否可行。"

献帝刘协不久发来诏书说："我顺应天命，决定禅位于王。神器不可以辞拒，皇位不可以谦让，况且百姓不可一日无主，神器不可须臾无统。今使张音奉来皇帝玺绶，请王承接，以答天下所望。"这是刘协第三次送来禅位诏书，其中的关键句子与刘廙给曹丕上书中的语句完全一致，显然是重复着刘廙的表达。⑨相国华歆、太尉贾诩、御史大夫王朗及九卿给魏王上书说："我们被皇帝招到，看了太史丞许芝、左中郎将李伏所上图谶符命，又见到侍中刘廙等人所宣告的群臣心愿，感到天人同心，我们听说自古及今，享有天下的不会常在一姓，要看德势的盛衰强弱。汉帝效法尧帝，所以愿禅帝位并嫁二女，逊位和受禅，都是各迫天命而不得已；禅代之事，并非受禅者独享天福，授与者也有余庆，天命不可久拖，民望不可久违，希望陛下备受禅之礼，遂人神之意，慰内外之愿。"曹丕发令说："论德行我是不够格的，论时机则外敌未灭。能够依靠众多群贤的支持，一辈子做好魏王职责我就满足了，怎能屈辱天下？至于天有符瑞，那都是先王（指曹操）圣德所遗，我有什么功德呢？所以不敢听命。"三位朝廷重臣首次出面劝进，曹丕大概深知几位大臣内心膺服的是父王而不是自己，贸然接受劝谏，在他们面前必有轻浮之嫌，因而坚决地拂逆了他们的意见。

曹丕再次上书献帝说："我听说舜、禹建有功勋，才得以受禅，我的德行实在比不上他们，所以不敢接受禅命，宁愿坚守我本来的志向。使者张音重复送来诏命，我内心惶恐，不敢接受玺书，张音迫于严令，不敢返回复命。希望陛下召张音返还。谨使毛宗奉书。"⑩相国华歆、太尉贾诩、御史大夫王朗及九卿再给魏王上书，其中洋洋洒洒地讲了一大堆历史事实，中心强调说：《论语》称君子畏天命，天命有去就，帝位有禅代。汉政衰落已经七世，依靠魏武王才有所恢复，现在民命悬于魏邦，民心系于魏政，已有三十多年，如果久拖天命，就成了我们的罪错，希望赶快具礼仪，择吉日，完成禅让，昭告上天。曹丕发令说："早先大舜吃着粗糙的饭食准备艰辛一生，这也是我以前的志向。后来舜接受了尧帝的禅让，穿着盛服，以尧帝二女为妻，这则是顺应天命。各位公卿如果确实认为天命不可拒辞，民望不可违逆，那我还有什么话可说！"至此，汉帝禅位的事情似乎得到了各方认可，双方逊位和受位的意念基本确定下来了。

1.4（6）一场禅让的大戏（下）

曹丕在220年正月继位做了魏王，数月后开始推动了代汉建魏的重大活动，他利用掌有的权势和亲信属臣的效忠，操控图谶符瑞和群臣劝进的禅代舆论，多方压迫汉献帝刘协作出逊位表态，然后在三让三辞、终不得已的形式下同意了君臣们践位代汉的请求。《三国志·魏书·文帝纪》及其引注中记述，汉献帝收到曹丕第三次辞书后再下受位策命，而在尚书令桓阶报告仪式安排和所选时间时，曹丕批字："可。"一次改朝换代的决策至此被完全敲定。

朝臣选定繁阳（今河南临颍西北十五公里）筑就坛场，十月二十九日在此举行了隆重的登坛受命典礼。这天魏王曹丕登坛受禅，公卿、列侯、诸将、匈奴单于、四夷朝者数万人陪位，曹丕接受了禅位诏书和皇帝玺绶，燎祭了天地、五岳、四渎（指长江、黄河、淮水、济水四条独流入海的大川），并宣读了新帝的昭告，同时宣布魏承土德，尚黄色，改延康年号为黄初年号，举行大赦。

禅让大典是当时一件重大的事件，汉朝四百多年的统治由此结束，历史正式进入魏、蜀、吴三国鼎立的时代，因而事件具有划时代的标志性。魏国御史大夫王朗在此前后给蜀地旧友许靖多次写信作策反活动，其中就以他曾参加这次禅位大典且位居前排而炫耀自夸（参见2.4.1《受到曹魏策反的许靖》下）。作为当世文人名士，无论事件中是否受到别人的操纵指使，事实上当事的人们总难跳出时代的局限，他们会为眼前闪烁不息的流光溢彩所陶醉，以为经历了千年不遇的神圣盛典，向友人吐露内心的满足感应该未含多少虚假成分。

史书上记述献帝刘协向魏王曹丕三次发来禅位诏书，而并未透露刘协公开逊位的背后还发生了什么起作用的行为，只是说：汉献帝觉得众望在魏，于是召集百官公卿表明自己的逊位心思,并昭告祖庙,然后效仿尧帝的做法禅让帝位。似乎这是刘协看到图谶符瑞的天意和众臣劝进魏王的人心所向时,他个人醒悟后产生的自觉与主动行动,因而他每发诏书,还总让使者张音送来皇帝玺绶,其禅位的心情比受位人曹丕要急迫得多。而《后汉书·皇后纪》则记载了另一不同的事情。曹操在213年曾把自己三个女儿曹宪、曹节、曹华同时嫁给刘协为夫人,次年一同拜为贵人,在献帝的伏皇后被杀后,曹节被继立为皇后。220年汉献帝禅位,曹丕派使者索取玺绶,皇后曹节发怒而拒绝,曹丕的使者好几次来追索,曹节将使者叫进去,亲自数落,哭泣责骂,并持玺抛掷轩下(参见1.3.28《他把三个女儿嫁给了皇帝》),这里的记载可能反映着更多的内情。东晋人所撰《魏氏春秋》记述,当天禅位仪式结束后,曹丕对身边群臣说:"舜、禹受禅的事,我今天知道了。"对以前史书上记载的事情,现在亲身经历后才更理解了,应该是他开始怀疑史书上对事情所渲染的纯真与神圣性。

史家裴松之引注了晋人干宝《搜神记》上一段事情:先秦宋大夫邢史子臣懂得天道运数,在周敬王三十七年(公元前483年),宋景公问他说:"天道有什么吉祥?"邢史子臣回答说:"过后五十年五月我会死去;我死后五年五月吴国灭亡;吴亡后五年,您将离世;您身后四百年,邾国统天下。"邾是春秋时东方小国,当时活动于今山东邹县一带,为曹姓。魏也是曹姓,人们认为曹魏是邾国后裔。邢史子臣的预言被记录在诸多史料中,曹丕建国后人们核对他的预言,发现他所提到的人死国亡之事都被应验,只是年数对不上。人们认为或者是邢氏预料有误,或者是年代久远,记录的人搞错了年数。

可以看到,这位姓邢的预言家先后预言了他本人、吴国、宋景公的死亡和邾国后裔的兴盛,但任何事物的死亡其实都是必然的,年代错位的死亡预言大概是闭着眼睛就能断定的可靠之事。邢氏预言的年数错谬,正好是他不能预言的证据;当时邾国被楚国所灭,处在本族发展的最低谷,但政权丢失了,后裔人众还在,千百年的后续历史发展中总有上行崛起的机会,邢氏的这一"预言"也绝不是毫无实现可能。当曹魏获政建国后,人们把这位预言人许多"预言"中与现实存有关联的某一条翻检出来作比照,加以想象与回护,现实事态似乎成了早有定数的天意,这正是在传统社会的某种神秘理念诱导下人们最容易陷入的一种思维误区。220年三月起的半年时间内出现了大量的图谶符瑞，其道理与此相仿，说到底是一定理念指导下主观发挥的产物，而社会大多数人受到浸透着神秘理念的惯性思维引导，惑于图谶现象的表象，因而就轻易相信了有心人对现象的解释和发挥。其实，当时图谶现象大量出现的阀门始终受着当政人的控制，操控人的目的是要营造出合于个人需要的天意人心，这种效果果然也基本达到了。

曹丕践位称帝后，除改换年号、颁布大赦外，还迅速安排实施了以下事情：①尊奉汉献帝刘协为山阳公，地位在诸侯王之上，送他一万户封邑，封地约在今河南焦作东十公里。允许他对魏帝曹丕奏事不称臣，受魏帝诏见不跪拜，并可以天子车驾服饰郊祀天地，汉室宗庙、祖茔以及农历腊月的祭祀都照汉朝的制度。刘协四个封王的儿子都降为列侯。《资治通鉴·魏纪一》中表明：刘协将自己的两个女儿嫁给曹丕作妃子。②把年初提升了的家族前辈由王再度升格为帝。祖父魏太王曹嵩为太皇帝；父亲魏武王曹操为武皇帝，庙号为太祖；尊奉母亲魏太后卞氏为皇太后。③以颍阴之繁阳亭为繁昌县。这是曹丕受禅登基之地，他大概觉得极有纪念意义，于是给了一个响亮的地名。④改相国为司徒，御史大夫为司空，奉常为太常，郎中令为光禄勋，大理为廷尉，大农为大司农。郡国县邑大多改了称谓。以汉诸侯王为崇德侯，列侯为关中侯。封爵增位各有差等。曹操曾在208年罢三公，置丞相，以此加强自己所担任的丞相权力；现在曹丕改换了官职名称，其中撤丞相、置三公，强化皇帝权力的意图是很明显的。⑤给匈奴南单于呼厨泉换魏国玺绶，赐给青盖车、乘舆、宝剑及玉玦，让他明确尊奉的对象已经与前不同。⑥初营洛阳宫，徙都于洛阳。按照五行理念，汉行火德，火忌水，所以当时"洛"去"水"而加"佳"，成为"雒阳"；现在"生于火"的魏行土德，土克水，水得土而流，土得水而柔，故除"佳"加"水"，变"雒"为"洛"，成为"洛阳"。曹丕建就的庞大魏国至此抛开了汉室的虚壳，在中华北土上独自挺立了起来。

1.4（7）新皇帝的作为（上）

曹丕早年对自我期许不小，在成为太子时就向儒士学人和朋友抒发抱负，表示要以汉文帝的治国行事为楷模，他为自己确立了不错的人生目标，理想是极其美好的。而作了皇帝的曹丕在现实生活中究竟表现如何呢，《三国志·

魏书·文帝纪》及其引注与《资治通鉴·魏纪一》记述了曹丕受禅帝位、初徙洛阳时的许多政治行为，从中能够看到魏国新皇帝的一系列积极作为。

向民众广施恩德　传统典籍一直强调"民为邦本"的政治理念，稍有学识的人对此应该非常熟悉，考验高层政治人物的关键点仅仅在于是否真正认可并愿意遵照实施。曹丕曾多次表达过对全国民众苦难生活的同情，爱民的心境似乎是真实的，刚获权力后他确有不少措施：①在刚继位魏王月余时就发令说："关津本来就是通商旅，池苑是防御灾荒的，设禁区收重税，不能方便百姓。现在解除在这些地方所设的禁区，减轻关津之税，都恢复到十分之一。"他还派遣使者到各郡国进行巡查，有不遵守规定而暴虐百姓的，要求检举其罪。②在禅让的大戏紧张上演期间，他发布王令说："在战场上死亡的士卒，有的没有得到收敛，我内心非常不安，现在通知各郡国备好棺材给予殡敛，送到家中，官方为其设祭。"③受禅为帝后，他立即宣布给成年男子每人升爵一级，作了父亲的男子如能遵循孝悌之道并勤奋耕种的升爵二级，这些升爵背后都系带着物质利益的实惠。④过了一年多立皇后时，他又下诏给鳏寡病弱及贫困不能自食其力的人赐予粮谷。不排斥这些措施有配合他上位称帝的意向，但他把培养自己社会根基的关注点放置在广大基层百姓和军队士卒身上，对下层兵民的生活困苦给予了首先关照，这一治政思路无疑是正确的。

曹丕践位后对颍川郡给予了特别照顾，他发诏说："颍川是先帝当年起兵之地，官渡之战时其他地方观望和叛离，而该郡坚守道义，丁壮年都拿起武器，老弱之人背送粮食。过去汉高祖以关中作为立国根本，光武帝依靠河内为王业之基，现在我又在此郡登坛受禅，上天以颍川来辅助大魏。"为此免去了颍川郡一年田租。他对当年颍川民众的模范助战活动给予了高度评价，进而把魏国的昌盛命运和颍川联系起来，给了当地民众颇高的荣誉和实际利益，强化了他们对大魏的国家认同。

确立与汉室的关系　禅位大典之后，刘协及其代表的汉室退出了天下政治舞台，曹丕宣布给予其诸侯王之上的政治地位和生活保障，这应该出自背后的承诺，代表了许多同情汉室的臣民内心的期望，对曹丕而言当时也许仅仅是一种为保证事情顺利推进的策略。在曹丕称帝之后，魏国群臣中出现了颂扬魏德，同时抑损汉朝的倾向，曹丕对此并没有予以重视，大概觉得理所应当吧。而朝中散骑常侍卫臻对此提出了异议，他认为魏国受禅于汉，存在"火生土"之义，所以必须颂扬汉朝的美好。曹丕觉得卫臻说得很对，马上表示说："以后凡天下送来的珍品，我与山阳公共同拥有。"尚书陈群也强调曹魏以圣德应运受命，应当在创业立制方面为后世作出良好样板。汉室虽然退出了政治舞台，但其历史影响以及人们的观念眷恋尚还存在，各层人士会从曹魏对汉室的态度中观察判断前者的德性优劣。即使抛开他们双方间的亲眷关系，刘协仍是汉室政治遗存的当然代表，他的个人生命及其某些待遇必须得到应有的保证。既然是千年不遇的"禅位"，那当然就需要千年才有的开新模式。

当年蜀国成都传闻献帝刘协已被曹丕杀害，刘备诸葛亮等蜀中百官披麻戴孝，为刘协举办丧礼（参见2.1.20《在悲戚中登上九五之尊》），他们按照惯常思维和历史前例去想象许都的事态结果，殊不知刘协当时正在山阳封地过着他并不苦痛的生活。可以说，曹丕称帝后是真正想通了汉魏间的这一关系，他并没有如历史上许多篡国者一样对前朝失国皇帝加以迫害，而是履行了承诺，坚守了应有的政治信用，开创了一种国政交替的良好模式。221年正月，曹丕郊祀天地与明堂，接着打猎到了原陵（今河南孟津西），还派遣使者用最高的太牢礼仪祭祀了东汉光武帝刘秀的陵墓，以表示对汉朝的尊崇。

对吴蜀两国的非战态度　　曹丕因为推崇汉文帝刘恒那种不用武力、和平处理国内政治问题的治国方式，因而对蜀中刘备集团一直采取分化利诱的方针。蜀道艰难，但他安排老臣王朗对蜀中担任司徒的故旧朋友许靖不断联系进行拉拢策反（参见2.4.1《受到曹魏策反的许靖》上），后来又安排司徒华歆、司空王朗、尚书令陈群、太史令许芝、谒者仆射诸葛璋等年纪老迈的大臣分别写信给执政人诸葛亮，向他陈述天命和人事，劝说诸葛亮向魏举国称藩（参见2.3.3《初掌国政》上）。曹丕大概相信，以曹魏的宏雄气魄和自己的真诚之情一定能够说服偏居西南的蜀汉归顺大统，认为只要有足够的耐心等待就可以。

在曹丕代汉立魏之际，吴蜀两国此前刚发生了荆州争夺战不久，东吴袭取荆州并杀害了关羽，稍后刘备在蜀中称帝后整顿军队，他拒绝孙权的求和，准备伐吴复仇。当时曹丕召集群臣分析吴蜀双方可能出现的动向，侍中刘晔认为，刘备要依靠威武显示自己的强势，又与关羽情意深重，必然要出兵报仇。及至221年八月，孙权派使者向魏称臣，所上奏章言辞谦卑，刘晔提议说："如今天下三分，魏国占有全国土地十分之八，吴和蜀各自仅有一州地域，他们阻山依水，有急相救；现在双方结仇相攻，这是消灭他们的大好机会。应该整顿大军，直接渡江攻打吴国。因为蜀国在外面牵引，魏国军队攻其中心，不过十多天吴国就会灭亡，剩下蜀国就孤立单薄了。"但曹丕说："有人投降称臣，我们却讨伐他，这会让天下愿意归附的人们产生疑心，不如接受东吴的归降而袭击蜀国的后方。"刘晔坚持说："我们距蜀路途远，而与东吴靠近，如果蜀国知道我们来攻，便会退军回守，我们难以阻止。现在刘备发怒攻击吴国，听说我军伐吴，知道东吴必亡，会很高兴地迅速向吴进军，同我们争割东吴疆土，也决不会改变计划去救援东吴。"但曹丕并未听从刘晔的意见，他接受了吴国的投降。

其后，在222年初，孙权上书说："刘备领着四万人马及骑兵二三千，军队已经出了秭归，请求前来扫灭，迅速获取克敌之胜。"这是孙权向魏求救，希望出兵前来援助。而曹丕写信回复说："当年隗嚣的失败，灾祸起于占领栒邑（今陕西旬邑东北）；公孙述被俘获，转变在于夺得了扞关（今重庆奉节东长江岸边的关隘）。只要将军的部队奋发威武，一定能够成就奇功，实现我的心愿。"曹丕向孙权列举了东汉初的两则特定战例，表明抢先行动的军队未必有好的结果，这里只送给了孙权几句没有实际作用的空话，而并未派军队援救之意。他在蜀吴争战中坚持自家的非战原则，只是坐山观斗。

1.4（7）新皇帝的作为（中）

曹丕是建就魏国的第一位皇帝，他对自己创建的国家应该是充满期冀，因而在国家初创之时对其倾注了更多的个人设定，除了向民众广施恩德、尊崇汉室和对吴蜀采取非战态度外，他还在国家建设的许多方面做出了一些制度性的革新，《三国志·魏书·文帝纪》及其引注与《资治通鉴·魏纪一》记述了曹丕一些制度性的变革，能够从中看到曹丕是从除弊播远的角度作出思考安排的，其中展现了他个人在特定历史条件下的治国风格。

对亲族的限制 曹丕多年前遭遇过兄弟间的夺嫡之争，对来自亲族内部的权位威胁身有痛感吧，他兄弟众多，因而刚一做了魏王就下令让诸多兄弟返回各自的封地，堵住了他们参与中央事务的口子。两年间他先后对兄弟们封侯封王，同母弟曹植也由贬后的侯爵恢复了王号，他们的爵位封号提升了，但对这批王侯们的政治限制并没有丝毫放松，且对他们入京朝请、相互交往、警员配备及行居规格做了更多限制，兄弟诸王们几乎没有任何政治参与和自主作为的权力，而且封地处在频繁的变换中，诸侯王与封邑户民并无多少深交，这也防止了他们操纵民意而叛离的任何非分企图。

与此同时，曹丕还对皇家母族的权力和地位作了限制。当时他准备为母亲卞太后的父母追封爵号，尚书陈群上奏说："现在创立国家，应该革除旧制，为后代作出遵从的典范。记载礼仪的典籍中，没有分封妇人土地和爵位的制度，妇人只是随从丈夫的爵位。秦朝违背古制，汉朝又继承了下来，都不符合先王的法令经典。"曹丕说："你的意见很好，不要封太后的父母了。"一年之后他发诏书说："妇人参政，这是致乱的源头。从今以后，群臣不得向太后奏事，后族家的成员不能担当辅政职务，也不能受分封土地的爵位。这一规定应传于后世，如果有所违背，天下共诛之。"曹丕应是看到了两汉时许多母后参政、外戚专权而导致皇权失落的现实教训，为此做出了维护中央权力集中化的保障措施，他把这一制度规定保存在收藏档案的台阁中，希望子孙后代永远遵照执行，以保证曹家天下万世不易。

拓展官员选拔渠道 曹丕在初作魏王时就开始推行九品中正制（参见1.4.4《继位为王》），称帝后他把这一制度推行全国。与此同时，他发诏令让人口满十万的郡国，每年察孝廉一人。先前汉代也推行察孝廉制度，规定二十万人口中推举一人，曹丕的新规是把推举指标放大了一倍，另外还提出，推举中如发现有特别优秀的，可以不受十万户口数的限制，即是可以突破规定的指标。曹丕后来在一次巡视中发现了问题，他下诏说："现在的孝廉，就是古代向朝廷荐举的贡士；如果限定年龄然后选取，会使年老的吕尚、年幼的周朝姬晋不能被任用。现令各郡国荐举人才，不要拘泥于年龄老幼；儒者能够通晓经典，官吏能够懂得文法，都可以试用。有关部门要纠举弄虚作假的人。"曹丕应该是受到父亲曹操重才理念的影响，比较重视国家建设中人才的选拔，但与曹操略微不同的是，他更加注重各郡国和名流人物的推举，依赖于某种由特定阶层操控的固化机制，缺少了些不拘形式的灵活性。这也许是体制庞大后一些制度建设中无法克服的天然弊端吧。他后来在制度执行中发现了过分强调年龄区段和选举中弄虚作假的不真实情况，下令予以纠正，但有些问题其实不是靠一纸命令就能完全解决的。

此外,曹丕为适应中央集权的需要,取消丞相而重设三公(太尉、司徒、司空),三公的行政权力极大缩小,远不如丞相可以决策和发令,只是提供咨询议事的职务。大概为了对这些高级官员做出安慰吧,曹丕还分封给三公户邑,并封他们各位子弟中的一人为列侯。这种提升源于候选人的出身背景,体现了朝廷对高级官员的特殊照顾,因而促使了这类家族的富贵地位世袭化。

推行社会教化 曹丕本人读的传统典籍不少,他在称帝次年向全国发出诏书,对孔子的人格与学说大加赞颂说:"往昔仲尼持大圣之才,怀帝王之器,在衰落的周朝末年因未承受天命的运数,于是向鲁、卫的执政者和家乡洙、泗之地的民众施行教化,凄凄遑遑,受尽艰难,他想要委屈自己以保存道义,挽救颓废的社会。因为执政者不能任用,于是他返身考究上古五代时的礼仪,作素王(无冕之王)的事业,依据鲁国史书而撰著《春秋》,靠乐工太师来订正《雅》《颂》,使千年之后的今天,人们都可以根据他的文论来说话行动,依仗他的圣心来谋划事情。真是太伟大了!可以称为当世大圣,亿万年的师表。"他对孔子的学说与人格做了极高评价,并冠以"大圣""师表"以及"素王"的尊贵头衔,表达了他内心的敬仰与他治国中的基本遵循。自西汉武帝"独尊儒术"后,孔子受到多位执政人物的褒扬,曹丕的诏书赞颂应是颇有分量、极富内涵的推崇,表明了曹丕心目中关于魏国一切制度方针所由产生的思想依据。

曹丕在诏书中接着论及时下对孔圣尊崇不够的问题,他说:"现在经过了天下大乱,许多祭祀场所遭受毁坏,旧居中的庙破毁未修,褒成侯的后嗣已绝而无继,故居阙里听不到讲读的声音,四时看不到祭献的牌位,这不是尊崇报德、百世必祀的礼仪!"有史料记载,孔子的后裔孔均在西汉末年被封为褒成侯,东汉初再封孔均之子孔志为褒成侯,孔志的儿子孔损世代相传,到了东汉末灵帝之后,封国绝嗣,孔子故里的各种祭祀随之中断。曹丕提出了这一问题,同时作出几项决定:①诏封担任议郎的孔子后裔孔羡为宗圣侯,邑百户,让其奉祭孔子之祀;②责令鲁郡修起旧庙,并让安排百户吏卒专事守卫之任;③让在故居之外广建室屋,以供儒士学者居住。推崇孔子并完善其故里的祭祀活动,应该只是曹丕实施社会教化的一部分,但也表明了他实施教化的方向及其主要特征。

可以再看看魏国皇帝曹丕在治国活动中真实心迹的一次表露。221年夏，天上出现日食，古人认为这是国家治理出现了问题，上天在发出警告。有关官员为此奏请罢免太尉，曹丕下诏说："灾异的出现，那是上天在谴责元首。如果把过错归于辅政之人，这与夏禹、商汤归过于己的大义不相符合，现在令百官各尽职守就行。以后天地出现灾异，不要再弹劾三公。"历史上的许多帝王都是把治国的功劳归于自己，如果遇到"天谴"的征兆则诿过他人，处置大臣以撇清责任。《史记·孝文本纪》记载，西汉文帝刘恒曾有一次下诏说："听说天道的运行，祸自怨起，福由德兴，朝中百官的过失，应该由我一身承担，现在秘祝官员将过错推给臣下，更加彰显了我的失德，这种做法不妥，应当取消。"当曹丕碰到同样的问题时，他采用了与汉文帝同样的方法，自己挺身承担责任，拒绝诿过他人，坚持了权力和责任的一致性。这表明他早先立志以汉文帝为楷模，并不是停留于口头上的，而是一种真诚的态度，现实中的做法是值得称道的。

1.4（7）新皇帝的作为（下）

魏国皇帝曹丕统治着一块广大的地盘，他为新建的国家制定了与前朝有所差别的诸多制度政策，明确了崇德尊儒的教化理念，采用了他自己确立的治国标杆与方式，期冀能推动魏国进一步走向强盛，以实现天下的统一。《三国志·魏书·文帝纪》及其引注与《资治通鉴·魏纪一》等诸多资料中记述了曹丕称帝后的一系列治国行为，能够看到他践位后高效的做事风格和内政治理上的某些特征。

确立五都 曹丕称帝后立都洛阳，随后认定长安、谯、许昌、邺、洛阳五地为都。长安、洛阳早就是前朝之都。许县是春秋许国的所在地，秦时改置县，曹操196年迎献帝刘协到此，称为许都，东汉朝廷设在该地，一直到220年刘协禅位。曹丕建魏后因为"汉亡于许，魏基昌于许"，故改其为许昌县，是赞颂曹魏在此获得昌盛之意。谯是曹氏的故乡，为龙兴之处，也是黄龙祥瑞首现之地。邺城遗址约在今河北临漳一带，始建于春秋齐桓公时代，刘邦置邺县，后为冀州治所。204年曹操击败袁绍进占邺城，他兼任冀州牧即在此地，后来将其作为王都，邺城遂成曹魏兴盛之基。建都洛阳后，曹丕迁徙冀州籍士兵的家属数万户，以充实洛阳周边河南郡。确立五都，是要表明曹魏对历史的全面承继和对整个天下的拥有，显示了对于吴、蜀两国的高度优越，也为自身在广大国境内的政治运作提供了更大的灵活性。

关注经济活动 史书上对曹丕治政时的经济活动记得很少，提到他在221年三月恢复使用了西汉武帝时采用的五铢钱，这种钱币在汉朝历史上使用时间颇长，东汉灵帝以后被改换，曹丕重新启用铸造，应该是意在促进经济稳定吧。但当年十月，就因为粮价太贵而取消了五铢钱的使用，其作用于粮价的机理和背后的原因并不明确，半年间的恢复铸造，其流通应该不广，影响有限，这里仅仅只是显示了国家掌政人曹丕对社会经济活动的关注。

两次军事平叛 曹丕建魏后国内政治局势并非十分稳定，其间在西部关中和凉州偏远之地就发生过两次地方势力的反叛。一次是，早先反叛东汉的凤翔（今陕西关中中部）地方势力头目郑甘曾于220年曹丕做了魏王时归顺投降，而在221年五月又重新反叛。曹丕命车骑将军曹仁为大将军前往征讨，出军不久即将郑甘斩获。另一次是，221年十一月，凉州显美（治今甘肃永昌东）的胡族头领治元多等举众反叛，曹丕派镇西将军曹真及众将协同当地州郡将士前往征讨。军队在作战中斩首五万余级，俘虏十万人口，缴获一百一十多万只羊和八万头牛。史书上没有记述两次反叛的原因和程度，也未介绍魏军平叛的具体过程，从作战结果上看，其中的显美平叛当是一次规模颇大、双方力量极为悬殊的交战。在这次战斗进行过程中，曹丕在洛阳听说胡人决水淹显美城，他对身边人说："过去隗嚣水灌略阳（今甘肃秦安东北四十五公里），光武帝乘对方疲弊，进兵消灭了隗嚣。现在胡人决水灌显美，事情正好相似，打败胡军到今天不会太久啦。"十天后，显美平叛的捷报传到了洛阳，曹丕大笑说："我在帷幕之内筹策，各位将军奋战在千里之外，内外配合得如此默契，作战成果这么巨大，真是前所未有。"曹丕早年跟随父亲多次出征，他应该是受到曹操的影响而深通军事的，而且对一些著名战例熟稔于心。做了皇帝后未上战场，但对这次远程平叛之战事前有过基本部署，中间又做出了精准预料，表现了他对自己军事才能的高度自信。两次平叛之战后关中与河西之地随之安定。

促进民间和睦 在先前战乱年代，下层百姓可能跟随不同的君主而作战，相互间形成了怨仇；或者在争战中曾因土地的得失取予而发生矛盾隔阂，现在同时成了魏国的民众，却不能在劳作中同心相助，甚至会发生相互为敌的暴力冲突，导致社会的不安定。针对这种情况，曹丕在223年正月发诏令说："战乱以来兵革未曾停止，天下之人互相残杀。现在海内初定，敢有因私复仇的，杀掉他的全族。"曹丕采取最严厉的惩罚手段，禁止民间的私仇暴力倾向，希望达到以暴禁暴的效果。诏书中还列举了两汉时代刘邦、刘秀等帝王消除民间私怨、倡导民众和睦相处的事例，引申其中的理念，告诉民众说："现在战争刚停息，天下开始安定，能够存活下来的百姓，不是流浪逃亡的孤儿，就是战场上刀口下逃生的人，应当相亲相爱，养老抚幼。自今以后，过去有仇怨的人，都不能互相为敌。"他是要求经历了战争的人们应该相互理解和同情，忘掉过去的仇怨，走出阴影，共同致力于未来的建设和生活。

数月之后，大概是发现了民间出现了互为仇怨的新现象吧，曹丕又发布诏书说："只有谋反的大逆可以揭发报告，其余事情不必告发，对告发的事情郡县不要接案过问；有随意告发别人的，按所告发的罪名处置告发者本人。"为了避免民间百姓形成新的仇怨，曹丕设想了用行政手段制止人们相互告发的国家行为，这种方法当然简单粗糙，但却反映了执政者希望百姓邻里相亲、求同存异的良好愿望。

周济穷苦百姓 222年七月，冀州发生蝗灾，庄稼歉收，百姓没有吃的，曹丕派尚书杜畿持符节打开国库赈灾，代表朝廷向灾区民众分发粮食。224年末，冀州之民又饥荒断粮，曹丕再次派使者开仓赈灾。第二年开春，他另派使者从许昌一路向东到达沛郡，了解民间的疾苦，给贫困的人家分发粮食或予以赊贷，周济他们渡过难关。他曾发布诏书说："不能安抚身边的民众，怎么会让远处的百姓怀念你？现在国家人口少，事情多，官员对百姓用各种文法规定相要求，百姓无所措手足。过去说泰山一位女人哭泣，以为苛政超过猛虎，我们大家具有儒者的风尚，接受了圣人的遗教，怎么能眼中虚看文辞，而行为违背圣人教诲呢？请商议如何减轻刑罚，以惠及百姓。"他是借《礼记·檀弓下》中述说"苛政猛于虎"的事情，根据国家人口少的现实状况来说明百姓承受的负担之重，希望官员们重视这一问题，商议出解决的途径。可能后来的解决效果不是非常明显，但其一片爱民之心还是珍贵的。

调整内部关系 如何处置亲族成员的内部关系，始终是曹丕心中考虑的问题之一，他按照既成的理念和思路，对众多兄弟的爵号各有升降，并对封地频繁变迁；另一方面又对自己的嫡子曹叡用心栽培扶植，222年三月，不到

19岁的齐公曹叡再被封为平原王，他的地位已很巩固，皇子曹霖也被封为河东王。几位儿子的受封实际上已使众兄弟的政治地位更趋边缘化。同时，曹丕在223年底赐给山阳公夫人汤沐邑，公女刘曼为长乐郡公主，赐给食邑各五百户。山阳公刘协的夫人曹节是曹丕的妹妹，其女儿刘曼是他的外甥女，曹丕既然已经确定了和好汉室的方针，现在给曹节和刘曼赐给封邑，既是对亲戚关系的维护，又是对既有政治策略的再推进。

淡化个人爱好 曹丕很喜欢打猎，他称帝后父亲曹操去世不到一年，应该属于守丧期间吧，而他并没有停止这项活动，他打猎时衣冠不整，不讲究威仪，侍中鲍勋在他狩猎出行的路上上书劝谏，提出"在守丧之时怎能驰骋打猎？"曹丕撕毁了上书，照常前往；长水校尉戴陵劝谏他不应该多次行猎，曹丕听到后大怒，竟把戴陵关押定罪。他在打猎中对随从的侍中辛毗说："射猎很快乐吧！"辛毗说："对陛下确实快乐，但对群下却十分劳苦。"曹丕听到这话默然无语，他从此后减少了打猎次数。这里既能看到一位权力在手的专制帝王固有的蛮横，也能看到力作明君的曹丕对臣属的有限体谅。

1.4（8）与东吴的短暂"蜜月"

魏国建立后在外部关系上遇到的问题主要是如何对待东吴和西蜀，曹丕心目中应该是以一统帝王自居的，视割据两隅的孙、刘两家为域内之臣，他推崇汉文帝刘恒臣服南粤赵佗的非战方式，试图采用和平手段招致他们前来归顺。当221年八月，孙权惧于刘备的复仇之战而向魏国称臣请和时，他拒绝了刘晔关于到时候乘机出军灭吴的提议，接受了孙权的归顺，据说他还把自己在初为太子时瘟疫流行期间所撰写的《典论》和诗赋汇集送给孙权，展示其中所含仁德治国的零星理念，也借此显示对对方的友好和信任吧。

《资治通鉴·魏纪一》中记述了魏吴此后一年间的往来活动。当时孙权称臣请和时还向魏国送来了先前攻夺荆州后解救出来的魏国大将于禁，于禁是219年八月领军队援救樊城，被关羽"水淹七军"时擒获关押。孙权将其送还魏国，正是要向曹丕表达一种态度，促进双方的友好。曹丕接受了孙权的请和后，他派太常邢贞带着皇帝策命前往江东给孙权封爵，刘晔提出可以封为骠骑将军、南昌侯，让他与皇帝有一定差距，以免他在江南妄自尊大，聚众成势。魏国君臣们当时并不能把定孙权归顺请和的真诚程度，但曹丕再一次否决了刘晔的建议，坚持封孙权为吴王，并加赐九锡以示尊礼，给了他皇帝以下最高的爵号和对待，曹丕试图以最大的宽厚展现自己对孙权的信任，是想赢取他的忠诚归顺。

东吴对魏国的称臣请和本来就是面临蜀国进攻时的权宜之策，当魏国使者邢贞到达时，东吴的大臣认为孙权应自称上将军、九州伯，而不应接受曹魏的封号，他们当然是担心接受了封号后受其制约太多。孙权说："自古以来从未听说过九州伯这一称号，从前刘邦也接受过项羽所封给的汉王，这是一时的权宜之计，没有什么损害！"于是接受了曹魏的"吴王"封号。

孙权再派中大夫赵咨赴洛阳致谢，曹丕问赵咨说："吴王是什么样的君主？"赵咨回答："是个聪明、仁厚、智慧、有雄才大略的君主。"曹丕让他说说其具体表现，赵咨回答说："从一般平民中选拔鲁肃以重用，显示他的聪慧；从普通将士中提拔吕蒙任统帅，显示他的英明；俘获于禁而不加害，表明他的仁厚；夺取荆州而兵不血刃，展现了他的智慧；仅占有荆、扬、交三州之地，却有征服天下之志，这是他的雄才；屈尊向陛下称臣，这是他的大略。"曹丕又问："吴王有学识吗？"赵咨说："吴王有战船万艘，军队百万，任用贤能，具有治理天下的宏图，闲暇时则博览经典，遍阅史籍，吸收书中的奇妙精华，并不像书生那样只知道寻章摘句。"曹丕再问："吴可以征服吗？"赵咨回答："大国有征讨的军队，小国则有坚固的防备。"曹丕接着问："吴人把魏视作祸难吗？"赵咨对答说："吴有武装起来的百万大军，以长江和汉水为护池，能有什么祸难！"曹丕问："吴像你这样的人有多少？"赵咨回答道："特别聪明通达的有八九十位；像我这样的人车载斗量，数不胜数。"

曹丕对东吴的情况应该非常陌生，他想利用赵咨来洛阳的机会了解到江南臣民政治生活中更多的情况，关于吴王孙权的个人素质、吴地民众对魏国的看法，以及当地的人才状况都是他急迫想要了解的内容，只可惜外交场合的回答总是实中生虚、虚被实掩，使闻听者只看到外表的实，无法判断背后的真实程度。赵咨在受命回访中其实只负责守护归顺方东吴的尊严，他是没有辜负使命的；曹丕大概对于东南隅的人物有所低估，他想在东吴使者面前打探对方某些重要情况，得到的依然是似是而非、一头雾水。

不知曹丕是否已经确认孙权成了他的域内之臣，也许是要找事情做些试探吧，他派使臣要求东吴给朝廷进贡雀头香、大贝、明珠、象牙、犀角、玳瑂、孔雀、翡翠、斗鸭、长鸣鸡。东吴大臣们说:"荆、扬二州向朝廷纳贡早先有常规,魏朝所要的这些珍玩宝物不合礼制,不应该给予。"孙权说:"我们正于西北方与蜀国对峙,现在需要魏国的支持来保全江南百姓。魏国索要的这些东西,对我们来说如同瓦片石块,我有什么吝惜的!何况曹丕仍在守丧期间,却还索求这些珍宝玩物,怎么能和他谈礼制呢?"于是按照列举的名单如数献上。魏国所提的那些稀奇东西产于南方,大多在北方被视为稀世珍宝,诸多珍物同时索取,应该不好备齐,但魏国朝廷真正想从贡物获得中看到的,只是东吴称臣的真诚态度。当时蜀国刘备正在筹划对东吴的复仇之战,孙权出于联魏求援的需要,坚持对魏国照单全付,仍然给了魏国真诚度上的虚假信息,收到全部贡物的曹丕有什么样的心情则不得而知。

其时吴王孙权立儿子孙登为太子,并为他精心选择了师友等陪伴之人,显示了对太子的极度器重。曹丕获悉这一消息,准备封吴王太子孙登为万户侯,孙权以儿子年幼为由上书推辞,接着又派西曹掾沈珩来洛阳朝中道谢,同时再献上江南的特产。曹丕问沈珩:"吴是否怀疑魏国会发动进攻?"沈珩回答:"不怀疑。"曹丕问:"为什么?"沈珩答:"相信先前的盟誓,双方言归于好,所以不怀疑。即使魏不守盟约,吴也有所准备。"曹丕又问:"据说吴太子要来洛阳,是否属实?"沈珩答道:"我在吴王治地既不参政,也不聚宴,这事情从未听说过。"曹丕认为他的回答很得体。

在太子受封一事上魏吴双方才产生了真正的分歧,曹丕迫不及待地要为孙登封侯,就是要把吴太子作为魏朝的臣子来对待,藩国王侯受诏入朝那是司空见惯的事情,吴王没有入京为质的子嗣,这是曹丕对他最不放心的一点,因而希望从孙登受封上打开这一缺口;孙权敏锐地感到了这一情况,坚决予以辞绝,但他以儿子年幼作借口,是以卑谦的姿态来应付,似乎又不无道理。等东吴的使臣沈珩到来时,曹丕再一次抛出了他疑惑不定的问题:吴人究竟如何看待与魏国的关系?他们到底怕不怕魏国的武力进攻?还有,最现实的问题是:吴王是否能够送子为质?他把最后这一重要的问题换了角度发问,似乎孙登来洛阳入朝已是吴王有所考虑而风传洛阳的事情,这其实只是一种虚诈。使者沈珩的确没有听到这样的消息,但面对曹丕的虚诈,也是一时没有明白事情的就里吧,他真怕回答中遗漏了应有的信息,于是告诉了对方两个要点:一是没有听到这个消息;二是本人为消息闭塞之人。无论曹丕提到

曹家龙兴　>>>

的消息是否真实，也无论吴王后面会做出怎样的决定，这样的回答都可左右逢源，天衣无缝。而曹丕的相诈之言也并没有得到应有的效果，反倒由此暴露了他的心迹所在。

事情到了222年初，孙权向曹丕上书说：刘备领着四万大军前来进攻，已经出了秭归，希望魏国出军援助。孙权半年来向魏国归顺示好的真实目的在此显示出来了。但曹丕坚持非战的原则与吴蜀交往，他已经拒绝了刘晔乘机灭吴的提议，出于同样的理由，他也不愿与蜀国为敌，还希望大魏能保有对蜀国的感召力，于是他在向孙权回信中举了两则特定战例，表明抢先行动的军队没有好的结果，送给孙权几句支持勉励的话语而了事。大概是为了安慰孙权吧，曹丕在这年五月，对魏国所占江北各郡的荆州称谓，改称为郢州，改变了赤壁之战后魏、吴双方各在占领区设置荆州府的局面。虽然实际占区未变，但曹丕对荆州名称的放弃，表明魏国对江南八郡的荆州土地已经放弃了获取企求，释放出的仍是对吴国的友好态度。

1.4（9）对吴关系的反转

222年六月的吴蜀夷陵之战是魏国与东吴关系的转折点。此前近一年间，孙权为了对付刘备的复仇之战向魏国称臣归顺，魏帝曹丕也以一统君王的姿态向孙权封王示好，双方经历了一段友好同盟期。但在蜀国兵出秭归时孙权向魏国发出援救请求后，曹丕并没有给予实际支持，仅仅表达了对东吴的荆州占有地放弃索取的友好态度。《资治通鉴·魏纪一》记述了魏吴双方在该时期的相互交往，从中可以看到夷陵之战后双方友好关系的迅速反转。

魏国没有参与吴蜀双方的军事交锋，但曹丕对战争的进程是密切关注的，当时刘备在猇亭之地受到对方阻滞而停留数月，军队以木栅连营七百里，巡行至许昌的曹丕听到这一消息即对身边大臣说："刘备不懂军事，哪有连营七百里能够和敌人对峙的！兵法说'在杂草丛生、地势平坦、潮湿低洼、艰险阻塞等处安营的军队，一定会被敌人打败'，这是兵家大忌，孙权的捷报会很快就到。"仅过了七天就传来了吴军攻破蜀军的消息（参见2.1.25《夷陵攻战的失误》）。曹丕是要根据战争的结局来重新调整魏国对吴蜀两家的策略方针，因而在北方一直关注着战争的态势。

魏国与东吴盟友关系的反转根本上与三国鼎立格局中两弱抵一强的政治

态势有关，同时也源于双方的互不信任。曹丕一开始封孙权为吴王并赐九锡，显示了超常的信任友好，当时魏国许多将领也都认为孙权已经归附，成了国家外臣，因而对东南放松了守备，山阳（今山东金乡西北）人曹伟一向因才智而闻名，他听说吴已内附，便以平民身份写信给吴王孙权，要求给他一些财物，用来结交京城的官员，曹丕听说后下令将曹伟处死。此事表明曹丕虽然给了孙权极好的对待，但内心并没有将其真正看作魏国的地方官员。曹丕对东吴心有隔膜的原因在于他始终摸不清孙权的归顺到底是否真诚，为此他设法试探，对方每来使者就多方叩问，他希望弄清心中的疑惑，而总是不能如愿，最终把考察的问题凝结到孙权是否能打发自己的儿子来洛阳入朝作人质。

护军浩周和军司马东里衮先前随同于禁一起自东吴返回洛阳，曹丕发现他们谈吐中思路清晰，言辞恭敬，就询问两人："孙权的归顺可信吗？"浩周认为孙权一定会臣服，而东里衮则认为孙权未必真心臣服。曹丕喜欢浩周的话，认为浩周真正了解孙权，因而封了孙权王号后派浩周返回吴国，大概是让他完成某些事情吧。浩周去后对孙权说："皇帝陛下（指曹丕）不相信大王会送公子去作人质，我以自己全族百人的性命担保公子会去。"孙权为浩周的仗义感动得热泪沾衣，他还对天发誓。但浩周回到洛阳后，孙权却始终没有把儿子送来，总是以各种理由作推托。曹丕对孙权归顺魏朝的真诚性没有确认，这也是他在吴蜀交战前不愿发兵援助的一个重要原因。

孙权始终是把和好曹魏当作危急时刻的权宜策略来看待，他并没有真正臣属于魏朝的打算，因而就不愿把儿子送到洛阳作人质，当魏国提及这一问题时，他要维持双方的同盟友好，就只能以各种原因来推脱。一年来他用心与曹魏建立和修好同盟关系，就是为了保证在关键时候得到魏国的支援，但在真正受到蜀汉大军进攻时，魏国并不出军援助，这等于宣布了友好同盟的无用，东吴君臣于是对这一关系发生了动摇，甚而产生怀疑。刘备猇亭战败后仓皇退至白帝城，吴将徐盛、潘璋、宋谦等人纷纷请求领军继续进攻，认为一定能够生擒刘备。孙权就此征询陆逊的意见，陆逊和朱然等人都明确表示："曹丕正在调集军队，表面上协助我们，实际上包藏祸心，请下令全军退回。"孙权因而停止了对蜀军的追击。东吴君臣内心明白自己与魏国盟好的真实程度有多大，因而在关键时候也必须对魏国有所提防，绝对不敢心存侥幸。

吴蜀争战结束后,曹丕派侍中辛毗、尚书桓阶前往东吴盟誓,并催促孙权送儿子来洛阳,孙权再一次礼貌地予以回绝。曹丕这次心中愤怒,大概是认定孙权以归顺来耍弄魏国吧,于是准备派大军讨伐,刘晔劝谏说:"吴刚刚取得胜利,上下齐心,而且有江河湖泊的阻隔,我们不可能在短时间内将其制服。"曹丕并不听从刘晔的劝谏,他于是在当年九月安排军队着手大举伐吴。当时退守白帝城的刘备听说曹丕已经对吴兴兵,遂写信给陆逊说:"曹军现已抵达长江、汉水,我将再度率军东下,将军认为我能否这样做?"(参见2.1.26《战后政局的变化》)刘备是对自己的战场兵败实在心有不甘。

其时孙权因为扬、越之地的许多蛮夷部族没有平定,他对魏国的讨伐还是心有恐惧,于是一面打发太中大夫郑泉前往蜀汉进行访问,希望双方和好,同时他又言辞谦卑地向魏国上书说:"如果我的罪责难以原谅,必须加以制裁,我一定奉还朝廷封给我的土地和人口,寄居在交州度过余年。"又写信给浩周表示想为儿子孙登向曹魏皇室求婚。又说:"孙登年幼,我准备派孙长绪、张子布陪同孙登一同前往。"孙权用一种示弱的方式进行自我责备,是希望魏国停止用兵,但他并没有提到送儿子为人质的问题,仅是在私人信函中表示儿子可以来洛阳向皇室求婚,这里的关键在于对求婚的公子,朝廷是没有理由将其滞留的,事情结束会很快返回,孙权是坚持不让儿子长留洛阳,以免自己受到曹魏的胁迫控制。针对孙权的表态,曹丕回信说:"我与你的君臣大义已经确定,怎么会乐于劳师动众地远涉长江和汉水,如果孙登早晨到这里,我晚上就命令大军撤回。"这里明确提出要让太子孙登来京,而并未应诺孙权的求婚之事,其强硬态度是明显的。

在曹丕回信后孙权加强了长江南岸的防守,未见他另外的直接回应;而曹丕已经声张了的对吴讨伐行动并没有停顿下来。当年十月,魏国把先前改称的郢州又恢复为荆州,五个月前做出的示好姿态旋被取消,双方的盟好关系发生反转。不久后由于诸葛亮在蜀国的坚持倡导和努力实施,东吴与蜀汉建立了友好同盟(参见2.3.3《初掌国政》上),这一同盟是针对北方强敌而建立,魏国与东吴走到了相互为敌的长期对峙状态。

1.4(10) 褊狭的气度(上)

曹丕年轻时就有不凡的抱负,初为太子时决心以汉文帝刘恒为楷模,创建魏国后他革新创制，希望成为成就非凡的帝王，但人的一切行为总是受到自身气度与格局的影响。《三国志·魏书》诸多篇章及其引注与《资治通鉴·魏纪二》等史料中记述了曹丕不少为人处事的情节，从中可以看到这位立国帝王的人生格局。

羞辱于禁 221年八月孙权为了讨好魏国，将两年前攻夺荆州而被解救出来的魏国大将于禁与护军浩周等送还洛阳。于禁当年是曹魏军中名将，219年援救樊城兵败后投降关羽，为此连曹操也颇为叹息。这次返回后曹操业已去世，魏国代汉而立，眼前物是人非，他自己须发皓白，面容憔悴，见到曹丕时流着眼泪跪拜叩首。曹丕以古代晋国荀林父、秦国孟明视的故事安慰他，不久官方发文说："当年荀林父在邲地战败，孟明视在殽谷全军覆没，而秦、晋两国仍然让他们领军作战，其后晋国获取狄人土地，秦国称霸西戎。那些区区小国尚且这样做事，何况我们万乘大国！樊城之败，是因为水灾暴至，不是作战的错失，现在恢复于禁等人的原有职位。"随后任命于禁为安远将军。听到新皇帝这样的安排，于禁可能感到非常宽慰吧。曹丕准备安排他出使东吴，临行前要他北去邺城拜谒曹操的墓地高陵。向当年授命的君主做拜祭，传统上也属于回复使命的一种形式，是合乎礼仪的。而曹丕事先派人在陵园的屋子里画上关羽得胜、庞德发怒、于禁投降的壁画，于禁去高陵后看到这些画，惭愧悔恨，患病而死。原来曹丕因为于禁阵前降敌而心鄙其人，他让其祭拜高陵并非真情宽慰，而是要让他在父王灵前感到羞愧。这究竟是怎样的为君心理啊！宋人司马光就针对此事表示说："于禁率军数万人，兵败而不能死节，为求生降敌，既已返回，君王罢黜也好，处死也行，但在陵园作画羞辱他，就不像个君王了。"

刺激张绣 当年凉州军将领张绣197年在宛城投降曹操后因故反叛，曹操的长子曹昂在这次反叛中丧生，其时十岁的曹丕乘马逃脱。两年后的官渡大战前，张绣在谋士的劝谏下二次投降曹操，受到曹操的看重和封赏，并为儿子曹均娶张绣之女，张绣此后在曹操军中多次立有战功。有资料说，约在平定河北之后的206年，曹丕几次请张绣聚会，他当面向张绣发怒说："你杀掉了我的兄长，还有什么脸面来到人面前！"张绣为此心中不安，次年在跟随大军北征乌桓的途中自杀而死。张绣的自杀可能也有身体病痛方面的原因，但曹丕的恶语刺激无疑加重了他心中的苦痛，成为其自杀的复合诱因之一。

这里与对待于禁的态度是一样的，反映着曹丕心胸气度的褊狭，在为人处事上与他的父亲曹操尚有不小差距。

罢黜鲍勋 曹丕有一位非常宠爱的郭夫人，217年他被立为太子时，郭夫人的弟弟担任曲周（治今河北曲周东北）县吏，被揭发盗窃官布，按法应该处死弃市，当时曹操在谯县未归，曹丕留守邺城，他多次写信给执法官员鲍勋希望从轻发落，担任魏郡西部都尉的鲍勋不敢纵容罪犯，还是将所有罪证上呈朝廷，曹丕对此心有怨恨，于是趁魏郡在边境士兵轮休上有延误的事情，密令中尉参奏罢免了鲍勋。过了很久后，鲍勋方才被任命为侍御史。鲍勋坚守法律，主持政务的曹丕应该给予支持才对，但他在这里反其道而行之，为了讨好宠妃而对正直的官员枉法罢黜，无异于对曹魏事业的恣意糟践。

惩处曹洪 曹洪是曹操的族弟，后来被封骠骑将军都阳侯。《三国志·曹洪传》中记述，曹洪家中富有，但本人很吝啬。曹丕做太子时，曾向曹洪借用一百匹绢，未能如愿，所以心怀忌恨。曹丕作了皇帝后，曹洪因宾客犯法而被逮捕入狱，竟判死刑，大臣们都为曹洪求情，曹丕仍不愿将其赦免。母亲卞太后气愤地责备曹丕说："当年在梁、沛之间大战时，若没有曹洪，我们怎么会有今天。"又对曹丕宠爱的郭皇后说："皇帝今天处死曹洪，我明天就要他废掉你这个皇后！"于是，郭皇后多次哭着为曹洪求情，曹洪才免于一死，但被免去官职，削去爵位和封地。这里不清楚曹洪的宾客犯了什么国法而要将曹洪处死，所以无法分清曹丕开始坚持处死曹洪究竟是秉公执法还是挟法泄愤，但从宾客犯法而处死曹洪，犯罪主体和惩罚主体不相一致的情况看，似乎有些挟势报怨的嫌隙；在太后和皇后求情后即能赦免曹洪死罪，表明曹丕所持的法律也并没有脱离人为操作的灵活性，那么，让前辈老臣曹洪为宾客的犯罪负责，并以极刑惩处的事情就显得不可思议。做了皇帝后拥有天下，而仍然对先前借贷不得的区区事情耿耿于怀，瞅机会去报复，这样的处事心态还不是一般的狭隘。

处死鲍勋 那位执法处置郭后弟弟的鲍勋，先前为曹丕东宫所属官员，他在当时就因守正不挠而令曹丕心有怨望。曹丕即位做了皇帝，鲍勋对其守丧期间外出打猎又多次直言劝谏，曹丕当面撕毁了他的上书，心中更加怀恨。后来在一次出军征讨的路途，军队驻扎于陈留（郡治在今河南开封东南）地界，郡中太守孙邕晋见曹丕后顺路去拜访担任治书执法的鲍勋。当时军队营垒尚未筑好，刚刚立下界标，孙邕没有沿正路行走，而是穿行界标矮墙，想要省些路程吧。军营令史刘曜要追究孙邕的违规过失，鲍勋认为营垒尚未建成，劝止了刘曜，没有将此事上报。但曹丕不久知道了这事，他下诏说："鲍勋指鹿为马，抓起来交给廷尉治罪。"廷尉根据法律议定："应处五年徒刑。"当时负责审议的三官（指廷尉正、廷尉监、廷尉平）驳回了廷尉的定罪，坚持说："依照律法，只应罚二斤黄金。"曹丕大怒说："鲍勋该处死，而你们却要放掉他，将三官及其下属抓起来交给刺奸治罪，要把这十个老鼠埋在一个坑里！"钟繇、华歆、陈群、辛毗、高柔、卫臻等大臣共同上表请求赦免鲍勋，并提到鲍勋的父亲鲍信有功于武皇帝（指曹操），曹丕不答应。廷尉高柔拒不服从诏命，曹丕更加愤怒，他把高柔找借口召至尚书台，然后派使者奉旨到廷尉监狱将鲍勋处死，鲍勋死后才放高柔返回廷尉府。在这里，鲍勋与曹丕相处时间较长，发生的交集已多，因为秉性耿直，最后已经完全得不到曹丕的容忍了。从后来对鲍勋枉法惩处的事实看，曹丕会以私心为标尺来断定对身边人的爱恨，而对他人先前的各项怨恨始终难以释怀，必要时他老账新账一起算，会不惜以各种方式实施对大臣的报复，在处事为君上存在明显缺陷。

疑忌嫡子　曹丕在222年所立的平原王曹叡是先妻甄夫人所生，而他所宠爱的郭皇后没有儿子，于是让郭皇后以母亲的身份抚养曹叡，曹叡既是曹丕的长子，也成了他的嫡子。后来曹叡生母甄夫人因故被他赐死，出于某种顾忌吧，他迟迟不立曹叡为太子，只是由于曹叡对父亲和养母谨慎侍奉，博得了郭皇后的喜爱，加之没有更合适的替代人，他才在226年确立了其太子地位。曹丕杀甄妃而疑其子，对自己年轻的儿子尚且心存疑忌之心，何况对其他的大臣。

上述事情当然不是曹丕褊狭处事的全部，但已能看到他长期存在着的心性缺陷。曹丕早年以汉文帝刘恒为治国楷模，这一选择和各种理念都是对的，可惜褊狭的心性限制了他人生的格局，导致了在处置宗亲内部关系及其各种具体事务上的缺失，使他年轻时的宏远抱负在实施中受到内在制约，理想目标的兑现必然是要大打折扣的。

1.4（10）褊狭的气度（下）

开国帝王曹丕没有背负曹操那样沉重的时代包袱，他继承了父亲原有的权势后，迅速冲破了甘作汉朝忠臣的思想禁锢，用自己独有的曲线方式建立了属于曹魏的新王朝，这无疑是把曹操开创的事业推向了新的高度。然而，"蛇化为龙，不变其纹"，身份的变化并没有改变曹丕的某些固有心性。史书记载了曹丕执掌国家政权后对原有臣属的许多仇视报复行为，从中可以看到他一直具有的褊狭气度。

杨俊是曹操曾经任用过的官员，担任过丞相府分治事务的掾属、安陵（治今陕西咸阳东北）令、南阳（治今河南南阳）太守等职，在地方治理中重视教育和道德教化，很受吏民赞赏，曹操作了魏王后，任命杨俊为中尉，执掌魏宫警戒，后改称执金吾。《三国志·魏书二十三》及其引注中记述，曹操219年与刘备争夺汉中时，留守邺城的曹丕粉碎了魏讽反叛（参见1.4.4《继位为王》），执掌警戒事务的杨俊为此自我弹劾，前往汉中曹操营地请罪，并给曹丕写信辞职。曹丕很不高兴地说："杨中尉随便就走，做事太过高远了吧！"于是下令将杨俊贬为平原（治今山东平原南）太守。曹操这次征战远离邺城后，太子曹丕就是杨俊的直接上司，出现了问题后杨俊不是向曹丕直接反映，而是绕过曹丕，大老远去向曹操反映，其中一定有什么不能向曹丕诉说的隐情，这当然使曹丕感觉到很不爽快，称他做事情太过高远，就是表达对他绕过现管而处事的不满。曹丕利用留守邺城的权力将杨俊贬职外调，正是表达了他本有的情绪。

当初，在曹操选定太子之前，杨俊与曹植非常友好，曹操为确立太子而私下征询群臣的意见，杨俊虽然同时提到曹丕、曹植各自的优长，没有明确表达选定意见，但对曹植的称赞更多些，曹丕常为此而心恨。曹丕称帝第三年（222年），他到宛县（今河南南阳）巡视，未到达之前，曹丕发诏说朝廷官员不得干预郡县事务，宛县县令不理解皇帝巡视的意图，关闭了市场。曹丕到达后，因市场没有丰裕安乐的景象而发怒，知道当地关闭了市场，愤慨地发问："难道我是贼寇吗？"他下令逮捕了县令和郡守杨俊，同时写诏询问朝廷尚书："汉明帝（东汉第二位皇帝刘庄）诛杀了几位二千石官员？"在逮捕的两人中杨俊正是二千石的官员，当时随行的常侍王象与杨俊曾经一同在曹丕属下做事，深知杨俊的为人，他看到了曹丕询问尚书的诏文，料知杨俊免不了受惩处，于是就在曹丕面前叩头乞求，以至面部流出了鲜血，请求将杨俊减去死罪一等。曹丕并未答应，做了解释后准备回到住处，王象拉着曹丕的衣襟不放，曹丕对王象说："我知道杨俊与你一直关系很好，今天听从了你的，就是没有我，你宁愿抛弃杨俊，还是抛弃我呢？"王象感到曹丕的话说得绝情，于是放开了手，曹丕进入住所，对杨俊作出判决后才出来。其时尚书仆射司马懿、常侍荀纬都为杨俊求情，曹丕仍不肯赦免。杨俊说："我知道自己的罪责了。"于是自杀。王象痛恨自己不能挽救杨俊，不久发病而死，众人也都因为杨俊死得冤枉而痛惜。

曹丕对杨俊的怀恨看来是在曹操选立太子时就已形成的，杨俊在丞相府做过掾属，与曹操本人有更为亲近的关系，在魏王确立太子时属意曹植，为此结下了曹丕心中怨恨的种子；当魏讽事件发生后，反而远跑到汉中向魏王诉说，曹丕对杨俊作贬职外调看来并没有消除他心中积郁的怨愤。做了皇帝后，"普天之下莫非王臣"，君王的胸怀一般会因此而更为广大，君臣们会面向未来而重新设定相互间的关系，许多先前的芥蒂也会自此消解。但开拓了魏国基业的曹丕做不到这些，他不忘对杨俊的旧怨新恨，去南阳郡治所在地宛县巡视，大概就是专门去给南阳郡太守杨俊寻事找碴子的，及发现了一个不大的问题，立即借机惩处，既没有一点回旋余地，也不顾外界的议论，最终坚持逼杀了杨俊，曹丕褊狭的气度与胸怀在这里暴露无遗。

苏则也是曹操任用过的名臣，在陇西之地先后作过酒泉、武威数郡太守，多有战功，曹丕对其非常看重，后来任苏则为侍中，调他至朝廷与董昭等人一同干事。《三国志·魏书十六》及其引注中记述，先前220年十月汉献帝刘协在洛阳禅位时，身在金城（今甘肃兰州西北二十公里）的苏则以为汉帝逝世，于是为其发丧，后来知道刘协并未去世，自己觉得做事不慎，只好默然无声；临菑侯曹植感觉到自己对不起先帝（指曹操）的栽培，也怨恨激切而哭。曹丕听说了曹植痛哭的事情，而并不知道苏则的哭丧之事，为此对曹植非常痛恨。有一次他对身边人说："真是人心不同，在我登上帝位之时，天下还有痛哭的人。"其时曹丕身边的人知道皇帝此言是针对曹植而发，但苏则以为是针对自己的，准备下马道歉致谢。侍中傅巽给苏则递眼色，又招着苏则私下道："不是说你的。"于是苏则方才理解。曹丕对苏则的不慎行为尚未形成恶果，但他对曹植的愤恨始终没有消除（参见1.6.2《文学天才的失落》中），为此而有限制亲族诸侯王参与政治的种种法规出台。

曹丕后来有一次问苏则说："前些时候攻破酒泉、张掖，和西域互通使节，敦煌郡献来直径一寸的大珠，还能不能再从市场上买到呢？"苏则回答说："陛下如把国内治理得和睦融洽，使德化流布到沙漠地区，宝珠就会不求自来；如果求购而得到，那就不珍贵了。"曹丕听了默然无语。后来苏则陪同曹丕帝打猎，槛圈设置不牢固，被鹿撞破逃走了，曹丕大怒，脚踩胡床拔出佩刀，把随行督吏都抓起来，要处死他们，苏则跪地叩拜说："我听说古代圣王不因为禽兽而害人，现在陛下正推崇唐尧的教化，却因为打猎的游戏要杀死吏员，愚臣认为不能这样，以死相求！"曹丕说："你，是正直的大臣。"便把督吏全部赦免，然而自此对苏则心生忌惮，223年他将苏则外调并降职为东平（治今山东东平东）相，苏则在赴任途中病逝。苏则的两次劝谏应是出于对曹魏的忠诚，而曹丕能理解这种心意但却终于不能接纳这样的耿直之人留在身边，其贬用行为促使了忠臣的离世。

　　曹丕的褊狭心性在对大臣和亲族人士的许多关系中表现得非常突出，他自己皇权在手，但却不能容纳亲族兄弟对朝廷权力的任何染指，制定了种种政治上的限制措施，最终制约了自己手中曹魏事业的兴旺广大，也造成了身后皇家政治势力的衰弱。曹魏在二代帝王之后，国家政权渐被异族势力所控制并最终导致权力易手，他们的基业根底难深、历时不长，这与开国帝王曹丕的褊狭心性和狭隘气度有直接关系。

1.4（11）文化拓展了胸怀

　　从曹丕在权力位置上的长期表现看，他私欲较多又心性褊狭，与臣属在利益及其感情纠葛上过分计较而不能释怀，缺乏优秀帝王应有的胸怀气度；然而曹丕又是一位读书不少、深通文史典籍的政治领袖，传统文化中积淀的政治智慧与古圣贤的教诲不时在开拓他的思想胸襟，历史上许多成功的治国经验也使他从中得到了不少教益，他希望在自己的文士交往圈中展现自我，这些因素又使他在个人感情不甚强烈的事情上往往能够打破自己政治格局的限制，做出一些有利事业发展或者值得称道的行为。《三国志·魏书·文帝纪》及其引注与《资治通鉴·魏纪一》中记述了曹丕处理的两件军国事务，展现了他待人处事宽厚的一面。

　　一件是对待名士杨彪。杨彪是曹操迁都许县前就一直活跃在朝廷中的重臣，当时担任司空，位在三公，不久受到曹操的诬陷和惩处，亏得孔融出面解救才没有丢掉性命（参见 1.3.14《与杨彪家的两代怨结》），219 年曹操又因故杀掉了杨彪的儿子杨修。当时杨彪已看到汉朝将被曹魏取代的趋势，他觉得自家累世为汉朝三公，耻于成为魏臣，于是借口自己脚部痉挛，难以行走，十多年来从不上朝。曹丕做了皇帝后，想让杨彪担任魏国太尉，于是派亲信近臣前往宣旨。杨彪因文史成就突出而为汉末名臣，曹丕应该是内心敬佩的，他要在新朝任用杨彪，也是希望借其大名为魏国朝廷装点门面吧，但杨彪仍然坚守着十多年前的固有理念，他推辞说："我曾经做过汉朝三公，遇到社会动荡，没有建尺寸之功；如果再做魏臣，对国家的人才选用也不是光彩事情。"他是以客气的方式予以拒绝，曹丕大概也明白杨彪的真正心思，也就没有违背他的心志。

然而，曹丕是一位文化人，他对当世名士杨彪有着打消不掉的内心敬佩。221 年十月初，朝中公卿们早晨上朝，曹丕特意安排杨彪前来，以宾客的礼节对待他；当时赐给他延年杖，倚靠身体的小桌几，允许他穿布制的单衣、戴平常朝会用的皮弁冠上朝，还特意发诏书说："先王创制了赐予几杖的礼节，是专门礼敬褒崇那些高寿元老宾客的。过去孔光、卓茂都因德高年老而受过这样的礼赐。杨公为原汉朝的宰辅重臣，从他祖父起就以名节著称，他年过七十，行为不越规范，真正称得上老成之人，应该给予特殊对待以褒奖已往的德行。"

大概杨彪感到了曹丕对待自己的一片诚意，自此对朝廷活动有了适当的配合吧，到了 223 年时，曹丕任命杨彪为光禄大夫，这是为朝廷提供咨询顾问的职位，没有定员和具体职任，属二千石的三品官员；朝见时班位仅次于三公（指太尉、司徒、司空）；进宫可以门前行马，并设置吏员和士卒。杨彪上表辞让，曹丕这次没有同意，他借用官职给了杨彪优厚的待遇，同时显示了特殊的尊崇。曹丕所敬仰的汉文帝当年就给吴王刘濞送去几杖以示尊崇，孔光和卓茂均是两汉之际德高望重的宰辅之臣，在晚年各自受到朝廷的优厚对待，卓茂曾得到过光武帝的几杖之赐。曹丕学习历史上对待老臣的方式，对他父亲曹操视为政治对手的杨彪给予了极大的尊重，并没有计较其子杨修在夺嫡之争中对曹植的支持扶植，而是不断释放出朝廷的真诚和善意，终于使其感化受任。杨彪对这一任命应是默认许可的，这位惧势受屈十多年的名士在曹丕称帝后应该是恢复了应有的自尊和舒坦，他 225 年在 84 岁时寿终。

另一件是优待降将黄权。222年八月蜀国夷陵兵败后，在长江北岸督军的镇北将军黄权因为返回蜀地的道路被吴军切断，他无处立足，于是率部下向曹魏归降。当时黄权与兼任蜀国南郡太守的史郃率残部318人在魏国荆州刺史部交出了他们的印绶和各种军用器具及物资，然后来到了曹丕在许昌的行营所在处，曹丕置酒设乐，宴请后一同来至承光殿叙谈，蜀国将官各自陈述他们在战役中的经历，曹丕为他们评说各人军事活动的正误得失和胜败原因，大家都非常喜悦。曹丕又赐给黄权金帛、车马、衣裘、帷帐和妻妾，所有将领按级别差等都有不同的赐赏，黄权还被拜为侍中镇南将军，封为列侯，当天就配给车马骖乘，史郃等42人被封为列侯，另有百余人被任为将军郎官。曹丕把黄权的归顺视作弃暗投明的行为，比作离楚归汉的陈平与韩信，尽管黄权予以否认，但他仍然让黄权与自己同坐一车，以示恩宠；后来误听黄权蜀中家眷被杀，又特意发诏让黄权发丧（参见2.7.1《以诚信立身的黄权》），显示出了他大国帝王应有的胸怀。

曹丕应该是受到古人以德服远思想观念的影响，对偏远之地未曾归顺的汉朝臣民抱有理想化的目标设定，他一开始对吴蜀两处割据政权坚持非战的方式，试图用和平手段达到统一，就是出于这种考虑。220年七月为魏王时，他接受了上庸蜀将孟达的投降归顺，立即将其晋升重用，并给予了高规格的对待。不能排斥他对孟达、黄权两人在个人心性上的契合和欣赏，但从根本上讲，他是想用优待降者的手段瓦解鼎立着的对手，吸引归附之民，造成境外百姓"襁负其子而至"的局面。是传统文化关于王道治国的理念开拓了他的胸襟，他将这些理念落实在行动上，就成了对蜀中降将的超常关切。曹丕对蜀国臣民采用的吸引瓦解方式并没有很快收到更大效果，但却表现了他对传统文化的忠诚信奉以及由此导致的政治胸襟。

应该说，曹丕对传统文化是真有兴趣、真的信奉，他做太子时就喜欢与文人名士们高谈阔论，还会将传统理念中涉及的问题作出深入探讨。有一次在一百多人的宾客宴会上他提出了一个尖锐的议题让大家各抒己见，问题是："君主和父亲同时病重，而手头只有一丸药，可以救活一人，那这个时候该救君主呢，还是该救父亲？"传统社会强调忠孝治国，认为忠孝一体，曹丕所提简单问题的实质在于：当忠与孝二者发生冲突时，究竟应该以何为重？正像现代社会人们所设"母妻溺水先救谁"的刁钻问题一样，其实是从根本上考验回答者所持有的伦理价值观念。针对曹丕所提问题，在场的众人议论纷纷，有的人说该救父亲，有的人说该救君主。曾任曹丕属官的邴原其时在场，他是一位颇有学识的人物，在大家发表议论时却并未参与。曹丕前去咨询，邴原突然发声说："应该救父亲！"

也许是传统文化中的"孝"比"忠"从历史起源和伦理前提上更为根本，也许是当时社会的执政人曹操并不是天下的最高君主，反而是问题设定人曹丕的父亲，在邴原看来，曹丕本人的"救父"结论才是最没有风险的答案。曹丕得到邴原的回答后没有再追问，应该是给予了认可。当然，一个问题可以有更多的追问、相异的答案和各自的解释，无论何种情况，这里都表明了曹丕及其宾客对传统文化拥有的兴致。曹丕有他自己的文化交往圈，他是希望能把自己对文化的不凡学识和行为遵循展现出来，这对一个帝王政治格局的拓展无疑会发挥积极的促进。

1.4（12）公子哥儿的做派

曹丕出生在一个非同寻常的家庭，嫡长子的地位决定了他后来成了一位政治人物，其实在政治身份之外他仍然有非常突出的个性，有限记录的史料并不能完全表明一个历史人物复杂的心性特征，但在不多的记述中，从他与文学朋友的义气交往，以及与艺术爱好者的率性行为中，即能看到他不同于常人的那种公子哥儿的做派。

先看与吴质的义气之交。曹丕跟随父亲征战，在205年夺取河北后不久结识了文才出众的吴质，吴质为济阴（今山东定陶西北）人，字季重，他才学通博，处事灵活，曹丕与他性格契合吧，两人一见倾心，结为知己。在曹丕与兄弟的夺嫡之争中，吴质是曹丕上位的坚定支持者（参见1.4.2《夺嫡之争中险胜》）；曹丕被立太子前后，吴质出任朝歌（今河南淇县）县长，又迁元城（今河北大名东）县令，两人一直书信往来不绝，其中表露了曹丕当时的理想抱负及其政治情怀，他们交往颇深，称得上是一生的挚友。《三国志·魏书二十一》引注《质别传》中记述了曹丕称帝后与吴质的交往一事，展现了曹丕对待挚友的另一种处人风格。

曹丕建国后经常召吴质与曹休一起聚会，曹休是曹丕的族兄弟，应该也与吴质交往颇深吧，因是年龄相当、意气相投的朋友和兄弟，三人聚会时，曹丕会让他的郭皇后出来相见，并对皇后说："你抬起头仔细看他们。"曹丕在这里并不讲究君臣之礼及一般的男女回避戒规，可见对两人的亲密程度。224年，吴质从外地来京师入朝，曹丕下诏让上将军及特进以下的官员都到吴质的住所相会。特进是朝廷赐给功德优秀诸侯的荣誉职位，这是把三公以外的官员都召集来了。朝廷还提供原料和器具举行酒宴，大家喝得尽兴时，吴质想让大家更加高兴，就请来优伶作表演，当时上将军曹真长得肥胖，中领军朱铄长得瘦些，吴质让优伶说有关胖瘦的段子。曹真，字子丹，他也是曹丕的族兄弟，时任上将军，总督国家军队，他职位高，身份尊贵，认为优伶的戏说是对自己的羞辱，于是对吴质发怒说："你是要把我当作你的部属来对待吗？"骠骑将军曹洪、轻车将军王忠也对吴质说："你要说曹将军肥胖不好，那你自己应该长瘦才行。"两人大概觉得吴质安排的表演有些不妥，在替曹真说话；曹真愈加愤恨，拔出刀瞪着双眼说："演戏的人竟敢这样无礼，我会杀掉你的。"于是在座位上大骂不止。吴质手持宝剑说："曹子丹，你虽不是案板上的肉，我吴质吞下你不摇喉，嚼烂你不动牙，竟敢如此恃势骄横？"朱铄站起来说："陛下让我们来为你助兴快乐，怎么能到这个地步！"他站起来大概有离席而去的意思，吴质回头呵斥朱铄道："朱铄，竟敢乱了座位！"在场的各位官员都返回自己座位上，朱铄性急，他怒气冲冲地拔剑砍在地上。曹丕本人应是没有在场，他安排的宴会遂在一片混乱中结束。

　　曹丕与吴质为亲密的朋友，他做了皇帝后不是没有其他更好的报答方式，不知什么原因，吴质的身份和地位并没有大的变化，甚至没有成为常居京师的朝臣，也许是曹丕把他们的关系只定位为亲密的文友，而不愿扩展为朝夕相处的君臣。当吴质偶尔来到洛阳时，他想让京城的官员为这位文友前去助兴，应该是给足了面子，但却闹出了一段极不愉快的事情。事情的发端暴露了吴质官场交往中的任性和缺陷，显示了他依势逞强和淡漠礼节的处人风格，但也由此展现了曹丕本人凭个人感情而随意处事、任性而为的行为特征。吴质在曹丕逝后曾经想起了曹丕对他一系列友好对待，为表达思念写了一诗，其中有："念蒙圣主恩，荣爵与众殊。自谓永终身，志气甫当舒。何意中见弃，弃我归黄垆。茕茕靡所恃，泪下如连珠。"他们一生诚挚的交往情感中反映着两人相通和相似的心性。

　　再看看与钟繇的爱好之交。钟繇是曹操属下的名臣，他出身不凡，为曹

1.4 文韬武略开帝业（曹丕）

操安定关中立下不少功劳，也是历史上著名的书法家。曹丕与钟繇为忘年之交，《三国志·钟繇传》及其引注中记述了他们两人在艺术品鉴赏和收藏方面的某种共同爱好。曹丕在217年做了太子后，赐给钟繇五熟釜，这是可以同时煮多种食物的分格之锅，曹丕送出时为其作了铭文，为不长的诗句。220年曹丕建魏后，钟繇作了相国，他用先前得到的五熟釜作鼎范，再铸了五熟釜相送，大概是觉得皇帝的宝物很有纪念意义吧。做成后曹丕给钟繇写了书信，其中对鼎的神圣性作描述说：过去黄帝有三鼎，成为周朝的九宝，鼎的烹饪品是献给上帝，滋养圣贤的，弘德而祈福没有什么能超过鼎；不是非凡人物造不出来。据说临淄侯曹植当时还写诗称颂："鼎质文精，古之神器；黄帝是铸，以象太乙；能轻能重，知凶知吉；世衰则隐，世和则出。"以优美诗文为事情助兴。曹丕的书信颇长，其中提到该艺术品的历史象征意义，许多论述的确不是一般人能够理解和体味得出来的。出身上流社会的人从小接触到这些器物，在高贵典雅的祭祀中看到它的功用，比普通人有更多的感触与想象，曹丕正是在特殊环境中养成了对这些艺术物品的兴致，加上他的天分爱好，于是成了非凡的艺术品鉴赏专家，和同类人物有了更多的交流。当时他的太子之位已经确定，与钟繇应该没有政治上的相互借重，这是超脱了政治活动之外凭某种艺术爱好的个人交往。

219年曹操出征汉中，曹丕留守邺城时到了孟津（今河南孟津与孟州之间的黄河上），他听说钟繇有一块玉玦，想要得到而不好出口，就私下让临菑侯曹植找人转告，钟繇立即将其奉送。曹丕给钟繇写信说：玉可以与君子比德，与诗人比美。过去晋国有垂棘，鲁国有玙璠，宋国有结绿，楚国有和氏璞，价值超过万金，珍贵重过都城，往昔就很著名，并会流播声名于将来。曹丕对那块玉玦作了鉴赏夸赞，然后表示说："我虽然德行比不上君子，也做不了诗人，但高山景行，私所仰慕。这些珍宝历史悠久，秦汉时代没有出现相匹之物，我访求多年得不到，就像饥渴未解一样，最近听南阳宗惠叔说您手头有块美玦，我知道后很惊喜，边大笑边鼓掌。本来应该自己写信相求，但恐怕传来的话不真实，所以让我弟弟曹植通过荀仲茂转达我的私情，当宝玦刚送到时，我手捧匣子跪着打开，感到满目灿烂。我能看到这稀世之宝，没有劳烦一介之使，没有损失连城之价，获得了秦昭王的章台之观，却没有蔺相如的诡诈相夺，这么珍贵的东西，怎么能不恭敬承受！"曹丕闻听到他倾

121

慕的艺术品，并不掩饰自己的所爱，他转弯相求，事后并不掩饰自己的心态和采用过的方法。可以看出，他对这些艺术品是真懂真爱，这倒不是对财物价值的贪欲索取，而是对珍稀艺术品的痴迷癫狂。

1.4（13）一见钟情的甄妃（上）

曹丕那种公子哥儿的做派还突出地表现于对一见钟情的甄妃始爱终弃的态度上。甄夫人是曹丕接纳身边的第一位女人，在生前和身后都有极高的知名度，曹丕当时一见倾心，没有通过父母之命和媒妁之言，也抛却了大户人家的婚娶之礼而占为己有，几年间非常宠幸。《三国志·魏书·后妃传》及其引注等史料曲折地反映了曹丕与甄妃十多年间的复杂关系，从侧面表现了曹丕心性的一个方面。

甄氏，中山无极人，西汉平帝时大臣甄邯的后人，几世为二千石的官员。其父甄逸曾为上蔡县令。甄逸娶常山张氏为妻，生有三男五女：长男甄豫，早年终世；次男甄俨，举孝廉，曾任大将军掾、曲梁（治今河北曲周西南）县长；少男甄尧，举孝廉；长女甄姜，二女甄脱，三女甄道，四女甄荣，五女即为作了曹丕妻子的甄氏，史书上没有记下她的真实名子，这里权称甄氏。甄氏生于汉灵帝光和五年（182年）十二月，出生后每当晚间睡觉时，家中人仿佛觉得有人持玉衣覆盖其身，大家都觉得奇怪。甄氏三岁时父亲去世，后来一位叫刘良的看相人给甄家各位子女看相，他指着甄氏说："这位女儿将来贵不可言。"

甄氏自小长大，一直不喜好戏耍。她八岁时，街上有站在马背上表演戏剧的，家中众位姊妹都登上阁楼观看，唯独甄氏不去，姊妹们奇怪地询问她原因，甄氏回答说："这不是女人可以观看的！"她长到九岁时喜欢读书，过眼的字总能认识，常常使用兄长们的笔砚，哥哥对他说："你应当学习女工才对。现在拿起书来学，难道还能作女博士吗？"甄氏回答说："听说古代贤能的女人，都以前世人的成败作为自己警戒，她们不看书从哪里知道前人的事情？"后来天下起兵战乱，加上发生饥馑，百姓都卖掉金银珠玉等宝物换回粮食，当时甄家有不少储存的粮谷，他们换回很多宝物。年龄十多岁的甄氏对母亲说："现在世道正乱却买了这么多宝物，就是不犯罪也会导致灾祸。我们周围都发生饥荒，不如用粮谷周济亲族邻里，广施恩惠。"全家人都觉得她说

<<< 1.4 文韬武略开帝业（曹丕）

得对，就按她说的援救贫困人家。

甄氏14岁时次兄甄俨病逝，她非常悲哀，对寡嫂更加谦敬，时常替其做事和拊养侄子。甄氏的母亲生性严厉，对待儿媳讲究规矩，甄氏经常劝母亲说："我哥不幸早逝，嫂子年轻守寡，身边就一个儿子，按照大义说来，对待她还是儿媳，爱她应该像女儿一样。"母亲为这话感动得流泪，就让甄氏与这位嫂嫂一块儿居处，她们睡觉起床都时常相随，感情十分密切。

后来冀州牧袁绍为他的次子袁熙娶了甄氏，两人成婚后，袁绍经官渡之战于202年离世，袁熙被派去驻守幽州，甄氏留在邺城侍奉婆婆刘氏（袁绍夫人）。204年八月曹操平定冀州，大军攻入邺城时，袁绍的妻子与儿媳甄氏正一同坐在室中，曹丕闯进袁绍家的宅舍，看见了袁家这两位女人，22岁的甄氏心里害怕，她以头伏在婆婆的腿膝上，刘氏正用两手搂着她。曹丕说："刘夫人为何这样？让新妇人抬起头！"刘氏于是扶甄氏的头让仰起，曹丕见她姿色非凡，连声称叹。另有资料记述说，曹军攻破邺城时，曹丕首先闯入袁家府第，看见有一妇人披头散发，满面灰尘地流泪站立在袁绍夫人背后，于是上前询问，刘氏回答："那是袁熙的妻子。"曹丕让她挽上发髻，擦净脸面，发现其姿貌绝伦。曹丕离开后，刘氏对甄氏说："不用担心死亡啦！"曹操很快知道曹丕看中了甄氏之事，于是将其迎娶来作了曹丕的妻子。两处记录大同小异，后者似乎显示了甄氏在城破后做了一些自我保护的努力，她用美妇人自污形象的老套方式在刻意回避曹军的抢夺与侵犯；而刘氏则把甄氏被曹丕看中视作她们免去死亡的转机。

历史上两军争战，胜利的一方攻破对方城池，如果没有特别命令，军队将士一般都会进城后抢夺财物和妇女，统率者时常会对这种行为予以默许，以此作为对将士的奖赏。《后汉书》上有零星资料显示，"曹操攻屠邺城，袁氏妇子多见侵略"。无论曹军进入邺城后军队是否进行过抢掠，从上述两处记录中都可看到，当时年过十七岁的曹丕抢先进入袁家宅第，他也许是要寻找宝物，但却在此发现了自己心目中的绝世美女，他不计较对方早为已婚之妇，也顾不上该女比自己年长五岁，因为看上了对方的美貌，见色生情，随后不顾一切地将对方占有，接纳为自己的妻子，曹操在这里对事情给予了认可和支持。《世说新语·惑溺篇》中说："甄夫人既聪明又漂亮，起先是袁熙的妻子，很受宠爱。曹操攻屠邺城时，发令让迅速召来甄氏，身边人说：'公子曹

123

丕已经带走了。'曹操说：'今年打败袁军，正是为了儿子。'"这里的所述显然是不严肃的，但也能看到曹操对儿子迎娶甄氏的支持态度。曹家为公侯高门，家势兴旺，这一婚配当然也不屈甄家，但当时袁熙正驻军幽州，甄氏原夫尚在，甄氏是在本人毫无自主选择的情况下被曹丕占有的，这种迎娶成婚其实本质上也属于一种抢劫，只不过对战败方的抢掠人们习以为常罢了。

曹操204年后兼任冀州牧，治所即在邺城，曹家的家眷也随居该地。甄氏作了曹家的媳妇，应是仍在原城居住。她来到曹丕身边后，205年为曹丕生下了长子曹叡，几年后又生下了东乡公主，据说极受曹丕宠幸。甄氏知书达理，她谨守妇道，对婆婆卞夫人关切孝敬，对夫君曹丕温顺贤淑，在曹家赢得了极好声誉，出自魏国的史书对此有不少记述。

220年曹丕继位做了魏王，当年十月他受禅让作了皇帝。裴松之引注《魏书》中记述，官员们在221年提议建立后宫，曹丕遂发玺书迎接甄氏前来洛阳，甄氏上表说："我听说以前能够兴盛的朝代之所以飨国长久，国统传得远，都与后妃有关。所以必须慎选其人，以兴内部的教化。现在魏国初建，应该选取更贤淑的人统理六宫。我觉得自己愚陋，不能胜任国家祭奠一类盛大事务，加上身体有病，所以宁愿坚守个人的区区心志。"她坚持要辞掉皇后之位。曹丕三次发来玺书，甄氏三次推让，言辞非常恳切。当时盛暑之时，曹丕准备等到秋凉后再迎甄氏前来，不巧甄氏病情加重，这年六月逝于邺城。曹丕哀痛不已，策命赠给其皇后玺绶。次年九月，曹丕立郭夫人为皇后。

陈寿的《三国志》在撰写魏国部分时是以《魏书》等资料作参考的，而他在自己原作中坚持记述说："曹丕称帝后，山阳公刘协送来两位女儿作嫔妃，郭夫人、李贵人、阴贵人同时受到宠幸，甄氏更加感到失意，于是生出怨言，曹丕大怒，221年六月派使者前往邺城赐死，将其安葬于邺城。"陈寿没有采纳魏国史料对该事的最初记录。后世史家认定，魏国当时的档案记录人本着为帝王讳的态度，将曹丕后来对待甄氏不人道的残害行为做了歪曲记录；裴松之也认为，曹丕得到甄妃若干年后另有新欢，因而心生厌弃，最后受谗言将其赐死。这一事情中包含着复杂的隐情和周折。

1.4（13）一见钟情的甄妃（下）

处在青春发育期的曹丕204年随大军攻入邺城，对年长五岁而姿色绝伦的袁熙之妻甄妃一见钟情，他以战胜者的身份将其占有并接纳为自己的夫人，其后对其非常宠爱。自幼就读书明理的甄氏在曹家温顺贤淑，赢得了家人的赞誉，《三国志·魏书·后妃传》及其引注对此有不少记述。

甄妃首先是对她的婆婆卞夫人非常关心。211年七月，曹操西出潼关与马超、韩遂交战，随行的卞夫人途中生病留在孟津，曹丕和甄氏留守于邺城。当时卞夫人身体有些疾病，甄氏不能像往常一样按时照顾问候，急得寝食难安，昼夜哭泣。身边人将打听来的消息告诉她，说卞夫人病好了，甄氏仍然不信，说："夫人在家时旧病常犯，每次都有一定的时间才痊愈，这次怎么好得这么快？你们一定是想要安慰我。"因而更加忧心。之后得卞夫人回信，说身体已经恢复，甄氏才高兴起来。次年正月，大军返回邺城，甄氏前去迎接，当看到卞夫人时她又悲又喜，周围人见了都感动不已。卞夫人见甄氏这么关心自己，也忍不住流泪，还说："你怕我上次生病也会像以前那样反复难愈吗？我只是有点不舒服，小病而已，十几天就好了，你看看我的气色不是很好吗？"然后叹息说："真是孝顺的媳妇！"

216年曹操东征孙权，卞夫人、曹丕及曹叡、东乡公主都跟随前往，当时甄氏因为生病而留在邺城。次年九月，大军返回邺城，卞夫人的左右侍婢们看到甄氏容颜更胜以往，便奇怪地问她："夫人您跟两个孩子分别那么久，难免长时间思念儿女，但您脸色反而这么好，为什么呢？"甄氏笑着回答："曹叡和东乡公主他们跟随卞夫人，会得到很好的照顾，我没有什么可担心的！"她对婆婆卞夫人这样高度的信任也很难得，大家都觉得甄氏非常贤明知礼。

甄氏对夫君曹丕也很大度和贤惠。她是来到曹丕身边最早的夫人，虽然受到曹丕的极大宠幸，但她总是谦逊退让，从不傲骄和嫉妒。后宫妾侍中有受到宠爱的，她对其劝勉鼓励；对无宠的也安慰开导，并常常在闲宴上劝曹丕说："古时黄帝子孙繁盛，是因为他妻妾多，所以受到长久祭祀。我希望夫君也多纳贤淑美好的女子，以便能子嗣旺盛。"曹丕听了心中嘉许。其后曹丕要驱逐妃妾任氏，甄氏对曹丕说："任氏是乡党名族，品德与美丽都比我强，为什么要遣走她？"曹丕说："任氏性子急躁，不柔顺，之前她怨恨我不是一次了，所以遣走她。"甄氏流着眼泪坚持请求说："我受到你的敬重对待，所有人都知道。如果遣走任氏，大家肯定会猜测任氏被逐是因为我的缘故。我害怕上面公婆会说我自私，周围人会认为我有专宠之过，希望你能重新考虑!"曹丕不听,还是坚持遣走了任氏。

以上记录都出自曹魏大臣王沈所撰的《魏书》,如果认为这些内容有夸大虚构的成分,那么看看另外两处记述。魏晋人张隐所撰《文士传》中说,曹丕宴请诸位文学属官时曾经让夫人甄氏出来拜见,当时在座的宾客都对甄氏低头行礼,只有刘桢不拜,反而平视甄氏。曹操听说这事后,将刘桢收捕关押,将他判为死刑,后来免死发配作苦役。在这里,曹丕请出甄氏来拜见各位文友属官,表现出的既有对文友的尊崇,也有对甄氏的看重;尤其是,对于似乎失礼于甄氏的刘桢,曹操竟然给予了极重的惩处,他不允许人们对儿媳甄氏有失礼行为,表现出来的是对甄氏身份形象的庄正维护。208年曹操的爱子曹冲去世后,曹操追赠其为骑都尉,并聘甄氏家族的亡女为妃,与曹冲冥婚合葬,这些都从不同侧面反映着甄氏当时在曹家被高度认可的地位。应该说,甄氏初到曹家许多年间,为曹丕生了一双儿女,由于她的温顺贤惠,的确是得到了曹丕的宠爱,并且得到了曹家上下的看重。甄氏虽然受到宠爱和看重,但她内心知道自身的缺憾与不足,一直谨慎小心地处事,夸张性地服侍婆婆,并且绝不在曹丕面前独擅专宠,始终卑谦做人,魏人所记的诸多事情可能有夸大,但不会完全虚妄。

现有史料中最为缺失的是对甄氏失宠原因及过程的介绍,本来就宫闱事秘,而出自魏国的原始记录又都刻意抹去了曹丕后来在这一事情上的反常作为,并做出了一些扭曲事实的补充,使事情扑朔迷离。而《资治通鉴》中作出确认的结论是,甄氏的失宠和被杀是由曹丕宠幸的郭夫人引起。曹丕最后处置甄氏的方式,是派使者去邺城将其赐死,其时曹丕自己的心理上也经历了巨大的恐慌和不安。《三国志·方技传》中记述,曹丕请来当时非常出名的解梦人周宣,他问周宣:"我梦见宫殿上两片瓦掉下来,化为双鸳鸯。这是什么征兆?"周宣说:"后宫恐怕会有人暴死。"曹丕说:"我的话是骗你的。"周宣说:"做梦本来就是意念中的事,如果能表达成语言,就可以卜凶吉。"话还未说完,黄门令来报告说,后宫有彼此残杀的事。过了不久,曹丕又问周宣:"我昨天梦见一股青气从地面升到天上。"周宣说:"天下会有一位尊贵女人被冤死。"当时,曹丕正好已派使者给甄皇后送去赐死的诏书,听了周宣的话他有点后悔,又派人去追赶使者,但已来不及了。曹丕后来又问周宣:"我梦中磨铜钱上的花纹,想磨掉但却越磨越明。这是为什么?"周宣怅然无言，没有回答。曹丕多次追问，周宣说："这是陛下的家事。虽然想有所为，但是皇太后不愿意。这就是纹络越磨越亮的缘故。"当时曹丕想惩治弟弟曹植的罪过，但因为卞太后的反对，他只是将其贬爵。

史书上说，周宣当时担任魏国郡吏，应是曹丕属下的一位地方吏员，他当年在曹操平定黄巾军时就为人解梦，那已是近四十年前的事情，曹丕请来谈话时周宣应是六七十岁的老人了。曹丕当上皇帝，在处置甄氏和其他家中纠纷的一段时间中，他内心惶恐不安，怪梦不断，实在是想让周宣为自己做出心理安慰。从上述对话中能够看到：①曹丕用一个虚假的梦来做试探，而周宣借此讲清了梦产生的心理机制，只要形成意念就算数，而与梦境是否在入睡后的脑海中真实发生过反倒关系不大。西方分析心理学从人潜意识的愿望满足上解释梦的形成，认为白日梦与真实梦有同样的心理学价值，这与周宣的解释似有相通之处。②在曹丕叙说那个假梦后，后宫中旋即发生了争斗残杀，当时甄氏人在邺城而不在洛阳，这里看不出黄门令所报告的宫斗是否与甄氏直接相关，史料的记录人是想以此表明周宣解梦的准确性。③曹丕所作青气上天的梦，其中的青气有黑气、怒气之意，该梦表达出含有怒气的人灵魂归天。做梦人和解梦人在同一种文化背景下达到了深层意识上的高度契合，后者揭出了前者的隐秘心理，正表明了曹丕向甄氏下手前的忐忑不安心理，他是知道自己要做一件负心的事情但却为了特定的目的需要忍狠去做。④在叙述要磨掉钱币花纹的梦中，"纹"古通于"文"，曹丕心中嫉恨着弟弟曹植的文才，他想要用人身消灭的方式将其除掉，但那灿烂的文采总是磨而不灭，周宣对问题的意会是很准确的。也许是曹丕对周宣的解梦心有诚服，他所寻求的心理安慰得到了部分满足吧，曹丕在与周宣对话之后，即任命他作朝廷太史属下的中郎。

曹丕那位一见钟情的甄妃，其失宠和被赐死的情状在曹丕生前是模糊不清的，事情只能留待曹叡接政后来追究和披露。在204年到221年的时间两端曹甄两人间发生了令人怵心的事情，从事情前后的唐突发生及其恶性转化上，已经能够看到曹丕那种明知不义而强为之的行事风格。

1.4（14）与父亲处事的不同

曹丕继承父亲曹操之位而掌权，他们有着相同的政治目标及其实现条件，但由于个人经历、身份地位和思考方式的不同,他们在对待同一事情上常常有不同的行为方式,《三国志·魏书》诸多篇章及其引注中记述了这对父子同事不同思的情景,从中体现了他们间的相互关系及处事上的某些不同。

曹操平定河北后,准备安排常居河北之地的田畴担任属下官职。田畴是河北地方势力人物,在曹操207年北征乌桓时协助大军兵出卢龙,立有大功(参见0.9.20《奔袭远方的征战》),他把家属和宗族三百多人安置于邺城,但却拒绝接受曹操的任用。《三国志·田畴传》及其引注中记述,曹操208年底南征荆州返回后又想起了田畴,决定还是要任命他,为此发出通令,其中说道:"如果放弃对田畴的任用,实际上就是成就了一个人的心志,却废弃了王法制度。"他希望田畴接受任用和封爵。田畴后来上书陈述,并且以死自誓,但曹操并不同意,要坚持将他任用,双方意见往来许多次,田畴还是不予接受。有关部门弹劾田畴偏狭固执,认为他有违正道,主张加刑惩处。曹操看重田畴,长时间犹豫不决,最后把此事交给曹丕与大臣去讨论。

曹丕认为田畴的行为与春秋楚国令尹子文辞让俸禄、申包胥逃避封赏是相同的,应该成全他的志节而不要勉强,并公开表示:"免官加刑,于法过重。"他在与许多大臣商议后提交了报告说:"往昔伯夷、叔齐放弃爵位而讥讽周武王,那是愚暗行为,而孔子尚以为是'求仁得仁'。田畴所坚守的虽然不合道义,但他追求清高,如果天下之人都具有田畴那样的志节,那就是墨翟倡导的'兼爱''尚同',也是老聃主张的让民众回归淳朴之道。我们大家的意见虽然很好,但还须负责法律的司隶作最后裁决。"尚书令荀彧、司隶校尉钟繇也认为可以满足田畴的心愿,主张按曹丕提出的意见办理。但曹操仍然没有放弃任用田畴的打算,他委派平时与田畴相好的夏侯惇再去了解和劝说,田畴表示说,如果自己实在不得已,希望自刎而死,说罢痛哭流涕。夏侯惇把这情形报告了曹操,曹操方才作罢。

在对田畴的任用中,曹操坚持传统上王法为先的原则,认为田畴作为魏地臣民,应该绝对服从君主之命才对,不能固执地怀抱个人区区小志;曹丕在综合臣僚们的意见时,借机表达了自己的不同看法,他以殷末隐士伯夷、叔齐的行为和春秋楚国两位名人辞禄逃赏的事情做比喻,并指出田畴的志向与墨子、老子的社会生活观念并不违背。尽管他表明不能把自己表达的意见作为最后裁决,但实际上已经为田畴个人选择的合理性作了论证,在当时的环境下，这一意见体现出的是看重自主、推崇个性的非正统理念。

另有一事是，211年曹操率军队西征马超，他留下刚刚担任五官中郎将及副丞相（称"丞相副"）的曹丕留守邺城，程昱为辅助曹丕的参谋官。当时有田银、苏伯等人在河间郡（治今河北献县东南）聚众反叛，曹丕派将军贾信前往征讨，贾信出军顺利，反叛者有一千多人请求投降，邺城官员都认为应该将投降的人全部杀掉，因为曹操军中原有诛杀降者的规定。程昱对曹丕说："杀掉降兵的规定，那是针对战乱之时，天下没有安定，所以对包围后投降的士卒不予赦免，这是向天下展示威势，以利于后面的军事行动。现在天下大体平定，况且又在国家境域之内，反抗者必定会投降，杀掉他们也宣示不了威势，所以不应杀掉，即便要杀掉，也应该先报告丞相知道。"其他官员坚持说："军队中有遇事专断之权，不需要请示。"程昱不作回答。曹丕站起来进入后室，他专门把程昱召进来问："您好像有话没有说完？"程昱说："凡是行专断之权的，是临时遇到紧急情况必须很快解决的事情。现在那些反叛的人都在贾信掌握之中，不会有紧急变化，所以我觉得将军您不必行专断之权。"曹丕认为程昱考虑得很对，他把事情汇报给了曹操，曹操果然决定不杀。曹操从关中返回后听到这件事情非常高兴，他对程昱说："你不单是明于军事筹划，而且善于调适父子间的事情。"

在邺城处置该事的主导人是程昱，从曹操事后对程昱的赞扬看，他完全认可父子两人间处理事情的客观差异，不赞成在后方平叛中沿用战时规定，同样不赞成留守邺城的曹丕处置重大事情绕过自己而使用专断权力。程昱当时的考虑和提议都是站在辅助曹丕的角度上来履行自己职责，他明白曹氏父子对事情会有不同的认识，因而主张把事情最后的决断权让给尊者，这才避免了处事的错失，收到了双方满意的效果。

还可提及的事情是，曹丕喜欢把亲密的朋友引进自己内室，让他的夫人出面拜见，比如他曾召来密友吴质和族兄弟曹休欢饮聚会，就让夫人郭氏出来拜见，并要求郭氏仰起头看视，以表示他与朋友的至亲关系。在此事之前，大约是平定河北不久，他与文学才士刘桢的关系一度非常友好，就请来诸位文学属官聚饮谈论，其间让夫人甄氏出来拜见。事情在当时应该并不稀奇，但事后曹操听说儿媳甄氏出来拜见众人时，刘桢与吴质没有对甄氏低头行礼，于是将刘桢免死发配作苦役，将吴质派往京城之外作朝歌县长，后改任元城县令。在这里，刘桢与吴质没有对甄氏低头行礼，曹丕本人不会无所知觉，但曹丕似乎更注重与朋友的情谊，并不在意某些礼节；而曹操对儿子聚会中的礼节却非常看重，大概是把失礼行为看成对曹氏家族的不敬，因而对其中妄自尊大的行为做出了毫不客气的处罚。

219年，曹操率军与刘备争夺汉中，曹丕留守邺城，其间获悉了西曹掾魏讽纠结党徒的反叛活动，牵连处死的据说有数千人，当时王粲的两位儿子参与反叛，也被逮捕处死。王粲是当世出名的才士，为"建安七子"之一，自208年在荆州投靠曹操，已于217年41岁时在随军出征途中去世。曹操在汉中战场上听到王粲儿子的死讯后叹息说："我若在后方，绝不会让王粲没有后嗣。"他显然对曹丕的严厉处置内心有不同看法。后世史家认为曹丕破获魏讽反叛之案的证据并不充分，对犯案人的处置也有扩大之嫌，可惜曹操八月回军后于次年即病逝于洛阳，再也没有与曹丕见面，他对事情的不同见解并没有向儿子当面表达出来。

曹丕与父亲曹操相差32岁，当时也算两个时代的人，相互间的"代沟"总还是存在着的。上述几件事情并不体现两人行事方式的全部不同，但也能看到他们在处事经验的多寡之外，仍然存在着对问题的思考方式和关注点的差异：曹操更注重于传统礼节的方面，曹丕则看重个人的行为自主性，讲究哥们儿义气；他论证事情喜欢从历史人物和圣贤之言加以引申，具有博览经典的优势，但在特殊情况下不讲情面而处事阴狠的特征也显而易见。

1.4（15）对谏言的选择采纳

对待大臣劝谏的态度常体现着帝王政治行为的一个重要方面，曹丕接政掌权后在处置大小事情中也经常受到大臣的谏言，他对这些劝谏会根据自己的需要做出选择，并给出不同的反应，《三国志·魏书十三》及其引注记述了曹丕在某些事情上与几位重要大臣间的互动交流，反映了他不易为人把握的复杂心态。

220年曹丕接受汉献帝禅位时，相国华歆主持仪式，是他把皇帝玺绶从刘协手中接过来交给曹丕的，曹丕做了皇帝后，朝臣三公以下官员都受封爵位，只有华歆因为神色不合而触忤曹丕，大概是脸色凝重，显露了不悦之色吧，因此华歆被调任为司徒，爵位并没有得到晋升。曹丕对华歆当时的不悦之色长久不能释怀,后来有一次他问尚书令陈群道:"我应天受禅,百官群臣无不人人喜悦,尽现高兴声色,唯独相国(指华歆)和你看上去不愉快,这是为什么呢?"陈群离席恭敬地回答说:"我与相国曾长期做汉朝之臣,虽然内心为陛下感到高兴,但若表现在脸色上,实在怕陛下会心中憎恶。"曹丕听后变得十分高兴,这两人于是受到特别看重。

  曹丕在接受禅位前曾经反复辞让,给人们的印象是因为天意人心所迫而不得已地予以接受,但当禅位一事的参与推动人华歆和陈群同样作出不得已的姿态时,他竟对其耿耿于怀,似乎他要让所有人显出高兴神情才对。陈群和华歆多年在刘协的朝廷任职,但一直是曹魏权势的维护人,作为曹氏父子身边的重臣,他们对新政权建立后个人地位的得失会有所顾虑,但总体上对建立魏国应该持是积极拥护的,陈群对曹丕询问的回答虽然会有夸大成分,但基本上属于真实的态度,表达了他们内心的顾忌。在传统社会,抛弃旧君主并毫无眷恋的人臣,很有可能得不到新君主的信任,在政治上轻于去就的态度必定要被更多的人所憎恶。陈群向曹丕讲清了这个道理,曹丕方才理解了两位大臣的衷曲,恢复了对他们的友好态度,但这反而暴露了曹丕内心当初对受禅称帝的真实态度,反衬出了他表面上"三辞而不得"的虚伪做派。

  解除了对华歆的误解后,曹丕给了他更多的关照。华歆家中清贫,他因周济亲戚熟人,家里常常没有多少储存的粮食。朝廷每将罚没为奴的年轻女子赏赐给公卿,只有华歆将她们嫁人,曹丕为此下诏说:"华司徒是国家难得的长者,他的作为合于天地之道,现在官员们都有丰盛佳肴,只有他是蔬菜佐食。"于是赐给朝服,并为他的妻子儿女们制作衣服。

  华歆感到了皇帝的关爱,他于是对曹魏的文化建设提出了很好的建议。当时三府(太尉、司徒、司空三公之府)共同提议说:"推举孝廉,原是以德行为准的,不需要再进行经学考试。"而华歆提出不同见解说:"自战乱以来,六经遭到荒废,当务之急是要推崇王道。制定推举标准,会影响到国家的盛衰。如果举孝廉不进行经学考试,恐怕读书之风从此衰落,假如有经学不足的特别优秀之人,可以作为特例征用,所担心的是缺少这样的人才,不担心选不上来。"华歆本是知名的文化人才,他就国家文化建设的这一建议是极有见地的,对后世的选才用人也颇有借鉴意义,曹丕接受了他的正确意见。

  作了皇帝的曹丕仍然经常出外打猎,有时候半夜才返回宫中,司空王朗上疏说:"帝王的住所,外面要布置严密的禁卫,里面谨守宫门,出行时则布置好军队然后舆车行动,一路上要清道,安排好住所才下车,这是要显示至尊地位,同时也为了谨慎戒备。近日车驾外出抓捕老虎,太阳偏西出行,到傍晚返回,违反制度规定,不合皇帝的警卫法则。"曹丕看了王朗的上表,写道:"上表已阅。虽然以前魏绛引用虞人的箴言谏阻晋悼公打猎,司马相如陈述猛兽的厉害来劝诫汉武帝,但也没有被理解接受。现在天下两大敌寇(指孙权和刘备)没有被消灭,将帅需要远征,所以不时到原野间去演练军事。至于夜间返还的提醒,我已诏告有关部门改正施行。"

打猎应是曹丕非常喜欢的田野运动,即便他在为父亲守丧期间也没有完全停止,王朗的劝谏注定是不能被听从的;从另一方面讲,打猎活动的确含有军事演习的属性,对将帅和士卒的军事技术都会有很好的演练,也能提升参与人的体能素质。不能完全排斥曹丕打猎娱乐的心境,但他以外部敌人的存在作借口,为自己的打猎找到了充分的理由。对于王朗的建议,他绕开实质性问题,仅仅愿意作些时间调整,而且以雷厉风行的速度作了安排,对王朗应是给足了面子,但对其劝谏的内容并没有真正接受。在回复劝谏人时,他仍然沿用了从历史事实中寻找论证的一贯风格,为粗暴的拒绝列出历史前例,也不失应有的文化蕴意。

曹丕在称帝后派相国长史蒋济任东中郎将,蒋济请求留在京城,曹丕发诏说:"汉高祖唱歌说'安得猛士守四方'!现在天下未宁,需要良臣镇守边境。将来边境无事,就可以逍遥,那时候也不为晚。"蒋济就去赴任了。后来他写了《万机论》,大约是立政、任人、用兵及考证前贤事迹的杂论著作,曹丕看到后非常赞赏,就调任他入京做散骑常侍。当时曹丕刚发诏书给征南将军夏侯尚说:"你是我的心腹将领,特别委以重任,随你作威作福,有杀人和赦免的特权。"夏侯尚把诏书拿给蒋济看了。蒋济抵达京城后,曹丕问他有什么见闻,蒋济回答:"没有什么可称道的,只听到了亡国之语。"曹丕听后很不高兴,询问缘由。"蒋济回答:"《尚书》中把'作威作福'明确列为戒律,天子无戏言,还请陛下明察!"曹丕立即下令追回给了给夏侯尚的诏书。

曹丕在这里凭一时心情写给了夏侯尚一份毫无约束的任性诏书,与古人的政治警戒根本不相符合,具有出众文才的蒋济发现了问题,夸张性地称其为"亡国之语",而曹丕还是理解了蒋济的爱国之心和对君主的忠诚劝诫,他接受了蒋济的劝谏，立即将诏书追回。曹丕是以自我私欲和国家利益为标尺来衡量大臣的谏言，并会做出选择性的不同反应。

1.4（16） 与几位族兄弟的交往

曹操在创立基业的同时营造起了庞大的家族势力，曹丕因而拥有很多的族兄弟。在二十多位同父弟中，他与曹彰、曹植的血亲关系更近，但却有许多不愉快的事情发生；建立魏国的次年，他给大多同父弟晋升了爵位，后来实行对亲族王侯的政治限制，因而相互间的交往并不多。但在旁系亲族关系中，曹丕有交往特别的几位兄弟。《三国志·魏书九》及其引注中记述了他与曹休、曹真以及夏侯尚等人的交往。

曹休早年投军时曾被曹操称为"我家的千里驹"，因为喜爱，就把他像儿子一样对待，让与曹丕一同居处，后来安排他率领被称虎豹骑的宿卫部队多次随军出战。曹丕作了魏王后，任曹休为领军将军，这是原来称为中领军的职务，掌管京城禁军，并封他东阳亭侯，数月后接替离世的夏侯惇为镇南将军，都统南方整个军事，并授予专任权力。曹丕作了皇帝，每当送曹休出征，仍然会下车拉着他的手分别，两人关系一直很好。曹休待母至孝，他的母亲去世后，曹丕派侍中去其家中，强令他脱去丧服饮酒吃肉，曹休按皇帝诏书指令行事，但身体更加憔悴。他请求返回家乡谯县安葬母亲，曹丕又派越骑校尉薛乔持诏书让他节制忧哀，回家后立即治丧，当天晚上安葬，事情完毕即返军营。见到曹休后，曹丕又亲自宽慰他。

因为有与曹休一同成长生活的经历，他们相互亲近，又无利害之争，因而曹丕对这位兄弟异常亲近，不仅让担任军中高级职位，掌握实权，而且对他施予了特别的关爱。传统社会中的守丧之礼是极其严肃的，曹休也是以真诚的哀伤之礼安葬自己的母亲，其母应是逝世于洛阳吧，身为皇帝的曹丕却一直在为曹休的身体担忧，先是让他脱去丧服而补充肉食，其后让其回到家乡的当天治丧安葬，要求迅速返回。传统社会有针对民间丧事的"夺情"之礼，在孝子丧服期未满时，朝廷因国事可以强令其出仕履职，曹休手握重权，自然有处理不完的军国之事，当时也正好处在与东吴的战争准备之际，曹丕利用他掌控诏书的便利，一再地于曹休葬母期间对其"夺情"，想促使其从悲痛气氛中解脱出来。他是以自己对待父母的感情来判断曹休的心思并给予武断处置，未必很合曹休的心意，但却表现了对这位兄弟非同寻常的亲爱和看重。

另一位族兄弟曹真，他在年少时失去了父亲，曹操觉得这位族子少年孤苦，就将其收养，与自己的儿子同样对待，当时曹真也与曹丕一同居处活动，后来在曹操属下担任过虎豹骑领队。曹丕掌政后，任曹真为镇西将军，都督西部雍、凉州的部队，授予他专任权力，封为东乡侯。222年他返还洛阳，曹丕任命他为上军大将军，都督中外诸军事，假节钺，是仅次于大都督的国家高级军事长官。曹真的儿子曹爽后来回忆说，曹丕当年生病时，他曾经在其床前奔走，尝药伺候，曹真的儿子出入宫禁不曾避讳，可见他们兄弟的私人关系也非同一般。

谯县夏侯氏与曹氏有亲族关系，曹丕与夏侯渊的侄子夏侯尚的关系也极为亲密。夏侯尚具有筹划智谋，曹丕与他早年友好，相当于平民之交，他对夏侯尚一直非常看重。曹军平定河北攻战冀州后，夏侯尚出任军司马，带领骑兵随军征伐，后来调任五官将文学，这是曹丕在211年担任五官中郎将后附设的职位，属于曹丕的府内属官。曹丕称帝后，夏侯尚被封平陵乡侯，升任征南将军，领荆州刺史，都督南方军事。他220年向朝廷建议并负责实施了攻夺上庸的军事行动，赶走蜀将刘封，平定了三郡九县（参见2.5.3《刘封在上庸的纠纷》下），曹丕为此再升他为征南大将军。孙权在221年向魏国称藩求和，曹丕对其封王示好，而夏侯尚并不相信孙权能真心归顺，他一直在南方整军备战，这一行为后来深为曹丕所赞赏。曹丕有一次给夏侯尚发诏书说："你是我的心腹将领，特别委以重任，随你作威作福，有杀人和赦免的特权。"这一诏书因为蒋济的劝谏而收回改发了，但也由此能看到他对夏侯尚的亲近与信任。

夏侯尚身边有一位极受宠幸的爱妾，因夫君的宠爱，遂想争取嫡室正妻之位。夏侯尚的正妻是出自曹家的女儿，曹丕听到这事后就派人去绞杀了那位妃妾，夏侯尚非常悲伤，为此发病，后来神情恍惚，妃妾被埋葬后，他仍然思念不已，又从坟墓中挖出来看视。曹丕知道后发怒说："难怪杜袭瞧不起夏侯尚，看来是有道理的。"事情发生大约一年后，夏侯尚于225年病重返回京都，曹丕几次到他家中看望，拉着手流泪不止。夏侯尚是故旧部属，曹丕对其关爱一直没有减少，但他不久仍撒手离世。

夏侯尚的军政谋略是毋庸置疑的，他对妃妾的宠爱似乎也无可厚非，曹丕不喜欢看到兄弟朋友家中发生以庶夺嫡的悲剧，希望维护自家姐妹在夏侯家的尊严地位，这都是正常的心情，以他当时拥有的权力来劝阻夏侯家的妃妾夺嫡是没有任何问题的，但曹丕竟然利用皇帝的权势，公然插手处置对方的家庭事务，派人绞杀了朋友的爱妾。这位情面冷酷的公子哥儿允准自己的妻室间以庶夺嫡，并轻易致死了身边的甄妃，这里却以不同的标准来要求和制止夏侯兄弟家的妃妾夺嫡；同时他以自己的心理所思来量度别人的心境，大概以为死掉个妻妾不算什么事情，但他严重错估了夏侯尚的情感韧度，以至引起了其精神上的问题。夏侯尚的病重和去世，应是其爱妾被冤杀后心理受到刺激所致，与曹丕的插手处置有直接关系，魏国由此失去了一位镇守一方的大将，曹丕这里为自己的错误行为付出的代价不小。

曹丕还有一位一起长大的兄弟何晏，他是曹操的尹夫人进入曹家时带来的儿子，其父是汉灵帝朝中大将军何进的儿子，何晏为何进的亲孙子。《魏略》中说，曹操在许都为朝廷司空时，纳收了尹夫人并收养其子，其时吕布部将秦宜禄的儿子秦朗也跟随母亲杜夫人在曹家，曹操把他们都像儿子一样看待（参见1.3.11《魏王也是个大家长》）。何晏非常聪明，深得曹操宠爱（参见1.3.12《既爱美色也爱才俊》），秦朗为人谨慎，但何晏做事却无所顾忌，服饰规格接近曹丕。在一个讲究身份地位的社会和家族中，何晏的装束打扮应该不合身份，侵犯了嫡长子的地位吧，所以曹丕特别憎恶何晏，总是不称呼他的姓名，经常叫何晏为"假子"，曹丕用特别的尖刻方式对侵犯自己的兄弟表达出了身份上的歧视。

1.4（17）三路伐吴

222年六月吴蜀夷陵之战后，魏国君臣坚持要求已称臣归顺了的东吴送太子孙登来洛阳做人质，曹丕在九月整顿军队，对此表达了强硬态度，但孙权虽然恐惧于魏国的军事要挟而卑谦地表示友好，最终还是拒绝太子入朝（参见1.4.9《对吴关系的反转》），魏吴双方的友好随之发生反转。《资治通鉴·魏纪二》《三国志·吴主传》等处记述了曹丕组织魏国大军讨伐东吴的作战过程及其结果。

这年九月，曹丕安排三路大军讨伐东吴：第一路，派征东大将军曹休、前将军张辽、镇东将军臧霸出击洞口（今安徽和县东南长江岸边），出军后东吴建威将军吕范统领五路军队，以水军与曹休对抗。第二路，派大将军曹仁出击濡须（今安徽巢湖），东吴裨将军朱桓领军队到达濡须拒敌。第三路，派上军大将军曹真、征南大将军夏侯尚、左将军张郃、右将军徐晃包围南郡（治今湖北江陵），东吴左将军诸葛瑾、平北将军潘璋、将军杨粲领军救援南郡。孙权针对魏军的进攻派出三支防守部队，同时派使者恢复了与蜀汉的关系，他自己临长江据守。曹丕从许昌出发，亲自指挥大军南下征讨。史书上介绍了双方作战的大致经过，可以从中看到三处交战的某些片段与情景。

在洞口战场上，当年十一月刮起了大风，曹休在洞口向坐镇宛城的曹丕上书表示："愿率精锐士卒猛扑江南，从敌人那里获取物资给养，一定可以成功，如果不幸战死，陛下不必挂念。"当时暴风吹断了吕范船队的所有缆绳，船只一直漂向曹休的营垒，魏军斩杀俘获敌军数千人，吴军溃散。曹丕得到报告，下令各军迅速渡江。魏军尚未进兵，吴军救援的船只已经赶到，招集溃军退回江南。曹休派臧霸领着敢死队万余人，乘五百只轻船袭攻徐陵（约今江苏镇江），战斗不利，将军尹卢被吴将全琮、徐盛追斩。

魏军在洞口的交战中占了上风，但并没有能够过江。虽然曹休为此下了必死的决心，而随军出征的侍中董昭向曹丕分析说："现在渡江，困难重重，即使曹休有此意，他也不能单独行动，还要得到其他将领的支持。臧霸等人既有大量财富，又有尊贵的地位，已无更大的奢望，只希望终老至死保住禄位而已，不会冒险投身险地。如果臧霸等人不支持渡江，曹休也会失去信心。"董昭的分析也许是洞口战场没有实现突破的微妙原因。

在濡须战场上，曹仁率步骑兵数万人在223年二月进军逼近吴境，声称要向东进攻羡溪（今安徽无为东北的中洲），吴将朱桓分派部队增援羡溪。援军已经离开，曹仁即率大军直扑濡须，朱桓得知后，派人追回增援部队，这支部队尚未返回，曹仁突然杀到。其时朱桓的守军仅有五千人，将领都惊慌有畏惧之心。朱桓对他们说："两军交战，胜负决定于将领，而不在人数多寡。大家认为曹仁指挥作战的能力比我朱桓如何？兵法上说，'进攻的军队要超过防守军队的一倍'，这是就平原之地没有城池而言，同时也需双方战斗力相同。现在曹仁智勇不足，加上所率兵将胆怯，又是千里跋涉，人困马乏。我和诸位高据坚城，南临长江，北靠山岭，以逸待劳，原地坚守以制伏远来之敌，这是百战百胜的形势，即使曹丕亲自来，我们也无所忧惧，何况来的是曹仁！"朱桓偃旗息鼓，外示虚弱以引诱曹仁。曹仁派儿子曹泰进攻濡须城，又派将军常雕、王双等人乘牛皮油船袭击附近的中洲。中洲是朱桓的亲兵部队及妻子儿女的居住地。蒋济对曹仁说："敌人据守长江西岸，船只停泊在上游，而我军却进攻中洲，这如同步入地狱，自取灭亡。"曹仁不听，亲率一万人留驻橐皋（今安徽巢县西拓皋），作为曹泰的后援部队。朱桓分派将领严圭进攻常雕，自己抗击曹泰，曹泰烧毁对方营盘后退走；朱桓斩杀常雕，生擒王双，临阵被杀死淹死的魏军有一千余人。

曹仁在进攻濡须时采取声东击西的战术，朱桓的军队被其调遣，但朱桓充分利用主场防守战的优势，调动起五千将士的士气，坚持以少敌多，竟然不致大失，且有斩获。曹仁以绝对的优势兵力不能攻下濡须城，后来又分散目标，多路出击，竟然没有重点目标上的突破，反而遭到敌方的杀伤，足显指挥员战术水平的低劣。

在南郡战场上，当时吴将朱然镇守江陵，曹真于223年初率军将其包围，打败了孙盛，孙权派诸葛瑾等人率军前来解围，再度被夏侯尚击退。江陵城内外被隔绝，城中士兵浮肿患病，能够参战的只有五千人。曹真命士兵堆土山、挖地道，靠城立起高台楼橹，向城中放箭，箭如雨下，守城将士惊恐失色；朱然却泰然自若，毫无恐惧，他激励将士，寻找魏军薄弱之处而出击，攻破了魏军两座营垒。魏军包围江陵长达六个月，江陵县令姚泰率兵防守北门，见魏军力量强盛，守城吴军兵少，又粮食将尽，担心城被攻破，于是谋作魏军的内应，被朱然发觉后处死，江陵吴军在艰难地坚持着。

魏军没有攻破江陵，却在附近的江岛上节外生枝。当时长江水浅，夏侯尚想乘船率兵进入江陵中洲驻扎，于是在江面上架设浮桥，以便南北往来。董昭认为，作战中进军容易退军难，部队在中洲驻兵，属于深入进军；架设浮桥往来是最危险的事；且只有一条狭窄通道行走，易被敌人攻击而阻滞。因为三者都是兵家所忌，建议立即撤出，曹丕觉得很有道理，于是立即下诏命令夏侯尚领军迅速退出中洲。不久吴军两面攻击，魏军只从一条通道退却，拥挤难出，最后勉强撤回，吴将潘璋已制好芦苇筏子，准备烧掉浮桥，因为魏军已退，未得实施。过了十天，江水大涨，魏军在南郡战场已难有作为。

从222年十月到次年三月，魏国三路大军没有实现过江和破城的预期作战目标，曹丕觉得战场上一时不易突破，加之当时出现了流行的瘟疫，于是命令各路军队全线撤回。这次魏国伐吴，出兵规模不小，声势颇大，但由于行动之前在战与和的政治目标上游移不定，军事准备仓促，看来是没有形成整体的战争规划；同时军队士气上没有守卫本土的东吴一方坚强英勇，将领中的轻敌与懈惰思想制约了战斗力的发挥，加之长江天堑的阻隔，使大军的半年征战劳而无功。曹丕应该是懂得军事的人，早年跟随父亲多次出征，221年曾为曹真制定过显美（治今甘肃永昌东）平叛的战术策略并大获成功（参见1.4.7《新皇帝的作为》下），也曾准确预料过刘备连营七百里的战术错误，但在亲身统帅大军出征时，他并未发挥出自己预想的军事才能，这是曹丕首次独立统帅军队作战，无功返回的结局中包含着他用兵和用人上脱离现实的不少缺失。

1.4（18）对战争的三份通告

曹丕从222年九月到次年三月组织了对东吴的大规模进攻，在约半年的时间内，他围绕这场战争发过三份通告，这些内容出自曹丕本人手笔，应该真实地反映了他在战争前后对事情的不同估量，表达了他与战争相互配合的政治手段，也体现了他事后对国内民众煞费苦心的舆论宣传。

魏国安排的三支部队已向南方进发时，孙权心有恐惧，言辞谦卑地向魏国上书致歉。曹丕向孙权写了长信，这可看作是关于战争的第一份通告，是送给吴王孙权一人的。《三国志·吴主传》记述了其中大部内容，曹丕对孙权说："你生长在战乱之际，本来有纵横立业的志向，现在归顺了国家，就可以把基业传给后代。自从你接受策命（指受封吴王）以来，给朝廷的贡献不断；战胜刘备的功劳，朝廷的人都很敬仰。做过的事情又反复，古人认为是羞耻的，我与你名分大义都已确定，也不乐意劳师远赴江汉，但朝廷商议事情，做君王的不能专断，现在三公报告你的过失都是有根据的，我做事不明，虽然对此有曾参母亲信谣投杼的疑虑，但希望他们说的话不可靠，认为这才是国家之福。所以先派使者前来犒劳，又遣尚书、侍中去重申和兑现以前的承诺，确定你送来儿子之事，而你又有其他借口不想让来，参加商议的人都觉得奇怪，后来都尉浩周劝你打发儿子前来，实在是朝臣对你的好主意，以这事来测验你，你果然还在推脱。东汉初窦融守忠受到嘉美，隗嚣派儿子来朝却因反叛而不终，世事不同，人心各异，浩周返还后为你做保证，越发引起商议者的不满，问题的起源在于浩周的话没有根据，所以我只好顺从大家的意见。现在把前面的事情说清楚，这都是真诚的话，写到这里内心感慨，不禁凄怆动容，我今天再下诏书，让各路军队停止前进，如果你对朝廷有忠诚之节，能解除众人的疑虑，太子孙登一到，军队马上撤回。我是诚恳之言，说出去不会收回。"

在魏国三路大军开始出征后，曹丕仍然在争取与东吴和好的机会。军事武力是他征服东吴的最后依凭，他希望用停止进军的诏令，再次显示对东吴的真诚关切，促使孙权迷途知返，他在通告中也有意展现朝廷决策时自己与大臣间的态度差异，是要突出自己对孙权的信任。整个通告中言辞的真诚，态度的恳切，以及对魏国军事力量的自信都是显而易见的。

在孙权拒绝了要儿子入朝为质的请求后，曹丕应是命令各军继续前进，他自己从许昌前往宛城坐镇，并在稍后发出了第二份战争通告，这是向国内民众发布的。《三国志集解》中收录了这份诏书的大部内容，其中说："当年轩辕黄帝不在涿鹿兴师，蚩尤这妖孽就不会被消灭；唐尧不在丹水列阵，那南蛮就不能平定；汉武帝不对吕嘉作惩罚，则横浦（在今广东南雄西北的故关）外的地盘就不能恢复；光武帝不对隗嚣、公孙述作诛讨，陇西、蜀地的动乱就不能清除。所以说，没有威势就赢不来顺服，不用兵就得不到安定。孙权这个小丑，依靠长江而悖乱，有叛逆之心，心性凶顽，只能振奋我们无敌的武力，行使天意而诛讨。我军战马奔腾，将士勇猛，或者像勾践那样以潜涉水流蒙蔽对手，或者效仿韩信夏阳（今陕西韩城南）渡河而诳骗愚敌。相连的战船列阵对敌，六军在陆地上截击。征南将军（指夏侯尚）围攻江陵，大量缴获战船，杀敌兵抓俘虏，降者满路。大司马（指曹仁）和征东（指曹休）各位将领，轻装长驱，一支军队已经快要到达济水。本人车驾向东为军队观瞻坐镇，观看形势而筹划，抓住时机作部署（"云行天步，乘舋而运"）。敌人进退难行，首尾受迫，若不像楚灵王在乾谿（今安徽亳县东南）那样很快崩溃，就可能发生彭宠那样的内部变乱，像鱼一样糜烂，不需要我们用刀枪。大家应审慎等待结果，有情况会通报告诉。"

曹丕在此表示了伐吴的原因，介绍了对战事的基本安排及开局形势，借用勾践的潜涉法和韩信的诳骗法提示了大军渡江的两种设想，他也以抽象含蓄的描述表达了自己对战局会有的全面把控和神妙运筹，用春秋楚灵王的军队溃散和东汉彭宠的家奴反叛作例证，预计了孙权在魏国大军压境下的两种败亡结局。曹丕对战争的估量是非常乐观的，他心情格外快畅吧，借机以生花妙笔展现了他的文学才华。

但战争初期魏军打得非常窝囊，他们以优势兵力并没有取得渡江的成功，甚至没有制敌夺城，反让对方斩获不少。当223年四月瘟疫来临时，看不到胜敌希望的曹丕命令三路大军全线撤归。曹丕在撤军时没有忘记数月前让国内民众等待战争消息的应诺之言，他再一次发布了战事通告。《三国志·魏书·文帝传》引注《魏书》中记述了其中的大部分内容，曹丕说："孙权残害民众与财物，我觉得不应该长敌人的志气，所以派出国家的勇猛将军分三路征讨。现在征东将军的军队与孙权党羽吕范等人几番水战，斩敌四万，缴获战船上万艘；大司马据守濡须，擒获之敌也超过万数。中军（指曹真）、征南（指夏侯尚）的军队攻围江陵，左将军张郃等将领乘舳舻径直渡江，攻击南岸阵地，敌人赴水溺死的数千人；我军又掘地道攻城，城内外麻雀老鼠都不能出入，敌军已是案板上的肉食！他们中了疠气军中出现瘟疫，大江两岸尸体遍地，恐怕相互传染。当年周武王伐殷，到达孟津就旋师返回，光武帝征隗嚣，在高平（今宁夏固原）就还军，都是深知天时而判断战场形势。况且成汤解除对敌人的三面包围，以仁德赢得了天下人心。现在解除江陵之围，让这些将死的敌人稍后受擒，我们也要做些休整，免除徭役和远征，让士民都得到安定休息。"

曹丕在军队进入敌境后向民众发通告，告诉了战争的设想及其对结果的预计，要人们等候新的战况消息，但战场上的形势总是不能如意，好的消息尚未产生出来，转眼就过了半年之久，且面临着不得不撤军的结局，他实在无法向民众作出通报，但又不能无言而撤军，应该是硬着头皮写了这份通告，可以看到：①其中叙述战绩时所说曹休部斩敌四万、获船万艘，曹仁部擒获过万，都是不真实的虚假数字。②张郃渡江杀敌，在史料中是没有的事情，绝不会是各位史书作者的疏漏吧。③对魏国的伤亡和损失绝口未提。④对江陵之战的优势地位做了过分夸大。当时战场上瘟疫流行倒是事实，士民也确实需要休养，这些成了曹丕宣布撤军的最好借口，他以此掩饰了魏军远征无功的尴尬，而上一通告中对战争的预计丝毫没有兑现，这事已经再难提起了。

明代学人张采称曹丕的这一通告是"大言欺众",说大话欺骗民众,其实传统社会对当时战争的国内通告鲜有十分真实的情况,通告的着眼点在于营造出良好的舆论氛围,昭告和显示自身的强大。曹丕首先要对自己的政治统治负责,因而不必要求他在这里一定得真实地通报战争状况,但从前后对战争的几份通报上可以看到,他的确是高估了魏国的军事力量,他本人的军事指挥能力与实际战争尚有较大的差距,那份"欺众"的通告是要消解前次"大言"无法兑现的尴尬,也暗合于社会生活中常有的惯例,政治人物始终是要按照自己的思想逻辑来行事的。

1.4（19）长江北岸的两番叹息

曹丕在223年三月结束了对东吴持续半年的战争,向国内民众发布了关于战争结果的说明通告,撤回了三路部队。他返回洛阳后,对这次无功而返的战争结局一直心有不甘,于是整顿内政,调整官员,也去过荥阳狩猎习武,并在这里对伐吴战争中的有功人员进行了表彰奖励。他没有忘记对孙权的教训并未真正奏效,自感无法向知情的臣民作出说明,因而希望在与东吴的再次较量中扳回魏国失去的体面,为此他在三路伐吴之后的两年时间内,又相继组织了对东吴的两次征讨。

第一次,224年七月曹丕东巡到了许昌,筹划再次兴兵伐吴。当时天下形势已发生了重大的变化,上一年魏吴战事结束不久,刘备病逝于白帝城,诸葛亮执掌了蜀国政权,东吴与蜀国的联系进一步密切,双方结盟友好,三国时代两弱抵一强的鼎立局面基本形成,吴国已经没有了对蜀汉东进夹击的担忧。《资治通鉴·魏纪二》中记述,在曹丕组织军队南征时,侍中辛毗劝谏说:"现在国家初步安定,土地广而人口少,这时候动用民力,看不出有什么好处。当年武皇帝（指曹操）多次出动精锐部队,到达长江沿岸就退兵。现在我们的军队并不比从前强大,却要再次去报仇,这不是容易的事。目前最好的策略还是养民屯田,十年后再去作战,定能一举成功。"辛毗立足于现实的考虑,感到国家需要的是休养蓄力,而不是争夺土地,在军事力量没有增加的情况下不宜远征作战;他也知道曹丕的伐吴仅是出于报仇雪耻的心理需要,觉得难以以理说服,所以搬出了曹操的前例来劝阻。

听了辛毗的谏言,曹丕反问说:"依你的意思,是要把孙权这个后患留给子孙了？"辛毗难以作正面回答，于是仿效曹丕的说理风格而举出历史事例说："从前周文王把商纣王留给武王去消灭，他是能把握时机的人。"曹丕不同意辛毗的意见，留下尚书仆射（尚书台副长官）司马懿镇守许昌。他亲自乘龙舟带领水军，于次月沿着蔡河、颍水进入淮河，到达寿春（县治在今安徽寿县），大军九月抵达广陵（今扬州）。而东吴对魏军再次到来已做了相应的安排对付，按照安东将军徐盛的建议，他们在对岸竖立的木桩上包起苇席，做成假城池和望楼，分布在石头城（故址在今南京市清凉山）至江乘（今江苏南京东北仪征城对岸）一线，连绵相接，长达数百里，一夜之间全部建成，又在长江派出许多舰船往返巡航。

当时长江水位迅猛上涨，曹丕临江南望，不禁叹息说："魏国有铁骑千万，在这里难有用场，看来无法攻取了！"这一叹息是他观看了长江形势后一种无奈心情的表达，反映着他战斗信心的丧失。曹丕乘坐的龙舟，在暴风中颠簸飘荡，几乎要倾翻。他问群臣说："孙权会亲自前来吗？"大家分析说："陛下亲率大军攻吴，孙权恐惧，一定会全力应付，但他不敢把全部军队交给臣下指挥，肯定会亲自前来。"刘晔却说："孙权一定认为陛下在这里引诱他，实际会另派将领在别处渡江跨湖，所以他驻军等待，不会前来也不会退走。"曹丕在江边停留了很多天，孙权仍然没有出来接战，于是下令撤军。而曹休上书说，吴军投降的人供称："孙权已在濡须口。"中领军卫臻说："孙权依恃长江天险而守御，不敢与我军抗衡，这一定是他们掩饰畏惧的假话。"再去拷问那位投降的吴卒，果然是他们将领散布的谎言。

魏国军队涉水远征前来挑战，却被浩荡的江水所阻隔，同时被吴军的虚假防守所迷惑，加上风暴肆虐，无法渡江，因而得不到任何交战的机会，只能把希望寄托在孙权自己跳出来向北岸攻击，所以费尽心思地打探分析孙权的居处与动向。孙权作为弱势守御的一方，要借助于天险阻挡敌人，最好的办法即是藏在南岸的安全地观察形势待机行动；为了不被魏国君臣耻笑自己对敌畏惧，只要散布出已经显身战场的虚假信息就可以了，绝不会越过江水而主动出击，刘晔和卫臻的分析正是根据弱势防守方的心理特点而做出的正确判断。既然孙权不会前来北岸交战，也不会在任何战场上显身，那魏军撤归就成了无可奈何的选择，曹丕十月回到了许昌，这次出征没有抓到交战的机会，三个月的出师仅是徒劳往返。

第二次，225年二月，正是蜀汉丞相诸葛亮南征之时，曹丕召集群臣商议率水军大举攻吴之事，他坚持否决了鲍勋等人的劝谏，于五月前往谯郡准备。八月，曹丕命令水军从谯地沿涡水进入淮河。尚书蒋济上表说水路难于通行，曹丕不听。大军十月到达广陵故城，在江岸边检阅部队，魏军将士十多万，旌旗数百里，大家下定了渡江的决心，而吴军作了严防死守的布置。当年天气寒冷，水道结冰，战船无法入江，曹丕眼望江中的波涛叹息说："哎！这是上天要以江来划分南北啊！"在一声叹息后只好下令撤军。

吴将孙韶派部属高寿率领敢死队五百人，从陆地抄小路夜间截击魏军，缴获了魏帝的副车、羽盖而回，曹丕大惊。魏军数千艘战船因阻滞无法退归，有人建议留下军队就地屯田，蒋济认为："此地东近高邮湖，北临淮河，在水盛之时很容易被吴军抄掠，不能在这里驻军屯田。"曹丕采纳了他的意见，车驾和军队当即开拔。撤至精湖（今江苏宝应南三十公里），水少得不能行船了，曹丕先行回谯，将船只都留给了蒋济，战船前后相连数百里，蒋济令人挖开四五条水道，将船全部集中在一起；并提前堆好土坝，截断湖水，把后面的船都拖入，然后掘开水坝，船只全部随水涌入淮河，魏军的舰船才得以返回。226年正月，曹丕返回洛阳见到了蒋济，对他说："我先前准备将一半船只毁在山阳湖（即精湖）中，幸亏你设法将船只解救，今后征讨孙权的筹划，要很好地研究讨论。"

曹丕这次组织的水路征讨属于魏军的第三次伐吴，不知道他为什么要把渡江的时间连续确定在秋冬之时，以至遇上了暴风和冰冻，致使十万军队只能望江兴叹。像第二次出军的情形一样，这次大军仍然过不了长江，在北岸又得不到决战的机会，只能徒生叹息，不幸的是，这次撤军中遭到了吴军的偷袭截击，同时大量的战船因水少难行几乎被毁。这是两次无所获得而每况愈下的军事消耗，曹丕在江边两次叹息，最后在洛阳对蒋济透露心迹，表明他对军事伐吴最终是产生了无能为力的感慨。

曹丕称帝后在出军伐吴前曾问贾诩："我准备讨伐不顺从天命的人，统一天下，应该先攻吴、蜀哪一家呢？"贾诩回答说："进攻敌人应首先在军事上权衡；完成统一的关键在施行道德教化。陛下顺天受禅，统领率土之民，如果施行文德以静候天下变化，那平定域内并不难。吴、蜀两个小国依山阻水，刘备有雄才大略，诸葛亮善于治国；孙权能识辨虚实，陆逊精通军事；一家

143

固守险要，一家泛舟江湖，都很难在短期内消灭。用兵的原则是，先有了取胜的态势然后再作战；根据敌人的情况而任命将领，这样才能实现目标。我料想我们群臣中一时没有刘备、孙权的对手，即使陛下出面对付，也未必有万全的把握。从前极有盛德的虞舜只是在朝廷上做战争舞蹈，有苗就归服了。我认为目前应该先修文而后用武。"曹丕没有听从，他与吴国反目为仇后三次出动大军征讨，结果毫无所获。贾诩事前的分析判断也许触及了三次伐吴而难以取胜的根本原因。

1.4（20）战争期间的国内政局

从222年九月到225年二月将近三年时间内，曹丕连续组织了对东吴的三次军事进攻，每次他都亲临前线，负责筹划和决策。除首次出征三路部队有数月攻战外，后两次因大江阻隔，与吴军几乎没有发生交战，曹丕在战场上滞留的时间并不很长。《三国志·魏书·文帝纪》及其引注与《资治通鉴·魏纪三》等处记述了几年间魏国内部发生的事情，其中特别值得提及的是反映政局变动的两类事情。

一是对国内安定局面的维护。曹魏的国土面积较大，除东南方与孙吴交战、西南部暂时与蜀汉阻隔外，当时在北方绵长的边境上尚存在着与少数民族的摩擦和与其他割据势力的分争，还有国内兵民可能发生的反叛。其时在这方面遇到了几件事情。

鲜卑轲比能的动乱 曹魏北方居住着鲜卑族部落，这是东胡族的一支在匈奴西迁后填充了北方空地形成的局面。轲比能是鲜卑的小种，靠近边塞，自袁绍占据河北时他们就与汉人往来，时和时战。曹操211年西征马超时曾反叛生事，218年曹彰统领骑兵击败北方乌桓部落，轲比能惧于曹军的强大而请求臣服（参见1.6.1《特能作战的黄须儿》），曹丕建魏后封轲比能为附义王，封东部大人素利为归义王。但轲比能不准鲜卑其他部落与汉人交换马匹，为许多原因与邻近部落步度根、素利等发生冲突，他以强凌弱，制造了地方动荡。在224年十一月魏国军队第二次伐吴即将返回之时，轲比能与负责北方部族事务的国家官员田豫形成对抗，旋被田豫击败，此后，轲比能经常进入边塞抢掠，幽、并二州深受其害。225年二月，并州刺史梁习出兵攻打轲比能，大获全胜，但该地区的动乱并没有到此终止。

利成士兵的反叛 225年六月，在曹丕第三次伐魏已经出发离开谯郡时，利成郡（治今江苏赣榆西三十公里）士兵蔡方等聚众反叛，推唐咨为头领，攻杀了太守徐质。曹丕命令屯骑校尉任福、步兵校尉段昭与青州刺史王凌前往征讨平叛，唐咨从海路逃到吴国，被吴国任命为将军，而国内的反叛很快被扑灭。

对辽东公孙恭的抚慰 早年（约190年）割据于辽东的公孙度自立为君，蔑视朝廷的封爵（参见0.3.1《公孙家族的兴盛》），他204年死后传位给儿子公孙康，曹操在207年北征乌桓，公孙康处死了前来奔投的袁谭、袁熙兄弟，将两人的首级献给了曹操（参见0.9.20《奔袭远方的征战》），以此表示对汉政权的友好吧。公孙康死后，他的儿子公孙晃、公孙渊年龄尚小，众人推举公孙康的弟弟公孙恭为辽东太守。曹丕执政后为了稳定辽东，派使者去辽东拜公孙恭为车骑将军，封平郭侯，授给他行事专断权，同时追赠公孙康为大司马，借以展现魏国政权对辽东两代执政人的认可。

二是朝廷人事上的变化。在曹丕掌政的几年间，军政高级官员谢世的不少，曹丕对某些重要职位作了调整，有些安排对后来的政局演变有不小影响。

曹仁感染瘟疫猝死 魏军三路大军伐吴后223年三月刚回洛阳，不到56岁的大将军（大司马）曹仁即离世。《资治通鉴》上记为"陈忠侯曹仁卒"，《三国志·曹仁传》中说他"黄初四年薨"，《文帝纪》中记为"大司马曹仁薨"，史书各处都没有说明曹仁猝死的原因，相信他应是在战场上感染了瘟疫而突然死亡。半年前大军伐吴时，曹仁单独统领一支军队进军濡须，用声东击西的策略迫使吴将朱桓以少敌多，魏军虽然没有很快攻破城池，但在战场上开始还是占据主动的（参见1.4.17《三路伐吴》），这至少说明曹仁的身体素质上没有问题，但后来魏军在濡须战场打得非常糟糕，似乎乱了阵脚；而史书上对这里的作战过程又语焉不详。当时魏军的撤退是因为战场上瘟疫流行，所以曹仁的神秘死亡不可能与瘟疫无关，曹丕在撤军时发给国内民众的通告中提到"吴军中了疠气，军中出现瘟疫，大江两岸尸体遍地"，他不愿提及自家军队受感染死亡的实情，因此就没有宣布和记录曹仁死亡的真实原因，甚至小心地回避了"病亡"的常规表述。事实上，引起瘟疫的病毒是人类自古以来的天敌，对人类的残害到今天尚没有终止，其惨烈程度古今有相通之处，而执政的曹丕对军中大将受感染的事实刻意隐瞒，无非是要消除疫情对国家政治的负面影响。前将军张辽战前驻军合肥,当时是顺道加入曹休部队进军洞口的,他出征前就身体有病,曹丕曾派御医给他治疗。张辽与几位将军对付吴将吕范的部队,作战中病重,死于江都(县治在今扬州西南二十五公里的长江北岸),这和对曹仁回避致死病因的情况似有不同。

贾诩等多位大臣谢世 贾诩曾在曹丕的夺嫡上位中给予了有力的支持,曹丕掌政后封其为太尉,魏军伐吴前曹丕征询过他的意见,贾诩不支持对吴、蜀两家用兵作战,可惜曹丕没有采纳。223年六月,77岁的贾诩在洛阳去世,应属寿终正寝的高级官员,曹丕的同母弟曹彰也在同月病逝京都。另外,大将军夏侯惇在220年,征南将军夏侯尚在225年都因病去世,曹魏的多位文武之臣谢世,国家蒙受的损失不小。

司马懿的地位提升 司马懿是曹操强迫任用的臣子,到职后安排他与曹丕共同活动过,《晋书·宣帝纪》记述,司马懿一直受到曹丕的信任和看重,他与陈群、吴质、朱铄号称"四友"。曹丕继位魏王后,他由太子中庶子转任为丞相长史,封河津亭侯;魏国代汉后,司马懿升任尚书、转为督军、御史中丞,参与国家中枢事务;221年为侍中、尚书右仆射,权力进一步提升。224年曹丕第二次伐吴时,安排司马懿留守许昌,同时授予他很高的权限,当时司马懿一再推辞,曹丕说:"我的事情很多,常常夜以继日,没有片刻安定休息的时间。这一安排不是给你荣誉,是给我分担事务。"225年第三次伐吴时,曹丕再次安排司马懿留守后方,要求他内镇百姓,外供军资,还告诉他说:"我很担心自己不在时会发生什么事情,所以委托你,你能保证我出军期间没有后顾之忧就可以了。"后来曹丕撤军返回洛阳,他给司马懿写信说:"我在东边,你就总管西边的事;我在西边,你就总管东边的事。"所以司马懿大部分时间镇守许昌。当年曹操在后期几次出征时,总是安排曹丕留守邺城,现在曹丕把留守后方的任务委托给司马懿,可见对他的器重。

225年二月,曹丕发诏书对高级官员做了调整,主要是任陈群为镇军大将军,随皇帝车驾督统众军,摄行尚书事;司马懿为抚军大将军,留守许昌,督后台文书。曹丕告诉朝中官员:"现在内有公卿以镇守京师,外设州牧以监理四方,部队出征,则军中有柱石一样的贤良将帅,军用辎重所在之处,又有镇守的重臣,这样我就可以巡行天下各地,而没有内外的顾虑。"他又说:"我准备在距离江岸几里远的地方建造宫室,在其内外活动,发现有进攻敌人的机会，就出奇兵攻击；即使没有发现进攻的机会，也相当于让全军将士游猎休息，犒劳他们。"曹丕希望把国内事务委托给司马懿这样极为信任的能干亲臣，自己长住江岸国界之地等待进攻敌人的机会，这一筹划显然是不切实际的，但也表现了他对国内政务一时的设想与考虑。

1.4（21）对后事的安排

做了帝王的人都十分看重身后之事的安排，常常一上台就修筑陵墓，曹丕也是这样，作为曹魏建国皇帝，他在登位第三年（222年）十月就选定在首阳山（今河南洛阳偃师邙岭）修建寿陵，此处为邙山在当地的最高处，因日出先照而得名。《三国志·魏书·文帝纪》中记述了曹丕对修筑自己陵墓的严格要求，表达了他对身后之事的慎重考虑。

曹丕这里发诏书专门谈论对自己丧葬之事的考虑和安排，他说："根据礼制，国君登基以后，就应该制作内棺，以表示活着的时候不忘记死亡。远古尧葬在谷林，周围都是茂密的树木，禹葬在会稽，农夫安心地耕种，因为葬在山林中，就与山林融为一体。聚土造坟和植树为记不是上古时的定制，我不采用这样的做法，我的寿陵与山成为一体，没必要造坟植树，也不要建立寝殿，修筑园邑，设置神道；所谓葬，就是藏，是想让别人看不见。尸骨没有痛痒的感觉，墓穴不是安放神灵的宅所，不实行墓祭之礼，是要让人始终不受到玷污；棺椁足以陪骨头腐朽，锦衣足以陪体肉消失，所以我把自己安置在这荒丘废墟不种粮食的地方，是想让改朝换代之后没有人知道；不要放芦苇烧成的灰炭，不要放金、银、铜、铁，全部使用瓦器，这和古代殉葬用泥车、草马是同样的意思；棺木只需漆刷三遍，口中含饭而不必珠玉，不要放置珍珠做的服装和玉匣，那些都是愚蠢鄙俗之人做的事。季孙用美玉丧殓，孔子加以劝阻，将事情比喻为暴骸骨于中原；宋公被厚葬，后世君子都说华元、乐莒没有尽到臣子职责，把君主置于为恶之地。汉文帝坟墓完好，是因为霸陵中没有可贪求的东西；光武帝坟被发掘，是因为原陵造坟种树；霸陵能完整保全，功在张释之；原陵被盗毁，罪归于明帝（指汉明帝刘庄）。是忠臣孝子，就该想着孔仲尼、左丘明、张释之的话，以华元、乐莒、明帝为戒。心中想着怎样能让君亲安宁、使魂灵万载不受危害，这就是贤圣之人的忠和孝了。自古及今，没有不亡之国，也没有不被发掘的坟墓。战乱以来，汉代的陵墓没有不被挖掘的，打开时烧取玉匣金镂，骸骨焚尽，相当于施加了焚尸之刑，让人感到非常痛心！灾祸就源于厚葬和造坟植树。当年桑弘羊、霍禹因骄奢致祸，后来坚持薄葬的人说'桑、霍为我戒，难道不丰厚吗！'这才是最明智的！宫中皇后及贵人以下的嫔妃，凡是不随王子到封国去生活的，死后都安葬在涧西，先前已经表明地方了。当年舜帝葬在苍梧，二妃没有随葬该处；吴国延陵季子把儿子远葬在泰山附近的嬴、博之间，死后魂魄若有灵性，在哪里都能相见，一涧之隔，并不为远。如果谁违背了这条诏令，擅自变更建造，我在地下就会被戮尸，戮而重戮，死而复死，身为臣子却轻蔑已逝的君父，那就是不忠不孝，假设死者有灵，将不会保佑你。特此将这条诏令收藏在宗庙中，另抄录副本存在尚书、秘书和三府中。"

这篇诏书是曹丕第一次出征吴国时签发给有关部门和人员的，但应是他经过长期思考而作出的决定，表达了他对身后安葬之事的深沉思考。古人看重死亡，特别重视安葬后的灵魂安宁和想象中的天国舒适，曹丕的所思所想没有超出这样的境界，他为自己死后的坟地作精心选择，并对安葬作细致设想和谆谆叮嘱，最后发誓诅咒，又采用双份文档，在重要处保管存放，是要确保身后主事人毫不马虎地坚定执行，表现出的正是对该事情的异常看重。

但和大多数古人不同，曹丕特别强调薄葬，并且进一步要求不要造坟植树。古人把聚土成坟称作"封"，把植树做标记称作"树"，"封树"是士以上中等人的葬礼，保证安葬后不时得到后人的追思和祭奠。曹丕所以要坚持薄葬，并要取消对自己安葬中的封树，是有不少原因的：①他目睹了东汉战乱以来许多帝王公卿的墓葬被盗宝人挖掘焚烧的悲惨事实，要避免自己的尸骸被后世人盗挖毁弃。曹操当年在兴兵起事的创业之初军中设置摸金校尉，袁绍对曹军的讨伐檄文中就提到其发掘梁孝王陵墓以获取军费物资的罪行。当时战乱中在军费供应没有着落时这是极有可能的事情。如果这一情况属实，曹氏父子对盗掘坟墓眼有所见，心存惊怵，曹丕当然要否决可能招致毁尸之殃的厚葬。②曹丕对人们骨骸安葬的终极目的进行了清晰的识辨选择，在获得灵魂安宁和天国生活的舒适两项追求中，他义无反顾地选择了前者而放弃后者。人死后是否存在天国生活是难以确认的，他不愿意为了虚无缥缈的天国想象而毁掉灵魂的长久安宁，所以宁可拒绝使用那些对自身毫无意义又招惹祸害的金银珍宝来陪葬。③曹丕阅读了大量的经典和史籍，诏书中关于尸骨没有痛痒、终会腐朽等说法表明，他对人死后有知更多地持有怀疑态度，许多历史人物的简朴安葬对他也有不少启发，汉文帝刘恒生前的事迹与其身后霸陵长久完好的事态更是对他产生了深刻教益，这使他对自己的选择坚信不疑。④他的父亲曹操大概出于相似的原因，也是丧事简朴、坟冢隐秘，这对曹丕应该产生了相当的引导和影响。曹丕把以前历史上帝王简朴安葬的思想认识推到了极致，甚至表明"葬"就是"藏"，要求安葬既简朴又隐秘，这比汉文帝刘恒和父王曹操更胜一筹。

曹丕能够想象到，对自己的这项遗嘱执行不力并会作出改动的，最有可能是身边的大臣和儿子，因为自己的设想太过"超前"又趋另类，到时候臣子们为了显示他们的俗常忠孝，必然会在尊崇君父的名义下，加进一些不合于逝者设想的名堂。为了保证自己的设想得到不折不扣的执行，他反复说明道理、阐明思想心迹，希望他们能真正理解；同时表明不按遗嘱办事可能会给自己导致的痛心后果，把简朴安葬提到忠臣孝子的高度；他用嫔妃远葬的安排更加保证了自己墓穴的隐秘性，也用死而不佑的诅咒法堵塞了死后臣子嫔妃可能在该事上的任何节外生枝，这些方式同时也表明了他对身后安葬一事的看重和追求简秘化的真诚心愿。

历史上的建国君王都想象自己的江山会千秋万世得到承继，曹丕则公开表明，自古及今没有不灭亡的国家，这是极其难得的认识和非常坦诚的心态，能够认识到对国家负面意义的终极理念，并敢于将其公开表达出来，这在历史上的开国君主中恐怕没有先例。曹丕对自己后事的安排完全是建立在这一理念之上的，他读的史书很多，对世道变化的察觉非常真切，真心希望哪怕在改朝换代之后也能永远保证自己魂魄的长久安宁，可以认为他内心十分自我自私，也可以认为他的做法异常坦诚无私。

1.4（22）心有深爱的郭皇后

204年八月曹军夺取河北攻占冀州时，年近18岁的曹丕收纳了袁绍儿媳甄氏为夫人（参见1.4.13《一见钟情的甄妃》上），但他最为宠爱的是其后不久娶来的郭夫人。《三国志·魏书·后妃传》及其引注记述了皇后郭氏在曹丕身边的诸多事情以及她被选定为皇后的过程，表明了曹丕在两位夫人关系上的态度选择。

曹家龙兴 >>>

郭皇后，安平广宗（县治在今河北威县东）人，她家世代为郡县官吏，父亲郭永曾任南郡太守，母亲董氏，生有三男二女，顺次是：长男郭浮，曾为高唐（治今山东禹城西南）县令，长女郭昱，次女即郭皇后，史书上没有记录名字，这里暂称郭氏。郭氏生于184年三月，她还有两个弟弟郭都和郭成。郭氏出生时有些与众不同的征兆，少年时很聪慧，父亲郭永惊奇地说："这是我家的女中王。"于是就以女王为字。

郭氏早失父母，流离乱世，寄身在铜鞮侯家，这是在今山西沁县的一个大户人家，具体情况不详。曹操为魏公（213—216年）期间将郭氏（郭女王）选纳给嫡长子曹丕，郭氏大曹丕三岁，来曹家后深受曹丕宠爱。当时曹丕正面临与弟弟曹植的夺嫡之争，郭氏有谋士之才，时时向曹丕献纳良策。曹丕217年被立为王太子，就有郭氏的筹划之功。220年曹丕即王位，封郭氏为夫人。另有资料说，郭氏在曹丕身边时，虽然受到超乎寻常的宠爱，但内心愈加恭敬，伺候婆婆卞太后非常孝顺；当时柴贵人也受到曹丕宠幸，郭氏经常对其引导教训。后宫各位贵人不时出现过失，她则为其掩饰；如果有人受到曹丕的斥责，郭氏总是出面为曹丕做解释；曹丕有时候发怒，郭氏甚至会替她们叩首请罪，所以宫中的人对她毫无怨言。郭氏生性俭约，不喜好音乐，时常倾慕东汉时明德马皇后的为人。

当时在郭氏之前还有甄夫人，她是曹丕长子曹叡的生母，在曹家温顺贤淑，颇受公婆的喜爱，而曹丕是宠爱郭氏而厌弃甄氏的，220年十月曹丕受禅称帝后徙都洛阳，他进郭氏为贵嫔，而甄夫人在邺城留住，并没有随行前往。次年官员们建议确立后宫，曹丕大概是听到了甄氏的怨恨之言吧，即派使者前往邺城将甄妃赐死，史书上仅仅表述说，甄夫人的死是由郭后的受宠引起的。另有资料称，甄氏死后，曹丕曾送给甄氏皇后的玺绶，这属于死后送给的哀荣吧，可以提升安葬的规格，但已没有太多的实际意义。

222年，甄夫人死去一年之时，曹丕准备立郭氏为皇后，这本来也是顺理成章的事情，而中郎栈潜上疏劝阻，他向曹丕说的话很多，其中强调古人看重的"毋以妾为夫人"之礼，认为："现在受宠幸的后宫，时常跟着皇帝的车驾同行，如果因为宠爱就登上皇后之位，让低贱的人突然变得尊贵，恐怕后世就以以下凌上，做事失去了法度，社会就会出现混乱。"上书人自持的等级观念并非绝对正确，但也表明郭夫人因出身低贱，有人认为她没有做皇后的

150

资格，但曹丕没有听从栈潜的劝谏。当时郭夫人也自己上表说："我没有娥皇、女英（嫁给舜的尧之两女）那样的高贵出身，也没有周姜（周文王母）、太任（周武王母）那样德行贤良，实在不足以占居女君高位，担负内宫的重任。"当然，古代传说中的优秀女性是后世任何女性都无从相比的，因为后世人们已经把她们夸张到了神一样的地步，郭氏上书中的推辞只是一种姿态，显示自己谦逊美德而已，而曹丕在当年八月还是坚持将郭氏立为皇后。

郭皇后的三位兄弟早年已经离世，她让堂兄郭表做父亲郭永的后嗣，堂兄于是转成了亲兄，朝廷任命郭表为奉车都尉，执掌皇宫御乘舆马的六品官员。郭氏的外亲刘斐与一家诸侯王结亲，郭皇后听到后说："各家亲戚的成婚嫁娶，都应当选择与乡里门户相匹配的人家，不要冲着有权势的与其结亲。"后来她姐姐郭昱的儿子孟武回到本乡准备找小妾，郭后劝止了他，并给各家亲戚说："现在社会上女人少，应当婚配给将士，不要有机会就娶小妾，各家都应谨慎处事，免得受到国家惩处。"她还经常告诫郭表、孟武等人说："汉朝的后妃之家很少能自我保全，都是因为骄奢致祸，做事一定得谨慎。"曹魏政权从建国起就对本族诸侯王和后妃亲族的行为做了严格限制，处在曹丕身边的郭皇后应该知道事情的严肃性，因而对自己的亲戚提出更多的要求，并一再作出告诫提醒，其动机当然是为了自我保护，但也表现了他对国家政策的理解与配合，客观上会有良好的社会效果，表现着她善识大体的一面；她让自家的亲族尽量不和诸侯王结亲，也是一种避免灾祸、在婚姻中追求平等而不失自尊的明智考虑。

224年曹丕带领军队第二次伐吴，郭皇后留住许昌永始台（故址在今河南许昌东三十公里），这是东汉末年设置使用的粮仓之所。当时阴雨下了百余日，城楼多处塌陷，有关部门请求转移居住地点，郭后说："过去楚昭王外出巡游，夫人贞姜留住在渐台（故址在今湖北江陵东三十公里），江水到来，前去迎请的使者因未带王符凭证，贞姜宁可被大水淹没也不离开。现在皇帝出征远方，我很幸运没有碰上大的灾难，遇到这点小麻烦为什么就要离开呢？"群臣没有人能回答，于是就坚持住在永始台。郭皇后像夫君曹丕一样，遇到事情和说服别人时，总能借鉴和使用历史上相同的前例作参照。官员因故请求转移居住地点，她马上想到了春秋后期楚庄王夫人贞姜在渐台受困留守的事情。贞姜被后世视为烈女，这对郭皇后价值理念的确定和行为选择做出了极好的指引，她在这里的留守受困行为想必后来是得到了君臣们共同赞赏的，这里也展现了她博读史书和善于发挥应用的才情。

225年曹丕第三次伐吴到达广陵，郭后留住谯县行宫，当时郭表担任行宫宿卫，想挡住水流而捕鱼，郭后对他说："水是通运漕的，现在缺少挡水的木材，役使的奴客又不在跟前，你会私下取官家的竹木用作材料吧。想想奉车都尉所欠缺的难道是鱼吗？"曹丕这次伐吴时因为河水不足几乎带不回几百战船，可见河流畅通对军事作战的重要性以及水资源的珍贵，在兄长郭表一提出拦水捕鱼时，郭后马上想到了这一重要的军需问题，可见她对军事作战的了解和思想的机敏，她用多种理由阻止了兄长的妄自违规行为，向其表明了不得公材私用的规则，并且提醒他，担任奉车都尉一职，有更重要的事情要做，而绝不能把注意力放在捕鱼获利上。拦水捕鱼当然是不足看重的事情，但郭皇后对郭表的劝阻，却表现了她对自家亲人严格要求和对公事严肃对待的态度，体现出了她遇事能识辨情理、把握重点以及聪明细致的思维特征。

曹丕对郭皇后的宠爱不是没有道理的，虽然郭氏来曹家一直没有生子，但这也没有影响曹丕对她的宠幸，他把甄夫人所生的儿子曹叡交给郭氏抚养，估计搪塞甄夫人的理由无非是甄氏还有一个女儿东乡公主在身边。曹丕身边的女人很多，但在甄氏和郭氏两位夫人的天平砝码上，他早就把重心放在了郭氏一边，几年前的皇后地位之争只不过是把这种关系明确显露出来而已。郭夫人一直是曹丕的至爱，她的上位其实是早就注定了的。

1.4（23）生命戛然而止

曹丕自220年接替父王曹操执掌政权以来，按照自己的方式刷新政治，擢用人物，建起了两汉之后雄踞辽阔之地的皇皇大国，稳定了北方的局面，并势压吴蜀，志求一统，七年中唱响了人生的嘹亮之歌。然而没有人能够想到，在226年春万物复苏之际，他的生命却戛然而止，志向远大的帝王在四十岁的中年就画上了生命的休止符。

225年十二月，曹丕第三次伐吴返回后回到谯县，在这里与留住行宫的郭皇后相会，返回洛阳时路过梁地（治今河南商丘南之睢阳），他派使者以太牢之礼祭祀了早年的东汉太尉桥玄，这是他父亲曹操青少之时的忘年挚友（参见1.3.2《闯进成人世界》），曹操在赤壁大战后的202年回谯县时就以太牢之礼祭奠过睢阳城北的桥玄墓（参见 1.3.26《系列政令安河北》），曹丕对这次祭奠应该记忆犹新，这次是以皇帝的身份和国家的名义表达了对这位先贤的致敬。

在洛阳度过新年后，他 226 年正月前往许昌，《三国志·魏书·文帝纪》及其引注等处记述了稍后发生的事情。曹丕未进许昌，城南门无故自崩，"帝心恶之"，曹丕内心感到厌烦和不安，于是他随即返回了洛阳宫。到洛阳后并没有什么特别不舒的感觉，三月他安排修筑了九华台（在今洛阳东白马寺一带），想把这里作为内宫游幸之处，还曾组织过打猎活动。但到五月，却感到自己身体沉重，时间逼迫他必须把和儿子曹叡的关系做出妥善处置。

曹叡是曹丕的长子，为甄夫人 205 年所生，幼小时曹操非常喜爱，因为郭夫人一直没有生育，曹丕在称帝后下诏书让郭夫人抚养，221 年封其为齐公，222 年为平原王。但自甄夫人被赐死后，曹叡却因生母的遭际而心有不平，曹丕感觉到了儿子的心迹，就准备以徐姬所生的京兆王曹礼为继位人，但没有确定下来，因而几年间一直没有立太子。曹叡也许感觉到了父亲的内心变化，于是对养母郭夫人非常恭敬，每天早晚通过长御（宫中女官）问候郭皇后，郭后因自己没有儿子，因而对恭顺孝敬的曹叡愈加慈爱。曹叡有一次跟着父皇曹丕去打猎，看见了一对子母鹿，曹丕射杀了鹿母，他让曹叡箭射鹿子，曹叡没有听从，说："陛下已经杀了其母，我不忍心再杀其子。"当场流下了眼泪，曹丕也放下了弓箭没有射击，他对儿子的话深以为奇。

曹丕一共有九个儿子，有四个已经在前早逝，他一度宠爱的儿子不是性情粗暴，就是年龄太小，实在也没有选择的余地。在这次打猎中，曹叡看见子母鹿，大概是想起了自己的生母，当父亲射死鹿母后，他坚持不对鹿子下手，也许是出于惺惺相惜的恻隐之心，也许是他有意想以言语触动父亲的爱怜之情，而曹丕为儿子的话所震惊，既可能是他为儿子的慈悲所感动，也可能是他感到了儿子很有主见且异常聪明，加之郭皇后对曹叡的好感与慈爱，于是选定太子的天平重心就偏向了曹叡一边，至此决意让他继位。

这年五月，曹丕的病情加重，他立即立曹叡为皇太子。当年曹操迟迟没有确立太子时，曹丕心中疑惑，他曾请来善于相面的高元吕询问自己后面的人生吉凶，高元吕告诉他："后面贵不可言。"又问能活到多大年龄，回答："寿到四十会有小的险难，过了就不必担心。"当时曹丕还在一次三十多人的聚会上请来看相出名的朱建平,其间询问自己的年寿,朱建平说:"将军您会寿到八十,在四十岁时有点小灾难,希望谨慎保护。"事过近二十年后,四十岁的曹丕这时大概有了些不祥的感觉,他对身边人说:"朱建平当年说我能活到八十岁,他是按昼夜为一天说的,我现在明白啦。"后人理解曹丕的意思是,他做事情不分昼夜,在一天中做了两天的事,一昼一夜活了两天,所以四十岁应是耗了八十年寿命,其时生命应该终结了。曹丕称帝后在宫中将皇后以下女眷设置了贵嫔、淑媛、修容、顺成、良人几个等级,他知道自己已时日不多,遂让后宫淑媛以下的宫人全部返家,又召来中军大将军曹真、镇军大将军陈群、征东大将军曹休、抚军大将军司马懿,让他们一并接受遗诏辅助太子。交代了这些重要事务,几天后他病逝于嘉福殿,大臣们扶立22岁的太子曹叡为皇帝。

逝后次月,曹丕被葬于首阳陵。曹叡要去寿陵送葬,曹真、陈群、王朗等人因为天气暑热而坚持劝阻,因而新皇帝没有前往。鄄城侯曹植为兄长作了一千五百多字的诔文,开首说:"惟黄初七年五月七日,大行皇帝崩,呜呼哀哉!于时天震地骇,崩山陨霜,阳精薄景,五纬错行,百姓呼嗟,万国悲伤,若丧考妣,思慕过唐。"表达了他个人与皇家的悲痛之情。曹丕逝后自出殡到安葬,完全按照他生前的安排办事,注重的是简朴和隐秘,陵墓以山为体、不封不树,不与妻妾合葬,不建神道和陵寝园地,地表上没有任何遗留痕迹,后人无法知道他墓地的确切位置,他所追求的灵魂安宁是真正地实现了。曹丕一生爱好文学,喜欢著述,自己整理汇编了百余篇,含诗歌、散文、赋等体裁,隋时有《魏文帝集》十卷;他还让魏国学人刘劭、杨俊、王象、桓范等人汇集经传群书,用三年时间编成《皇览》千余卷,计八百多万字,至宋亡佚。

陈寿对曹丕评价说:"有文学天赋,下笔成章,博闻强记,才艺均有造诣。如果再能有宽博旷达的气度,处事抱以公平真诚之心,以崇高的志向维护道义,广布贤德恩惠,那就离古代的贤明君主相差不远!"这里的评价是含蓄而客观的,其中假设句式中所表达出的,正是他所缺失的方面。宋元之际的大学者郝经则认为:"曹丕从容接受汉献帝的禅让,他以舜、禹自居,是自欺欺人的行为;况且做事轻薄,没有消除贵骄公子的习气,又刻薄本家骨肉,自损根基,给自己的基业埋下了祸根。"这一评价似未顾及他积极作为,安定社会和有利民众的方面，显得过分刻薄。献帝刘协代表的汉家统治不会长久地留存在世间，必定会遇到某种替代政权，不必对国家朝代的一种和平转移方式挑剔太多，而对曹丕作为国家掌政人在做事为人上的不足，能够给出应有的批评，这都包含着对一朝建国君主的过高期待，应不失一家之言。

曹叡继位后，送给父皇的谥号为"文"，与其一直仰慕效仿的汉帝刘恒同谥，故称曹丕为魏文帝，曹丕若地下有知应是感到满足的。按照传统社会的换代先例，新皇帝曹叡尊皇太后卞氏为太皇太后，养母郭皇后为皇太后；不久他又追谥生母甄夫人为文昭皇后，为前代后宫的内斗结局来了一场重大平反。

1.4（24）甄氏的平反

226年六月，曹丕的长子曹叡继位为帝，这位22岁的新皇帝对几年前自己生母甄氏的非正常死亡始终不能释怀，一上台就着手平反事宜。《三国志·魏书·后妃传》及其引注记述了曹叡处置这事的前后过程，参考其他各处的资料能看到，曹叡应该是在正常处置军政事务的同时，着力推动了对甄氏死亡原因及其过程的了解，并责成朝廷大臣们出面为甄夫人的事情上表陈述情状，提出请求，进而追赠名号，让母亲的家族享尽哀荣，他是按照传统社会的行事方式为母亲恢复名誉平反昭雪的。

引注资料《魏略》中记述，甄氏临死之时，把曹叡托付给李夫人，等到郭太后离世，李夫人才告诉曹叡说，甄氏受郭后谮言而致祸，死后没有被放置在棺材内，安葬时将头发散乱盖住面目，把糠塞进口腔，然后立了郭夫人为皇后。古人认为对安葬人"被发覆面，以糠塞口"，可以阻止死者在阴间向天帝诉说冤情，如果真是这样，那就表明残害人对甄氏使用了最恶毒的手段，是有意屈杀了甄氏还不准她死后诉冤。《汉晋春秋》中说，曹叡知道自己的生母死于非命，他心中怀怨，几次哭着向郭太后询问甄氏死亡时的情状。郭后说："先帝他自己赐死夫人，为什么要责问我？况且你是他的儿子，能够向你死去的父亲寻仇，为前一个母亲屈杀后一个母亲吗？"曹叡为此发怒，他于是逼杀了郭后，并命令安葬时采取先前对待甄氏的方法，被发覆面，以糠塞口。

这些资料中所述的宫闱冤情以及后来的颠倒报复，满足了记事者及世人的情仇快意，但却有明显的虚假之处：①郭后去世于235年，是在曹叡为帝第九年，对甄氏的平反是曹叡掌政当年就进行的，不可能是九年之后再听那位李夫人诉说甄氏死亡情状。②郭后去世时曹叡发了诏文表达哀痛之情，在此前后他还晋升了郭家在世亲人的官职，可见曹叡与郭后的母子关系并不是资料中描述的那么糟糕。③甄氏221年死时曹叡已由父亲做主交给郭后抚养，且已十五六岁，他有自己的判断能力，甄氏没有必要托付李夫人什么，曹叡对后来的有些事情也不必要去李夫人那里了解。但从上述资料记述中剔除掉一些违背事实和情理的虚假信息，也能看到甄氏死亡时的悲惨情状，这些情况此前被许多不真实的官方文牍所掩盖，曹叡执政后才披露了出来。

对甄氏的平反在明面上是官员首先提出来的，史料记述，朝廷三公向皇帝上表，首先论述了孝道的崇高伟大以及在国家治理中的重要；然后提出，新皇帝执政以来，承大业而扬圣德，把先父安置得很好，但先母却没有得到谥号；接着陈述了甄皇后的高尚功德，后面提出建议说："按照谥号的规则：'圣闻周达为昭。德明有功为昭。'昭，就是最为光明，长久而不暗的意思。应该上尊谥为文昭皇后。"过了不长时间，三公又有第二封上表，提出："周人始祖后稷，又别立姜嫄之庙作祭祀。现在文昭皇后圣德特别高，所以效仿周朝的做法，应该别立一庙。"曹叡对两份上表都批示认可。这样，甄皇后不久获得了非常尊贵的"文昭"谥号，而且有接受长久祭祀的寝庙。甄氏的寝庙是与曹家分置独立的，曹叡应是充分照顾了父母间的实际关系，保证了他们接受祭祀的阴魂各有所处。做了这些决定后，他派司空王朗持节，带着皇帝关于"文昭皇后"的策命，以太牢之礼昭告于陵祠，次年二月在邺城为其立庙。237年他将此庙移至京都洛阳。据说在宋朝绍圣初年（约1095年），邺地农民在耕地时从土地中捡到一块绿色匣子，宽八寸半，长二倍，厚二寸半稍过，匣子中装着甄皇后神座前的牌位，鹿顶笏头盖，上面刻着"文昭皇后识座板函"八字，邺城寝庙在移除八百多年后仍然有遗物留存在当地。

曹叡在上台不久就为甄氏议送了尊贵谥号，单独建立了寝庙，使其享受到了最高的荣耀，为生母的"平反"到此很快结束了，但他对母后甄家的关照才刚刚开始。甄后的父亲甄逸早已去世，三位兄弟和四个姐姐也有亡故（参见1.4.13《一见钟情的甄氏》上），但这并不妨碍曹叡对甄家厚施恩惠。227年三月，曹叡追封甄逸为敬侯，将中山魏昌（县治在今河北无极东北）安城乡千户作为其封邑，让甄逸的嫡孙甄像承袭爵位。当时正在建造甄氏宗

>>> 1.4 文韬武略开帝业（曹丕）

庙，挖掘地基时竟然得到一块玉玺，大小一寸九分，上面刻着几个字："天子羡思慈亲"，曹叡获悉后伤感改容，以天子使用的太牢之礼祭庙。曹叡又经常梦见母后甄氏，于是按甄氏家族中舅舅们的亲疏和地位，分等次赏赐他们数万钱财，又任命甄像为虎贲中郎将，这是执掌皇帝出入宿卫的亲近官员。曹叡对甄家的这些关照和对待似乎都是合乎逻辑的，只是挖地基时得到的玉玺十分蹊跷，从上面所刻六字看，极有可能是甄家有意而为，但沉溺于情感漩涡中的皇帝已经分不清事情的真假，大概以为是他的思母之情感动了神祇，可能暗中正为在天国的母亲能感受到他的眷念深情而满足吧。

营建甄氏宗庙的当月，甄后的母亲张氏逝世，这是曹叡的亲姥姥，曹叡决定前去送丧，但朝廷尚书找不到皇帝为外祖母送丧的礼仪，最后参考汉安帝为外祖母送丧的前例，曹叡穿着麻布衣服亲临安葬，朝中百官相陪。甄后本人临终悲惨，但她的母亲张氏临终安葬时享受到了最高的礼遇，曹叡是以此作为对母后某种缺憾的补偿。

230年十一月，曹叡又觉得安葬母亲甄氏的旧坟墓地势低下潮湿，决定改葬至朝阳陵（今河北磁县西南），他让虎贲中郎将甄像兼任太尉，持节前往邺城，昭告神祇并负责实施这一迁葬事务。甄像完事返还后，重新任命他为散骑常侍，这是侍从皇帝的二千石三品官员，颇有实权的职任。当时让甄像兼任太尉，看来完全是为了迁徙陵墓的方便，甄像是甄后的侄儿，只有让他负责此事才是最能放心的；想把安置甄后的细致私密事务交给甄像，首先任命他太尉的官职，保证其行事方便，有职有权，曹叡对迁陵一事的重视以及他处事的心机可见一斑。

234年，曹叡又追谥甄后早年的亡兄甄俨为安城乡穆侯。当年夏季东吴军队进攻扬州，曹叡任命甄像为伏波将军，持节监督各路军队的东征作战，返还后任命他为射声校尉。235年甄像离世，追赠他为卫将军，改封魏昌县，谥为贞侯，他的儿子甄畅继承爵位；同时封甄畅的弟弟甄温、甄韡、甄艳为列侯。236年又改封甄逸、甄俨为魏昌侯，并封甄俨夫人刘氏为东乡君，追封甄逸夫人张氏为安喜君。曹叡掌政十年之时，他仍然没有忘记对母后家的关照。

237年，朝中有关部门商议魏国应确定的始祖七庙，上表中提出："文昭庙应该与祖庙相同，永远长存，世代享有奏乐祭祀，以传播圣善之风。"朝廷还把这一决议刻成金文，藏于金匮。文昭皇后的寝庙在洛阳别居一处，此后

157

具有和曹魏始祖宗庙相同的对待规格，并且永远保留，这是只有曹叡在位时才能作出的决定，但金策储金匮，已经具有了后世不得随意变更的强力约束。经过这样的推戴，文昭皇后甄氏完全可以与历史上周代的姜嫄媲美并列，她成了曹魏之世最受尊崇，最有光辉的女性，因而逐渐成了后世人们敬慕的人物，甚至《聊斋志异》等许多文学作品也演绎了关于甄氏的传说故事，由此能够看到，生前遭受残害的甄妃受平反之后在社会上产生的荣誉反弹，能够看到她的人物形象影响之深远。

南朝梁国昭明太子萧统组织编选的《昭明文选》讲了一则传说故事，是说魏国东阿王曹植曾求娶甄氏为妃，曹操却将她许给曹丕。恰好曹植在222年离京返回封国时路过洛川（洛水）时写过《洛神赋》，这是根据古人关于"斯水之神，名曰宓妃"的传说而写，文中通过梦幻境界，借人神间的挚爱表达自己美好理想求之不得的悲凉心情。《昭明文选》所讲故事中把曹植赋文的思想精神作了曲解利用，渲染出了曹植对甄氏的恋情。这是一个老套的才子佳人相爱的故事，只是借用了历史上真实的人物来讲，反而暴露了故事的不真实。其实，现实生活中的曹植比甄妃小九岁，当204年曹丕在邺城收纳甄妃为妻时，曹植其时十三岁不到，当然不会求娶二十多岁的甄妃；而且甄妃从来就没有一个称"宓"的名子，"宓妃"是传说中伏羲的女儿，后世人受荒谬故事的误导，把甄妃称为"甄宓"，更是一种名姓误用。

1.4（25）尊贵富裕的皇后家族

曹丕在226年五月去世后，他的长子曹叡继位，曹叡是甄夫人的生子，后来一直由曹丕宠爱的郭夫人养育，曹叡一掌国政就为几年前屈死的生母甄氏恢复了名誉，但养母郭后及其家族仍然受到很好的尊崇。上代建国君主制定了限制亲族政治参与的国策，曹叡对此是坚持执行的，但他给了郭后及其家族不少的优待，使他们一直成为魏国高贵而富裕的人家。

曹叡继位后尊郭氏为皇太后，称永安宫。郭氏早失双亲，三位兄弟也都离世，她于是让堂兄郭表作亡父郭永的后嗣，郭表担任奉车都尉，为执掌皇宫御乘舆马的六品官员（参见1.4.22《心有深爱的郭皇后》）。《三国志·魏书·后妃传》记述，曹叡执政第五年（230年），他诏封郭表为安阳亭侯，又进爵乡侯，将其封邑增加到五百户，任其为中垒将军，这是执掌禁军的四品官员,后升昭德将军,加金印紫绶,郭表的两个儿子郭详、郭训先后被任用为骑都尉,这年曹叡还追谥郭后亡父郭永为安阳乡敬侯,母亲董氏为都乡君,郭家的尊贵地位不断得到提升。

郭后的姐姐郭昱去世,其子孟武准备对母亲厚葬,并修建祠堂,郭太后劝止说:"自汉末战乱以来,坟墓都遭发掘,这无不是由厚葬引起,参照首阳陵的安葬就行。"郭后一如既往地约束自家亲族的奢华行为,她对夫君曹丕的简朴安葬仍然心怀敬佩,要求孟武按首阳陵的简朴标准去做。235年春,郭后逝于许昌,朝廷按早先的安排营造陵墓,将郭后安葬于曹丕首阳陵的西边。其时30岁的曹叡发了致哀之策,其中自称"哀子皇帝叡",对郭后的功德高度褒赞说:"昔二女妃虞,帝道以彰,三母嫔周,圣善弥光,既多受祉,享国延长。"用上古时与周代的高尚女性比喻郭后,他还亲自奉策前往奠祭,临丧痛哭,表达了哀痛的心情。

安葬了郭后,曹叡晋升郭表为观津侯,增加封邑五百,与前面所封共达千户,任郭详为驸马都尉,这是执掌皇帝副车之马的二千石官职,常由宗室和外戚亲近人员担任,曹叡是真把郭家族人当作自己的亲人看待的。236年,他改封郭永为观津敬侯,封地在今河北武邑东南,其夫人董氏为堂阳君,同时对郭后早年三位已故兄弟都追封了爵位和谥号:郭浮为梁里亭戴侯,郭都为武城亭孝侯,郭成为新乐亭定侯,又派朝廷使者奉策,祠以太牢之礼。郭后家里在世的人员不多,曹叡这里对郭后的亲属封爵已经到了无人可封的地步,恩惠只好施给其亡兄亡弟。郭表逝世后,儿子郭详继嗣,又把郭表的爵位分给郭详的弟弟郭述为列侯,郭详死后,其子郭钊继承爵位,而这已是曹叡执政的第十一个年头之后,他对郭家的顾恋仍然没有放弃。

对郭家那些繁杂的任用分封之事其实后世人已完全不屑于理清,但能从中看到,曹叡对养母郭太后及其家族还是非常顾念关照的,他并没有因为母辈间的相嫉成仇而忘记郭氏的养育之情以及对自己上位太子之时的允准支持。有史家认为,曹叡执政后对郭太后有胁逼行为,《魏略》《汉晋春秋》等引注资料上的记述不能一概否认,认为曹叡对郭家宗亲的恩礼对待,正是为了掩饰他对郭后生前的不敬行为,正像他后来对自己毛皇后赐死后还为其家人迁官的行为一样,这是曹叡酷虐变诈性格的表现。应该说,不能排除这种可能,但问题主要是至今拿不出他虐待郭皇后、可以否定陈寿史书记载的更多证据。

曹叡在知道了生母甄氏临终时的悲惨境遇后，对郭后的态度可能有所变化，但不至于过分恶劣；郭后在知道了曹叡对生母甄氏的遭际一直不能释怀，她也会心有不安，两人间的关系会有冷淡，这也是可以理解的。退一步讲，即便郭后在生前受到过曹叡的冷遇，且曹叡又以虚假的面目去恩礼对待郭家的亲属，那郭家享受到了富贵尊荣的待遇却是不假的。

当然，曹叡内心最为关切的是生母甄后之家，古人本来就看重血缘关系，曹叡也不能免俗。甄后的侄儿甄像235年去世后，曹叡安排其子甄畅继位，甄畅的弟弟甄温、甄韡、甄艳均为列侯（参见 1.4.24《甄氏的平反》）。史书上记述说，曹叡非常思念舅家的人。甄畅年龄尚小，约238年，曹叡任甄畅为射声校尉，加散骑常侍，又特意为他建起一座大宅，落成时他亲自前往；又在宅第后园为甄像的母亲修建了观庙，把所在的街坊称为渭阳里，《诗经·秦风·渭阳》表达外甥与舅父的深情，其中有"我送舅氏，曰至渭阳"之句，曹叡这里对街坊的起名清楚地表达了他对甄家的感情所系。

232年，曹叡的爱女曹淑刚过三个月就夭亡，他追封其为平原懿公主，在洛阳为之立庙，又特意将母亲甄后已亡故的侄孙甄黄与曹淑合葬，追封甄黄为列侯，并以他本人当时所宠爱的夫人郭氏的堂弟郭德为其后嗣，让承继甄氏之姓，封甄德为平原侯，承袭平原公主的爵位。曹叡为爱女配了甄家的冥婚，又让他的郭夫人家族少男作其后人，以甄氏家人身份继承爱女的爵位，通过这些反常的做法，让包括甄家在内的亲近家族得到了意料之外的利益。当时大臣陈群认为为夭亡女儿封爵立庙，让其他家族的男子承袭母爵，这些都是不合礼制的，但曹叡并不听从，他要对亲爱的家族实现最大化的利益。这些颇费心思的安排，表明了曹叡对甄后家族的特别关照。

曹叡的许多有心扶助，使甄氏后来家势兴盛，即便才学平常的甄德，后来司马师、司马昭也连续把自己的女儿嫁给他做妻子，使他在改朝换代后的晋国之初仍然非常显贵。总之，建国君主曹丕生前自己确立了郭皇后，身后的朝廷追尊了"文昭皇后"，两位皇后的家族在儿子曹叡执政时都受到了超乎寻常的对待，他们中没有人参与朝廷中枢机构，但却都是受到世人倾慕和看重的富贵之家。

1.4（26）卞太后的母子情分

曹丕的母亲卞夫人是一位高寿之人，曹丕离世后她生活了近五年，在230

年 71 岁时去世。这位卞氏历经了曹操、曹丕、曹叡三代政治活动，见证了曹魏创业、建国和国家治理的几十年历史风云。她在儿子曹丕执政期间与其发生过不少处事上的分歧，《三国志·魏书》及其引注多处记述了她的事迹，从中可以看到卞太后与儿子曹丕复杂的母子情分。

卞氏为琅邪开阳（县治在今山东临沂北）人，她家世代为歌艺乐人，卞氏生于160年十二月，出生时室内一整天充满黄气，她的父亲感到奇怪，就去询问卜者王旦，王旦说："这是吉祥征兆。"卞氏稍大后跟随家人为歌伎，179年将近二十岁时，从顿丘县令调任朝廷议郎的青年曹操在家乡谯县娶卞氏为妾，卞氏在187年和189年分别生了曹丕和曹彰，当时曹操家中有正妻丁夫人，在家抚养着刘夫人的生子曹昂，而卞氏应属于见多识广的夫人，所以生了曹彰后就带着两个儿子到洛阳陪伴刚任了朝廷典军校尉的夫君曹操。曹操不久在朝廷和董卓闹翻，一人潜逃到关东招兵起事，身在洛阳断了消息的卞氏安抚曹操的亲随，团聚了人心，一年后卞氏带着儿子和随从赴兖州奔投曹操，卞氏不久又生了曹植和曹熊。大约197年，曹操迁献帝刘协的朝廷至许都一年时，丁夫人因为曹昂阵亡之事断绝了和曹操的关系，卞氏遂继位作了曹操的正妻（参见1.3.10《曹操背后的那位女人》）。216年曹操进爵为魏王，卞夫人即为王后。从189年赴洛阳到219年斩杀杨修后处理和杨彪家的关系，卞夫人对夫君的事业给予了很好的支持，得到了曹操的赞赏。

220年曹丕接替亡父作了魏王，卞氏被尊为王太后；曹丕称帝后，尊卞氏为皇太后，称永寿宫。卞太后是曹丕的生母，但因不同关系中的利害冲突，她与曹丕母子间在几件具体事情上发生过比较尖锐的矛盾：一是对曹植的处置。曹丕因记恨弟弟曹植几年前的夺嫡之争，寻找借口要对其严加惩处（参见1.4.5《燃萁煮豆》），而太后卞氏则对曹植做无私的保护（参见1.6.2《文学天才的失落》中）。曹丕有一次梦中磨铜钱上的花纹，他为此询问解梦人周宣，周宣说："这是陛下的家事。虽然想有所为，但是皇太后不愿意。"母子俩人在这事上的态度很难调和，只能相互妥协。二是对曹洪的惩罚。曹丕因为过去的私人感情，借曹洪宾客犯法之事坚持要将其处死。曹洪是曹操时期的老臣，卞太后坚决反对这样的惩罚，她不得已对曹丕宠爱的郭皇后说："皇帝今天处死曹洪，我明天就要他废掉你这个皇后！"（参见1.4.10《褊狭的气度》）用胁迫的方法逼使郭皇后乞求曹丕，才使曹洪得以解脱。

卞太后对自己娘家的利益追求和奢侈行为也是常加限制的，但是对弟弟卞秉还是有心扶持。当初在曹操军中，卞秉为别部司马，这属于军队的中级官员，卞夫人为此埋怨曹操未给升职，曹操回答说："他能作我的内弟，这就很够了。"后来卞氏又想让给增加些财物，曹操开玩笑说："你只要偷偷给拿一些，他怎能不够呢？"在曹操掌政期间，卞秉的职位没有变化，他的俸禄财产也没有增加。曹丕执政期间，他准备为母亲卞太后的父母追封爵号，尚书陈群上书反对，认为这种做法不合古制，曹丕于是下令废止了这种做法，并制定了限制母族政治参与的规定（参见1.4.7《新皇帝的作为》中），这种做法不会没有考虑到母后的感情。在曹丕执政后期，卞秉已因功受封都阳侯，曹丕特意进封其为开阳侯，封邑一千二百户，任其为昭烈将军，官职和爵位都得到了提升，这应该包含着他对母后的一些安慰。

　　卞秉逝世后，儿子卞兰嗣爵，这是一位极有才学的人物，有资料记述了他给自己书写的座右铭："重阶连栋，必浊汝真；金宝满室，将乱汝神。厚味来殃，艳色危身；求高反坠，务厚更贫。闭情塞欲，老氏所珍；周庙之铭，仲尼是遵。审慎汝口，戒无失人；从容顺时，和光同尘。无谓冥漠，人不汝闻；无谓幽窈，处独若群。不为福先，不与祸邻；守玄执素，无乱大伦。常若临深，终始为纯。"其内涵和文采均属上乘之作。卞兰曾献赋作赞述曹丕的功德之美，曹丕回复说："赋是取类相同的事情；颂是赞扬盛美的德行，所以作者不能虚辞夸张，接受的人一定得有其实。卞兰此赋，不合我的实情。过去汉朝吾丘寿王借宝鼎称赞汉德，何武等辈认为这是歌颂，但武帝也赏给他金帛。卞兰的所写虽不实在，但心意应受到奖赏。现在赐给他一头牛。"自此与卞兰相互亲爱礼敬。不久任其为奉车都尉、游击将军，加散骑常侍。

　　卞兰是曹丕的表兄弟，他在职场上也追求自己的职位与获得，但只有在他写了一篇对曹丕赞扬的赋文后，两人的关系才变得更为亲近，这个亲近是来自于卞兰对掌权表兄弟的曲意奉承，与母亲卞太后的关系似不相干，由此也可以看到曹丕对母后关系及其感情的淡漠。应该说，皇族家庭的亲情关系并不像普通人家那样单纯，其中附带着更多的政治利害和利益冲突，被卷入其中的人们很难再有纯粹的亲情。皇帝曹丕和太后卞氏是站在不同的角度上看待问题，比如对曹植的处置等，双方的关系只能用妥协处置，反而使母子间产生了生疏与隔阂，执掌权力的曹丕在某些事情上受到母后的责难而未遑己意，他因而在另外一些与母族相关的事情上要有意做出阻梗。

《世说新语·贤媛》中记叙了一件事情，曹丕病重时，母亲卞后前去看望，她进入殿门，看见侍奉皇帝的人都是自己过去喜欢的宫女，就问："你们是什么时候来到这里？"宫女们回答："是在给先王招魂之时过来的。"原来是在曹操临死之时，曹丕就把父王身边的宫女取来侍奉自己，卞后听到宫女的话就没有进去，叹息说："狗和老鼠都不会吃你剩下的东西，实在是该死。"到曹丕死后下葬时，卞后也没有前去参加吊唁。从故事本身看，曹丕确有对父亲的不敬行为，但另一方面，曹丕在位七年，母后卞氏竟然没有去看望过一次，病重时前去探望，对他的荒唐过错尚且不能原谅，那句诅咒式的斥责表达出的情绪也是非常严重的，似乎完全缺乏正常母子间在生离死别前的同情和谅解。当然，这里所讲的事情并非完全真实，但也曲折地反映了曹丕母子间本来就不亲密的浅薄情分。

曹叡继位后，尊卞氏为太皇太后。当时卞兰经常对曹叡修筑宫室的事情进行劝谏，曹叡虽然不能听从，但还是接受他的好意，后来卞兰生了重病，曹丕还专门送去自认有用的治疗之方，又分出卞秉的爵位，封其次子卞琳为列侯，任其为步兵校尉。在230年春，曹叡追谥卞后祖父卞广为开阳恭侯，卞后父亲卞远为敬侯，其祖母周氏为阳都君，敬侯夫人也同时赠予印绶，曹丕当年议而终止的事情被一次完成。由于这些封爵扶持，卞氏逐渐成了魏国旺族。卞后当年五月去世，曹叡将其与曹操合葬于高陵。曹叡与卞家的关系与父皇曹丕有些不同，关系虽远些，但更多了一些亲近，曹丕与母后的关系疏离与浅薄情分在比较中能看得更加分明。

1.4（27）曹丕子孙的幸与运

魏文帝曹丕继位为王的当年接受汉帝禅让建立了魏国，当了近六年的皇帝，在226年五月离世，留下了可供后人评说的诸多是非与话题。《三国志·魏书二十》记述了曹丕身后几位儿子及后嗣的大致情况，这些出生在帝王之家的丁男凭出身就获得了侯王之位，个个都是有幸的，但他们各人内含的生命密码不同，在现实生活中总是拥有不同的运数。

史书上介绍曹丕各位夫人嫔妾及其生子情况为：甄皇后生曹叡（魏明帝），李贵人生赞哀王曹协，潘淑媛生北海悼王曹蕤，朱淑媛生东武阳怀王曹鉴，仇昭仪生东海定王曹霖，徐姬生元城哀王曹礼，苏姬生邯郸怀王曹邕，张姬生清河悼王曹贡，宋姬生广平哀王曹俨。即是说，曹丕共有九个封王的儿子，他们分别为九位母亲所生。参考其他各处记录可知：①曹叡在几位同父兄弟中年龄最大，为长子，但没有资料能表明其他八位兄弟的年龄顺序。②曹植有一首《仲雍哀词》的诗作中提到"曹喈，字仲雍，魏太子之仲也，三月而生，五月而亡。"将曹喈称为"仲雍"，这是兄弟排行第二的意思，因为早夭未封，所以不在九人之内，其生母不详。③曹丕宫中妃妾颇多，其他各处偶有提及的阴贵人、柴贵人，还有山阳公（汉献帝）刘协在禅位时送来的二女，以及曹丕宠爱的郭皇后，都没有生育儿子。④引注资料中提到甄夫人生前把儿子曹叡托付给李夫人，李夫人后来向曹叡说知甄氏死亡的情状（参见 1.4.24《甄氏的平反》）。这里的李夫人，也许就是生了曹协的李贵人。⑤曹丕至少有一位女儿。甄皇后生有东乡公主，但也没有留下名字，各处资料中未涉及女儿情况，东乡公主之外有无其他生女不得而知，这是传统社会一种理念的缺憾所致。

曹丕的九个儿子情况是各不相同的，长子曹叡由父皇交给郭皇后抚养，221 年封其为齐公，222 年为平原王，因为他对生母甄氏的遭际心有不平，父皇迟迟没有将其立为太子。《晋书·阎缵传》提到陈寿原著中没有的信息：因为生母之故，曹叡被父皇由平原王贬为平原侯，后来因为身边臣子的教育引导，他改变了对父皇和养母的态度，才在父皇临终前被立为太子，于二十出头时继承了皇位。曹叡天资聪明，为百官大臣所膺服，在曹魏政治舞台上颇有作为，239 年去世后被谥为明帝。其他八位王的情况也各不相同。

赞哀王曹协　曹协早年去世，231 年曹叡执政时追封谥为经殇公，234 年追改谥号为赞哀王，由公晋升为王。他的儿子曹寻次年继承爵位，239 年增加封邑五百户，与前合并共三千户。248 年曹寻离世，谥号殇王。因为无子，封国被撤除。从父子两人的谥号为"殇"看，他们都是年寿不长的早逝人。

北海悼王曹蕤　226 年曹叡即帝位后立曹蕤为阳平县王，封地在今山东莘县，232 年改封北海，233 年曹蕤离世，次年以曹丕兄弟曹矩的孙子、琅邪王曹敏之子曹赞作曹蕤的后嗣，封曹赞为昌乡公，238 年立为饶安王，封地在今河北盐山西南，246 年徙封文安，封地在今河北文安东北。曹赞在曹魏后期累增封邑，共达三千五百户，曹蕤的继位人为过继的亲族子弟，其封国应是延续到了晋国建立之时。

东武阳怀王曹鉴 225年曹丕晚期为儿子曹鉴封爵，受封当年曹鉴离世。235年曹叡赐其谥号，后因无子，封国被撤除。

东海定王曹霖 曹丕在222年立曹霖为河东王，225年改封馆陶县。曹霖几乎与长兄曹叡同时封王，可见曹丕对他的宠爱。因为父皇遗留的心愿，曹叡掌政后对曹霖的关照也优厚于其他封国。曹霖性情粗暴，对自己家内之人和身边婢妾都随意残害。232年改封于东海（治今山东郯城西北），249年离世，儿子曹启嗣爵。其后十多年间朝廷三次增加封邑，合计达六千二百户。曹魏第四任皇帝高贵乡公曹髦，就是曹霖的儿子，他在254年接替齐王曹芳为帝。

元城哀王曹礼 曹礼在221年被父皇封为秦公，以京兆郡为国，该郡地属京畿，治所在长安。222年改封曹礼为京兆王，225年改封元城王，封地在今河北大名东。曹丕曾经有意让曹礼继位，所以很久未立太子。229年曹礼去世，两年后以曹丕弟曹彰的孙子、任城王曹楷的儿子曹悌作曹礼的后嗣。232年改封曹悌为梁王，封地在今河南商丘南。在曹叡执政晚期以及终世后的二十多年间，朝廷三次增加封邑，与前共计四千五百户，也是存续时间较长的封国。

邯郸怀王曹邕 221年曹邕被父皇封为淮南公，以九江郡（治今安徽寿县）为封国，222年进为淮南王，爵位由公升王，223年改封于陈（今河南淮阳），225年改封邯郸。229年曹邕去世，两年后以曹彰孙子、任城王曹楷的儿子曹温作曹邕的后嗣。232年改封曹温于鲁阳（今河南鲁山），其后朝廷三次增加封邑，共计四千四百户。这和前面曹礼逝后无子、由曹楷儿子继嗣的情况基本相同。

清河悼王曹贡 曹贡222年受封，223年离世，比父亲曹丕还早逝三年。因无子，封国被撤除。

广平哀王曹俨 222年受封，223年离世。因为无子，封国被撤除。这和前面曹贡的情况相同。

从上述八个诸侯王的不同情况中可以看到，曹丕的儿子大多年寿不高，八子外那位做了皇帝的曹叡也仅活了三十五岁不到，其中毕竟有一种共同基因在起作用；而那些持续时间较长的四个封国，有三个最后都不是曹丕自己的亲子孙,是曹丕兄弟曹彰、曹矩的孙子来继嗣。曹丕用国家制度限制了其他诸侯王和亲族势力的政治参与,为自己的皇权一统创制了最稳便的条件,但他本人和血亲子孙们却未能在便利的条件下享受到长久尊荣,这些皇子皇孙们有幸含着金钥匙来到世间,其实并没有得到比大多普通人更好的人生运数。

1.5 聪明睿智的年轻帝王（曹叡）

魏国第二代皇帝曹叡是曹丕甄夫人所生的长子，在父皇曹丕226年五月病重时被立为太子，并在当月不久继位为帝，执掌国政十三年，其后受谥号，被称魏明帝。《三国志·魏书·明帝纪》及相关资料记述了他出生后二十多年间曲折悲凉的大致经历，展现了他以自己的聪颖叡智迎来命运转折的过程。

1.5（1）迎来命运的转折

曹叡，字元仲，他生得相貌俊美，刚匍匐爬行时就似乎能理解身旁人的心意，这使祖父曹操感到惊异，说："我的基业有了你就可以到三代了。"曹叡应是曹操的第一个孙子，因而曹操非常喜爱，常令他伴随左右，也常让他在相府与侍中近臣并列，观看众人议事。曹叡好学多识，尤其留意研究律法。217年，魏王曹操东征孙权，曹叡与妹妹东乡公主由祖母卞夫人带领，与父亲曹丕一起随征江东。，是一段快乐幸福的时光。

220年正月，曹丕在曹操病逝后继位魏王，曹叡被封为武德侯；魏国建立后，曹丕把曹叡交由宠爱的郭夫人抚养，221年封其为齐公，次年封为平原王。曹叡的生母甄夫人因为在宫内争斗中失宠于夫君而有怨言，221年六月被曹丕赐死，曹叡获悉此事后心有不平，父子关系遂变冷谈，曹丕为此一直考虑更换另外的儿子为太子。《晋书·阎缵传》记录了西晋官员阎缵写给相关之人的一封信，其中说："当时魏明帝，因为母亲的事情而有罪错，被废为平原侯，为他安排了作庶子的官员担任家臣和师友，这些都是正派的文学士人，共同辅助他纠正错失。他做事小心谨慎，用孝心对待父亲，诚恳地侍奉母亲，至今受到称赞。"陈寿原著的引注资料《魏略》中没有曹叡被废王为侯的记录，但也提到，曹叡因感到了父亲的冷淡，于是对养母郭夫人非常恭敬，每天早晚通过宫中女官问候郭皇后，郭后因而对恭顺孝敬的曹叡愈加慈爱；曹叡还在一次打猎中用杀鹿母而不忍杀鹿子的行为向父亲表达自己的哀痛与怜悯（参见1.4.23《生命戛然而止》），曹丕在对太子没有更好人选的情况下，最后决定传位给曹叡，至此才确定了曹叡的太子地位。

自221年受生母甄氏事件的影响而被父皇冷落贬处后，十多岁的曹叡陷入了人生的低谷，作为嫡长子的曹叡不仅没有希望被立太子，而且爵位被贬，并且面临进一步遭受惩处的风险。聪明睿智的曹叡感觉到了这一情况，他听取了身旁人物的引导，甚或是独自体会到了一种自我挽救的有效途径，于是刻意改变了自己的处事方式。他抓住关键人物，采取了极有针对性的行为。到226年，当个人命运的转折期来临时，他的长久行为和临机发挥同时发挥了作用，精准地打动了人心，恰好有外部特定条件做配合，终于促使事情发生了转机，把自己的命运扳到了良好发展的轨道上。当然，不能说曹叡在这里对父亲和养母态度的转化纯粹是一种虚伪的诡计，这是他反思了先前过激的情绪化反应，认识到了自己行为的偏失，从而很快作出了矫枉式的更正，使行为在道义和效果上回归到对自己命运前途有利的方向上来。当年五月，曹叡在父皇去世后仓促间登上帝位，执掌了一个大国的政权，由多年间命运不定的皇室青年一跃而变成了天下最有权势的人物，他这里是靠自己的智识和聪明实现了命运的利好转折。

史书上说，此前曹叡在做太子前后，他居处在自己的住所，不结交朝廷大臣，也不过问政事，只是埋头读书，与朝中大臣并没有什么接触。即位之后，大臣们都想见识他的风采但碰不上机会。过了数天，曹叡接见了侍中刘晔，谈了一整天，其他人在外侧耳而听，大概也没有听出什么吧。刘晔出来，大家都打探新皇帝，问刘晔"怎么样？"刘晔说："是与秦始皇、汉武帝同类之人，只是才具稍稍不及。"秦皇和汉武在后世人们心中是志向远大、功勋盖世的帝王，不知道曹叡和刘晔一整天谈论了什么，而刘晔把曹叡与历史上两位雄才大略的帝王相并列，无论对新皇帝的才情有怎样的限制性表达，但他对曹叡整体上是做了极高的评价。刘晔是当时位列前班的朝中名臣，他的评价不会是没有根据的乱谈，这样的结论应该对百官群臣产生了极大的震惊。事实上，坐在了皇帝的位置上，并不是万事大吉，传统社会中的很多帝王徒有虚名，他们在现实的政治活动中并不能掌控身边的大臣，反而要受到一些权臣的欺骗和控制，汉朝末期的几代皇帝就是活生生的前例，曹叡身后的几位继任皇帝也是这样的情况。所以，能否折服和掌控群臣，其实才是做了皇帝的曹叡所面临的重大考验，而聪明睿智的曹叡在并非特意安排的一次谈话中轻易通过了一次考验，初步赢得了群臣的服膺。

曹叡上台后尊皇太后卞氏为太皇太后，尊养母郭皇后为皇太后；不久又立皇弟曹蕤为阳平王，还推动了为生母甄氏平反的复杂活动，追谥甄夫人为文昭皇后（参见1.4.24《甄氏的平反》）。当年六月将父皇安葬于首阳陵后，他开始了莅政治国的实际事务。

不久孙权听说曹丕去世，新上台的曹叡还很年轻，于是在当年八月亲自率军进攻江夏郡（治今湖北安陆西南），太守文聘率兵坚守。朝廷商议派兵增援，曹叡说："孙权的军队惯于水上作战，他们敢于弃船从陆上进攻，不过是觉得我军没有准备。现在文聘已经据城坚守，而进攻的一方需要比防守的力量大一倍才奏效，吴军终究不会在城下久留的。"不久前，朝廷派官员荀禹慰劳边防将士，他进入江夏境后，调动沿路各县的士卒，还有自己的随从步骑兵一千人，临近战场时登山放火，孙权便悄悄退走了。事情的结果竟然和曹叡所预料的基本相同，表明年轻皇帝对边境战事的判断比朝中大臣们更为精准，而且他在处理事情中表现出来的从容和自信，都为一般人难以企及，这一切无疑都赢得了百官群臣的衷心佩服。

这年年底，曹叡按照自己的设想调整了朝廷几位重臣的职位，任命太尉钟繇为太傅，征东大将军曹休为大司马，中军大将军曹真为大将军，司徒华歆为太尉，司空王朗为司徒，镇军大将军陈群为司空，抚军大将军司马懿为骠骑大将军。这种调整当然有他自己的考虑，许多深层的原因不可能为外人所知，但仅仅从形式上讲，各人调整后的新职位都是新皇帝所任命，朝廷在君主变换后的君臣关系由此得到了重新确认，所有大臣应该明白以后的事情该向谁负责。

当时任命华歆为太尉后，华歆提出自己有病退休，让好友管宁来接替他，但曹叡不允许。《三国志·华歆传》中记述，曹叡在一次百官朝会前专门派散骑常侍缪袭带着诏书去向华歆传达旨意说："我刚开始临政处事，一天内有无数事情，总担心有所失误，就依靠你们这些有德之臣来辅助，而你却因疾病辞职。您应该不顾病痛来参加朝会，就当作给我一人施惠，我将空着座位站在桌子前面，让文武百官同我一样站着，等待你到来后才落座。"又给缪袭特别叮咛："必须等华歆起身赴会后，你才能返回。"华歆不得已，只好起来赴会。在这里，华歆推荐管宁作太尉，但曹叡对管宁并不十分了解，因而坚持自己原来的任命而不改变，曹叡并不愿意随便相信陌生者并轻易授予其职位；在华歆借病辞任时，他用既尊崇而又坚定的手段逼使其前来就职，也使华歆感到了君主心意的真诚和对自己的看重。曹叡给缪袭临走时的特别交代则显示出了他处事的精细和精明。

年轻皇帝曹叡在治国政务上一出手就显示了自己的不凡才华，对于这样行事出众的君主，无论他多么年轻，也很难有不膺服之人，他的皇帝之位很快得到了巩固，并成了百官群臣非常敬佩和拥戴的帝王，曹叡的个人命运由此已完全转入光明通途，魏国的事业也同时展开了一片崭新的前景。

1.5（2）军国政务的处置风格

曹叡完成了与父皇的代际交替后，在227年正式开始了自己执掌国政的新时期。司空王朗提议，按照古制，新皇帝执政不需要特意选用美名年号，应该像《春秋》纪事一样标记年数就行，这样简单明了，也无须多次更换年号。曹叡不同意这一意见，他说："先帝（指曹丕）执政时，开始用了延康年号，后来受禅称尊后用了黄初年号。就应按这种方法确定年号。"朝廷尚书表奏："《易》中说：'乾道变化，各正性命，保合太和，乃利贞。'应该取太和。"于是确定了执政的新年号，当年为太和元年。《资治通鉴·魏纪二》《三国志·魏书·明帝纪》及其引注记述了曹叡在这年遇到和处置的一些事情，从中能看到年轻皇帝的处事风格。

放弃边境争战 东吴鄱阳郡（治今江西波阳）地方首领彭绮聚众数万人，自称将军，攻没诸县，上年与魏国联系，自言可以为魏讨吴。朝廷有官员主张乘机伐吴，认为有彭绮在内部配合，这次必会有收获。曹叡征询中书令孙资的意见，孙资是曹丕为帝时就在朝中任职的官员，他对曹叡说："番阳的强宗大族，前后数次起事，力量弱见识浅，一受冲击就散。先帝曾分析说，我军当年在洞浦攻杀吴军万人，缴获战船千余艘，可数日之间，吴军的人和船又聚集一起；江陵被围数月，孙权仅率千余士兵驻在江陵东门，而吴地并未发生大的动乱；说明他们法纪严密，上下能够共相维护。照此推论，彭绮的起事，恐怕对东吴不会造成多大影响。"曹叡相信了孙资的判断，就没有派出配合彭绮的伐吴军队。这年正月，彭绮果然被吴将胡综和番阳太守周鲂击败活捉。新皇帝曹叡对境外吴地的反叛选取了不予参与和支持的态度，避免了一场无意义的争战，他做事是非常注重实际功效的。

拒谏营修宫室 这年二月，因为在邺城立文昭甄皇后寝园，曹叡前后派王朗去邺城巡视陵园，王朗看见那里的百姓很贫困，但曹叡却在修建宫室，于是上书劝谏说："从前大禹要拯救天下的灾难，所以先为自己建简陋的宫室，衣食也很节俭；越王勾践为拓展疆界，也节俭家用补充国家；霍去病仅为中才之将，仍认为匈奴未灭，不置宅邸。追求远大的人对眼前的事必须简约。现在，建始殿足够列班上朝，崇华殿足够内官侍候问安，华林园和天渊池也足够用于宴会和游乐。可以先修宫廷外的门阙，其余工程等到丰年再建。目下应劝民农耕，整顿军队。如果我们百姓富裕、军队强大，敌寇自然会前来归服。"王朗的言辞是诚恳的，但未见曹叡听取劝谏而停工，他将王朗转任为司徒。在曹叡看来，王朗关心民众的疾苦，就让他担任执掌民事与财赋的官职，然而他对自己的豪奢花费却并不削减。对待自感正确的劝谏，曹叡具有独特的处置方式。

恢复使用五铢钱 五铢钱是西汉武帝时在社会上流通使用的古铜币，汉时几经更易。曹丕在221年重新使用五铢钱，数月后废止，改为以粮食和丝绢代替钱币，采取物物交换的方式，但由此引起了交易中弄巧作假的现象，有些奸诈之徒把粮食搞湿以获利，或者用很薄的丝绢买卖东西，虽然严刑处罚，仍不能禁止。朝廷讨论此事，司马芝等人认为："以钱作货币不仅可以增加国家收入，还可以减省刑罚，现在恢复使用五铢钱更为便利。"于是从四月起朝廷重新铸造五铢钱，社会上开始大量使用。曹叡应该关注着社会经济生活与民生状况，希望采取便民利国的方式予以推动，可惜这方面的史料记录不很多。

恢复肉刑的讨论 当初曹操、曹丕执政时都议论过恢复肉刑，其目的是要减少死刑，因为战事不断而未能确定实施。这一年太傅钟繇又提出了该事，他建议："仿效汉景帝时的做法，应当斩首示众的人如果自愿以砍去右脚代替，应允许；对黥面、割鼻、砍左脚、宫刑等刑罚，仍然按照汉文帝的法令，以剃发和鞭打代替，这样一年可以使三千人保留性命。"曹叡下诏让公卿百官讨论，司徒王朗认为："不用肉刑至今已经数百年了，现在重新恢复，只怕减刑的好处百姓还未看到，而恢复肉刑的恶名已被敌寇听到，这不是招抚远方人士的办法。现在可根据钟繇减免死刑的建议，将死刑减为剃发作苦工，如果认为这样的处罚偏轻，可以规定他们更长的服刑期限。这样，对内有以生代死的无量恩德，对外则没有以砍脚代替脚镣的恶名。"参加讨论的有百余人，多数同意王朗的意见，曹叡因为吴、蜀两地尚未平定，就把此事搁置下了。曹叡早前对律法有更多的留意和研究，也许他希望法由己出才更好，也许他想找到更完善的解决方式，以致耽误了次好方案的实施。

确定对蜀方针 在上年曹魏代际更换的关头，蜀汉丞相诸葛亮驻军汉中，准备出军伐魏，曹叡得到了报告，这一年准备大举攻蜀，他为此询问散骑常侍孙资，孙资说："当年武皇帝（指曹操）攻打南郑，征讨张鲁，在阳平之战中临险，而后勉强取胜，后来又亲率军队救出夏侯渊的军队。他多次说：'南郑真像天然牢狱，中间的斜谷道简直是五百里石穴。'那里的地势峻深而险恶，他说这话是庆幸救出夏侯渊的军队脱离了险境。另外，武皇帝用兵如神，深知蜀贼栖息在崇山峻岭间，而吴匪流窜于江河大湖上，所以对他们容忍而回避，不让将士们去硬拼，不争一朝之忿，有可胜的机会就战，看到险难就退。如果现在进兵南郑讨伐诸葛亮，不但道路艰险，还需调集精兵，转运物资，加上要镇守南方的荆、徐、扬、豫四州，防止东吴水上进犯，共需十五六万人马，这就要征发更多的兵役，整个国家都会因此骚动起来，耗费巨大，这事情需要陛下深思。防守和进攻相比，仅需二分之一的兵力。以我军现有的力量，只要派重要将领据守各险关要隘，完全能够守御，让将士蓄锐，百姓休息。数年之后我们国力强盛，吴、蜀二敌必然疲惫衰落。"曹叡觉得这话有道理，于是停止了攻击蜀国的计划。他放弃了在秦岭险道上攻关夺隘的主动出击方案，转而采取以守御方式疲惫敌人的策略，这有曹操当年的实际体验为依据，也有他自己结合地形对兵势的判断，由此确定了对付西南方向蜀汉骚扰的战略方针。

平定孟达反叛 新城太守孟达当初受曹丕宠信，又和桓阶、夏侯尚关系密切，曹丕去世前后，桓阶和夏侯尚也相继故去，孟达心中不安，加上诸葛亮的引诱，他于是暗通蜀国。获悉这些情况后，曹叡这年十二月命令骠骑将军司马懿前往征讨（参见 2.5.4《反复无常的孟达》），司马懿不久即将孟达的首级传至洛阳。曹丕对蜀汉选定了驻军防守的战略方针，但对上庸一带孟达的反叛投蜀则毫不留情地迅速除灭，让蜀国的边境骚扰失去策应，保证魏国正面的防守更有成效，表现了具体战术上的机动灵活。

1.5（3）皇帝的家事

曹叡在执掌国政的第一年还做了两件很有影响的家事，这就是选立皇后和营建宗庙。古人认为，"国之大事，在祀与戎"，把祭祀视作与军事活动相并列的重要事务。曹魏执政者对包括确立皇家宗庙在内的祭祀活动一直是非常重视的，曹叡也未能例外，他在开创自己政治生涯的太和元年，确定和推动了上述两件关乎家族血缘与精神承继的紧要事务。

曹叡在 222 年作了平原王时曾娶河内（郡故治在河南武陟）女子虞氏为妃，《三国志·魏书·后妃传》及其引注记述，曹叡在娶虞氏约一年后又将河内女子毛氏选入宫中，这位毛氏在曹叡身边非常得宠，曹叡出入宫中经常与她同车。做了皇帝后，曹叡即晋升毛氏为贵嫔，太和元年将毛氏立为皇后，毛氏的父亲毛嘉被任为骑都尉，皇后的弟弟毛曾被任用为郎中，属于皇帝的侍从官员。

因为虞妃没有被立为皇后，太皇太后卞氏就去劝慰她，卞氏是她的奶奶，虞妃对卞后说："曹家人本来就喜欢立贱人，做不到按规矩道义来选择。皇后掌内事，君主理外政，两者是相通相辅的，他这样不能善始，最后也不能善终，将来必会因此亡国绝后的！"毛氏的父亲毛嘉本是典虞车工，为狩猎车辆的工匠，身份地位当然不高，从虞氏的回答和她对自己家世的自信中可以看到，这位虞氏是出身于高贵的大户人家，又有一定的学识，她对传统文化中关于家族承传的理念是基本了解的，述说中的道理也未错，但她却毫无情商和应有的修养，谈话中提到曹家人喜欢立贱，虽然合于曹操、曹丕、曹叡各人选后的事实，属于曹家三代执政帝王的共同特点，但这样的说法杀伤力未免太大了；虞氏论说的对象卞后是曹氏家族当时的最高长辈，这位卞氏也是早年由歌伎进入曹家，代替了丁夫人成为曹操正妻的，虞氏的话戳到了卞氏和曹家的痛处；同时其话语中还含有对曹家未来前景的诅咒式推论，都是极为犯忌的表达。年近七十的卞氏本来是来宽慰虞妃的，未料遭到了这番包含人身攻击的情绪发泄，虞氏不久被贬黜至邺城宫中，卞后在这里应该算是宽容大度的。

东晋史家孙盛却对虞氏情绪发泄时所表达的话语内容表示赞赏，认为曹家从曹操起始的执政人，所立之后都出身卑贱，因而国祚难得长久。不清楚帝王喜欢卑贱出身的女性与其家族的享国长短之间究竟存在什么必然联系，但可以料想，历史上对曹氏立国心存偏见的人本来就不少，他们对虞氏的说法一直就很有兴致地渲染夸大，借以贬损曹魏的人物气度和历史地位，而孙氏就是其中推波助澜的一员。

曹叡选择毛氏为皇后，当时使毛家暴得富贵，毛嘉由骑都尉升为奉车都尉，执掌御乘舆马，不久被封为博平乡侯，又调任光禄大夫，这已是朝廷位次三公的二千石三品官员，儿子毛曾也升为驸马都尉，朝廷给他们的赏赐都十分优厚。曹叡有次还令朝臣都去毛家饮宴，有史料说，主人毛嘉在宅第接待公卿官员的容貌举止非常滑稽，每一开口总是自称"侯身"，被众人当作笑柄。当然，这种带有阶层歧视的感觉和记述都是上流社会权贵们看待平民人物的成见，比如当时的贵族青年夏侯玄就以与毛皇后的弟弟毛曾同坐为耻辱，当着曹叡的面显出不高兴的神情。人们对平民阶层通过嫁女而骤然富贵总是心存鄙视，所以产生种种不正常的反应，可见当时社会上阶层划分的严重性以及人们内心深处难以消除的等级观念。

不管怎样，曹叡在很长时间内对毛皇后还是一如既往地喜爱和赏识，并没有因为上流社会对毛家的鄙视而改变自己的态度。他对鄙薄毛曾的夏侯玄就心生恨意，将他由黄门侍郎调离出了中枢机构，贬任为分掌禁卫骑兵的羽林监。后来又对毛嘉增加官职，任用为侍从皇帝的散骑侍郎，成为身边亲近官员。235年毛嘉去世，又追赠官职，改封为安国侯，增加封邑五百户，合计达千户之多，并送谥号节侯；次年再追封毛皇后的母亲夏氏为野王君。曹丕在这里无视世俗的偏见而对毛家不断施给恩惠，和他几年后对毛氏态度的反转一样，表现出的是他无视舆论而极其自我的行事特征，自然还不是他对社会等级观念的有意破除。

在立皇后之前的太和元年正月，曹叡按照帝王继位的规矩和常例于洛阳举行了隆重祭祀，首先郊祀武皇帝（指曹操）以配天，这是在郊外举行的大型祭祀，接着在明堂宗祀文皇帝（指曹丕）以配上帝，明堂是朝廷宣明政教的典礼场所。两种仪式在传统上是祭祀天地神明的，曹叡这里将祖父与父亲摆进去一同祭祀，表明曹家前两代执政是德配天地、位同神明的，是对天地祖宗的祭献、昭告和致意，又是祈求祖宗与神灵对曹魏作出佑护，其中具有极其丰富的思想内涵。

曹丕当时建立魏国后，就已追尊祖父曹嵩为太皇帝，父亲武王曹操为武皇帝（参见 1.4.6《一场禅让的大戏》下），于 223 年在邺城立有两庙，一座是武皇帝曹操之庙，四时享祭，称为魏太祖庙，万世不毁；另一座是太皇帝曹嵩之庙，曾祖曹腾与高祖曹节一并在其中共同接受祭祀，此庙跟随魏国世代的增加再做变更。他在洛阳建造宫室，家族神庙一直在邺城，因为确定洛、邺、许、谯和长安为五都，不时出入巡游，居无常所，因而不必迁庙。曹叡为帝后，应该是作了长居洛阳的打算吧，他于太和元年四月在洛阳开始营建宗庙，两年后建成，在 229 年十一月将宗庙迁至洛阳。

在洛阳宗庙即将落成前的 229 年四月，曹叡追尊高祖曹腾为高皇帝，尊曹腾夫人吴氏为高皇后，把皇帝的名分再上推了一代。曹嵩的父亲曹腾是从小进入汉宫的宦官，在朝廷倒是有很好的声誉（参见 1.1《一位穷小子的咸鱼翻身》），他的儿子曹嵩是后来的养子，不知家中如何有吴氏为夫人。无论如何，一位宦官在身后被皇家正式追尊为皇帝，曹腾应是历史上唯一的一位。在曹腾受到追尊的当年十一月，曹叡派朝廷专掌宗庙礼仪事务的太常韩暨持节至邺城，迎请高皇帝、太皇帝、武帝、文帝的神主到洛阳，十二月举行了奉安神主的肃穆典礼。这一关乎曹魏万世尊奉祭祀活动的家国大事在三年内得到了阶段性安置。

1.5（4）对诸葛亮的反击与斥责

曹叡在 227 年确定了对蜀国守御以待的战略方针后，安排曹真总督当地各部队以防守潼关西部地区。在当年十二月司马懿平定孟达反叛时，蜀国丞相诸葛亮在汉中上奏了给刘禅的《前出师表》，已经完成了首出祁山的军事准备，遂在 228 年初组织两路军队北伐曹魏：赵云、邓芝率一军从斜谷出发作为疑兵，据守箕谷，引诱魏军在关中中部防守，诸葛亮自己则亲统大军进攻西部的祁山（今甘肃礼县东），这是一种声东击西的进军战术。

魏国朝臣当时大多认为蜀国刘备已经去世，几年来没有什么动静，不会有什么作为，因此放松了防备。《三国志·魏书·明帝纪》及其引注中记述，魏国臣民突然听到诸葛亮出兵来攻时都很惧怕，因而天水、南安、安定等郡都背叛魏国而响应诸葛亮，关中如雷轰顶，受到震动，朝廷大臣一时不知所措。曹叡说："诸葛亮本来依据山险固守，现在他自己前来，正合兵书上调动敌人以制胜的策略；而且诸葛亮贪图得到的三郡，他知进而不知退，这种情势一定能打败他。"于是拨出步骑兵五万人马，派右将军张郃督统，西去抵御蜀兵，他自己前往长安坐镇。

当时诸葛亮在所夺取的三郡前线开拓地盘，战线拉得很长，魏将张郃则率领精锐部队攻取蜀军沿线咽喉要地街亭，大破马谡的驻军。街亭失守，诸葛亮全线崩溃，只好撤军（参见2.3.5《首出祁山》下），他所夺去的三郡之地被魏国重新收复；曹真的部队在箕谷以众敌寡，也有不大的胜利，祁山之战很快以蜀军大败而结束。在这次两军交锋中，曹叡料准了诸葛亮在争战中的特点和弱点，他对战场形势的判断、安排的用兵方案，以及作为最高指挥人的派兵选将都是出色的。诸葛亮为北伐曹魏准备了多年，而其一朝出击，即遭失败，这也足见曹叡先前所选守御待敌的战略也是积极有效的。

打败了蜀国的进犯后，曹叡在长安写了一份斥责蜀汉丞相诸葛亮的通告送至益州，并布告天下。全文大致如下："刘备背弃恩义，私自窜于巴蜀。诸葛亮抛弃先祖居住的国家，甘为叛贼的残党，荼毒天下百姓和神明，无视恶积灭身之祸。他想得到扶立幼主的表面虚名，又贪图在内部专擅权力，刘禅兄弟在成都只是空有其名而已。诸葛亮又糟蹋益州土地，肆虐土地上的百姓，所以利狼、宕渠、高定、青羌等地都民心瓦解，与他为仇敌，而诸葛亮像反穿裘衣身背柴禾的蠢人，现在磨尽了里面的皮，外面的毛也掉光了；他刖足适履，削刻肌肤又伤了骨头，反而拿他做过的事来炫耀，自以为很有能力。他用兵就像井底之蛙，又如同在牛踩过的蹄窝行走。"诸葛亮祖籍琅邪，又是蜀国的实际掌政人，曹丕在通告中指出诸葛亮背叛祖国并专擅国政，从表面上看也是事实，从不同的角度观察同一事情本来就会得出不同的结论，曹叡从魏国的立场上，以揭露和定罪的眼光看待诸葛亮的作为，他的说法似乎也不是无中生有；曹叡还用了许多比喻性的描述揭露了诸葛亮在益州治理上出现的民众负担过重和汉夷民族矛盾突出的问题，这是三国时代天下各地存在的共同性问题，只有大小程度的不同，这也不为蜀汉一家所独有。与此同时，曹叡对诸葛亮的用兵给了蔑视般的嘲笑,表达的意思是诸葛亮把握不了大局,注重细节而缺乏应有格局。应该说,失败方对来自胜利者的嘲笑总是没有资格反驳的,曹叡也许在这里是看到了诸葛亮用兵缺陷的关键处,这些缺陷恐怕才是诸葛亮在与曹魏对抗时自身面临的最大问题。

曹叡的通告在揭露了诸葛亮之后还有下面一段,他说:"自我在位以来,三面边境都平安无事,我同情天下百姓多次遭受战争,是想赡养各地的老人,抚育年小的孤幼儿童,所以先用礼乐移风正俗,接着在农闲时讲习武艺,一直把诸葛亮置之度外了,没有防备他。没想到诸葛亮存有东汉初李熊劝说公孙述僭号做帝王那样的愚勇心志,却没有荆邯那样劝谏公孙述的德义。他役使益州吏民,想在祁山之地盗获利益,但国家雄师一到,对方就胆破气夺,马谡、高祥的部队看见我们的军旗奔逃溃败;军中虎将踏着敌人的尸体和鲜血追逐败军。诸葛亮是一位小人,造成了我们军队的震惊;精锐的将士前往征讨,大家都踊跃长驱。我觉得天下百姓都是国家的臣民,军队所到之处会造成满地荒芜,不希望许多忠诚善良的民众陪那些奸邪愚蠢之徒遭受涂炭,所以先做告示,以昭示国家的诚意,期冀能改过自新,不要滞留于乱邦。巴蜀之地的将吏士民,凡被诸葛亮所劫迫的公卿以下之人,国家接受他们的归顺投降。"曹叡介绍了他自己在治国中崇文息武的主观动机,以及对四方百姓的真诚爱护,描述了魏国军队在战争反击中的英勇气势,也指出了诸葛亮所领军队的软弱无力,最后表达了希望蜀汉兵民投降归顺的态度。

能够看到,曹叡在通告中写出了他对诸葛亮的揭露、蔑视和对魏蜀战争的认识与方针,该说的大体都说到了,但这样的通告对诸葛亮似乎并没有多少震慑力,其中空话较多,逻辑杂乱,许多比喻并不清楚而精当,语言表述很成问题。无论这样的通告是他本人所写还是秘书代笔,但总是要经过他本人审阅签发的,在文士众多的魏国朝廷,落笔不凡的人才比比皆是,而只有皇帝本人撰写的文牍别人才不好改动,如此看来,上述通告为曹叡本人撰写的可能性更大。另有资料提到,曹叡天资聪明,"口吃少言",他本来就是一位不善表达的人,应是完全没有他父亲曹丕那样的隽美文采,战场上打了胜仗,一时高兴就提笔而挥,写成了一篇自认流畅通达的文告,在臣属们的赞扬声中遂发了出去。全文中曾经指出了诸葛亮用兵的缺陷,其意念似乎比较到位,其余反而是暴露了这位用兵天才文才上的不足。

曹叡在长安发出了斥责诸葛亮的通告后于四月返回洛阳，在他到达之前，洛阳流传小道消息说，皇帝曹叡因故离世，跟随而去的群臣已经迎立雍丘王曹植，京师自卞太后到各位公卿都很恐慌担心。这样看来，曹植的政治势力在洛阳尚且存在并有市场，曹叡回来后，大家脸色都才改变。卞太后又悲又喜，准备追查首先传播该消息的人，曹叡说："天下人都那样说，在哪儿去推测追查呢？"于是放弃了追查，不久他让大家评定出这次作战中各人的功劳，随后按照差别封爵增邑。

1.5（5）曹叡的国家治理（上）

曹叡执政初期，蜀吴建立起了稳固的同盟关系，诸葛亮稳定了南部政局后开始了不间断的北伐，而魏国国内诸侯王及朝廷各政治势力都需要得到妥善安置，曹叡面临的国家治理是复杂的，但这位年轻君主依靠他的聪明灵性妥帖而高效地对付了这些问题，达到了很好的效果，保持了曹魏政治良好发展的势头。《三国志·魏书·明帝纪》及其引注等相关各处记述了他对国家政务的处置，表现了其精明睿智的处事方式。

选将平叛 曹魏的疆域非常广阔，227年正月，西部边境地区的西平郡（治今青海西宁）麹英反叛，他杀了临羌（治今青海湟源东南）县令、西都（治今青海西宁）县长。朝廷的政治统治力在这些地区本来就薄弱，只有迅速安定，才能避免其他各地的效仿，制止连锁反应，但脱离后方的远方征战包含极大风险，对统兵将领素质的要求极高。曹叡闻听事态后选用了镇守河西十多年的杂号将军郝昭，派他与鹿磐前往征讨，郝昭领兵出征后旗开得胜，最终斩掉了叛首麹英。郝昭是军队中没有名声的将军，曹叡在这里也不会贸然用将，他无疑是考察了郝昭的实际战功并发现了其不俗的才能才作选用的。史书上没有记录这次远方战斗的具体过程，实际结果证实了曹叡在关键时刻平叛选将的正确性。

唯才是用 东吴将军韩当去世，他的儿子韩综承袭爵位并接掌其兵权，韩综不守法度，淫乱不轨，他害怕孙权治罪，在227年底率领家属和宗族军队数千人奔投魏国。曹叡任命他为将军，并封其为广阳侯。韩综后来屡次进犯东吴边境，杀害对方百姓，还曾在252年的东兴（今安徽含山西南）之战中充当魏军进攻东吴的先锋。曹叡不会不知道韩综个人品质上的瑕疵，但为

<<< 1.5 聪明睿智的年轻帝王（曹叡）

了扩大反吴的力量，促使敌方内部的分化，他并不计较韩综的德行，在军队建设上采取的是唯才是用的方针。

内忌外宽 曹叡在228年初坐镇长安，部署和安排了对诸葛亮首出祁山的反击，并迅速取得了胜利，在他四月返回洛阳之前，京师流传起了关于皇帝已经离世，身边群臣迎立了雍丘王曹植的不实消息，当时引起了太皇太后卞氏和各位公卿的恐慌。这一毫无根据的谣言不可能无缘无故发生，曹叡一定想到，早年与父皇曹丕发生过夺嫡之争的曹植多年间一直上表要求带兵出征（参见1.6.2《文学天才的失落》中下），他在政治上尚有极大的雄心，谣言的发生表明了曹植追随者及其政治势力的存在。大概卞氏没有想到这一问题，在曹叡返回后提出追查谣言的制造者，但曹叡以明确的态度拒绝追查，他是不愿意把皇室内部的矛盾扩大化，似乎颇有曹操在官渡之战后拿到部属暗通袁绍的书信后一烧了之的豁达气度。"水至清无鱼"，在曹叡看来，叔父曹植早已成了落川之虎，对他身边有些人的小动作无须过分在意，明白而不追究才是维护皇族声誉的明智方式；当然，对他一次次的上书请求也不必给予回应就行，这实际上与曹操当年的气度略有不同，是一种包含内忌外宽意念的政治策略。

革新教化 在国家治理的实践中，曹叡发现了道德教化方面存在的问题，他在228年六月发诏书说："尊崇儒家学说并提倡学术研讨，是国家实行王教的根本，但近来有些儒官并不称职，这怎么能传播圣道呢？唯有通过严格考核选拔上来的博学之士，才可以担任侍中、常侍这样的要职。现在通告天下各郡国：今后向朝廷举荐的良才贡士应首先考察其通晓儒家经典的情况。"事实上，在治国中推崇儒学，就应该保证国民的思想伦理及价值观念从根本上不脱离儒家经典的精神实质，应该在当代上层决策与社会舆论生成的源头上正本清源，曹叡自己读书不少，对这些相关问题深有感触，他在这里要采取的方法应该是触及了事情的本质所在。

在这一教化方式推行两年之后，他又发诏令说："世上朴实有用的文章，都是跟随王教而变化的。自战乱以来，儒家经典衰微，年轻人的兴趣和追求也不放在经典上，这大概是朝廷训导没有到位，在官员任用上忽视了德行造成的吧？官吏们只有学通一部经典，才可能胜任对民众的治理。对博学之士要严格考核，从中选拔优秀的人立即重用，对华而不实、不着要领的人则一律罢退。"曹叡这里强调了文章理念的随世变化和实际应用,为了配合这一要求,他又传令太傅三公,将文帝曹丕当年所著的《典论》一书刻在石碑上,立于宗庙门外,作为学人的效仿之作。要求掌控教化的人物深通经典,又要求他们的思想适应变化并符合实情,这样的倡导就更全面些了。

选才新招 人才选用始终是国家治理中的重要问题,本年初与蜀军的交战实情更加显示了优秀战将在军事活动中的重要作用。曹叡曾组织军队在洛阳东郊进行过几次军事演练,而蜀国的进犯与双方战场交锋使他感到了选用战将的紧迫性,228年冬,他发诏书责令朝廷公卿近臣每人都要推举一位良将,把荐举急需人才的任务落实到具体人头上,采取了责任到人的特殊手段,也不失为一种有创意的新招数。不久,朝廷王朗等多位高级官员相继去世,曹叡几年后再用该法,又发诏书让朝廷公卿每人推举一位贤良诚实德行高尚的人物。从一种方法反复使用的情况看,至少推荐良将的目的是达到了的,曹叡本人对这一方法的实际效果应该比较满意。

奖赏名将 228年底,诸葛亮在前次失败退兵半年多后又再次出兵伐魏,他选择了兵出大散关的行军路线,一进入关中就包围了陈仓城。陈仓守将郝昭仅有一千多兵众,诸葛亮想利用魏军大部队赴东线作战未及西返的机会,凭借几万兵马的优势一举夺取陈仓,然后扩大战果。他在这里先后采取了反复劝降和武力硬攻的方式,运用带火射箭、填塞壕沟、冲车毁城、挖掘地道等种种手段,还是没有攻下陈仓,最后在粮食用尽、魏国援军赶到前无奈退军(参见2.3.6《兵出散关》)。陈仓保卫战结束后,曹叡特意发诏书对郝昭的守御进行了表彰嘉奖,赐给他列侯爵位,还让郝昭来洛阳对其慰劳,他对朝廷中书令孙资说:"你们家乡有这么厉害的人,作将军如此出色,我还有什么可担忧的?"郝昭是曹叡为西平平叛而选用的统军将领,返回后安排他驻守陈仓,这次更是发挥了他超凡出众的军事才能,以极为悬殊的少量兵力挫败了诸葛亮的大军进攻,成为一时名将,曹叡给了他极高的奖赏与评价,还准备再加重用。

1.5(5)曹叡的国家治理(下)

曹叡在执掌国政的开初几年遇到了不少复杂问题,这位年轻皇帝用他自己独有的思考去对待,《三国志·魏书·明帝纪》及其引注等处记述了曹叡对几件事情的处置过程,展现了他对某些事务采取的态度与方式。

对地方官员的委任 曹叡任命燕国人徐邈为凉州(治今甘肃武威)刺史。徐邈是一位颇有资格的地方官员,他在凉州任职后,正赶上诸葛亮率兵出祁山,陇右三郡相继反叛。徐邈派遣参军以及金城(治今甘肃兰州东)太守等部攻打南安(治今陇西渭水东)叛军,取得胜利。河右地区(指河西走廊与湟水流域)少雨,常因无粮苦恼,徐邈上书请求修缮武威、酒泉盐池,用以收藏御敌的粮食,又开凿水渠,招募贫民租种土地,使得家家丰足,仓库盈满。同时他将民间私藏的武器逐步收缴,统一保管;然后宣讲仁义,建立学校,禁止丰厚的葬礼,限制过度的祭祀,扬善惩恶,社会风尚大为改观,百姓心悦诚服。徐邈和羌人、胡人打交道,从不过问他们小的过失,但如果犯了大罪,先通报其部帅,让他们知道,然后斩首示众,因此深得当地百姓的信服和敬畏。凡是朝廷赏赐的东西,他都分给将士,从不拿回自家,他的妻子女儿却常常衣食不足。曹叡得知这些情况后大加赞赏,常给他家提供衣食等物。应该说,曹叡对地方官员的任用应该不止徐邈一人,也不止凉州一地。和对陈仓守将郝昭的任用一样,这样的选用反映着曹叡对地方治理的重视以及他任用官员的标准。

对吴作战的溃败 魏国大司马曹休总督扬州部队,负责东南方抗御东吴的军事活动。228年五月,东吴鄱阳太守周鲂征得孙权同意,假称得罪了吴王,准备率全郡弃吴投魏,要求曹休率兵前来接应。东吴先前就有将军韩综前来投降的先例,曹叡听到周鲂请求投降的消息后也并未产生怀疑,他同意曹休率领步骑兵共计十万往皖县(今安徽省潜山县)去接应周鲂,又命司马懿进军江陵,安排贾逵进军东关(今安徽含山西南三十公里濡须山上的关隘)。曹休本人立功心切,对周鲂的投降考察不实,进军时也未听从琅邪太守孙礼的劝谏,他孤军深入,进至石亭(今安徽桐城西南四十公里)时,未料遭遇到吴将陆逊、朱桓、全琮共约九万人的突然袭击,交战不利,魏军溃败后突围至夹石(今桐城北峡山),但此处退路已被吴军阻断,多亏贾逵的部队急行军赶来救援,才使曹休免于全军覆没。此战中魏军死伤数万人,损失无数军资。历史演义小说在"孔明挥泪斩马谡"同一章描写了"周鲂断发赚曹休"的故事,基本上是合于史实的。

曹叡在西线击败了首出祁山的蜀军两月之后,这次安排三路大军同时伐吴，大概是想乘机发动对东吴的大规模进攻，一举夺取父皇曹丕讨伐东吴未曾实现的胜利吧，但因轻信了虚假信息，判断失误，结果中了东吴的奸计。因为出军人数较多，事前又无所防备，反而遭受了前所未有的重大损失。当时大司马曹休刚一退回就上书谢罪，曹叡派屯军校尉杨暨宣旨抚慰，礼节赏赐更加隆重，是想给他一些宽慰，也有自我分担责任的意味，但曹休在事后羞愧郁结，背上生疽，不久病逝，曹叡为自己信息不明而作出的错误决策付出了代价，其后安排将军满宠接任扬州都督。

北方事务的处置 曹魏军队在东南方与孙吴交战的同时，在北方与鲜卑族的摩擦并没有停止。鲜卑轲比能在曹丕执政时就与驻守当地的护乌桓校尉田豫不断对抗冲突，曹叡执政时的228年，田豫派遣翻译官夏舍到轲比能女婿郁筑鞬建的部落，夏舍被郁筑鞬杀害。这年秋天，田豫统率西部鲜卑蒲头、泄归泥出塞讨伐郁筑鞬，大获全胜。田豫率兵返回到马城（今河北怀安西十公里）时，轲比能率兵三万，把田豫包围，上谷太守阎志历来为鲜卑人所信任，阎志前往解释劝说，才为田豫解围。魏国对鲜卑的战争出击因路途遥远、代价过大，取胜后又不易守御，因而曹叡对其采取的是安抚和容忍的方针。

割据于辽东的公孙度204年死后传位给儿子公孙康，公孙康死后，他的儿子公孙晃、公孙渊年龄尚小，众人推举公孙康的弟弟公孙恭为辽东太守。曹丕曾派使者去辽东拜公孙恭为车骑将军，封平郭侯，对其采取的是抚慰方针（参见1.4.20《战争期间的国内政局》）。但公孙恭才能低下，性格懦弱，不能治理所辖的地区。在曹叡执政时，公孙渊已经长大，他胁迫公孙恭并夺得太守之位，同时上书向朝廷说明事情经过。侍中刘晔说："公孙氏对外勾结胡人，遥远难以控制，而且世代承袭，其水路有大海相隔，陆路有群山阻挡，现在如不除掉，以后必生祸患；如等到他们怀有二心后守险叛乱，那时再加讨伐会更加难办。不如趁他刚刚即位，有党羽也有仇敌，出其不意，以大军压境，公开悬赏招募，可以不必动兵作战而平定。"曹叡没有采纳，他封公孙渊为扬烈将军、辽东太守。这一任命表示了魏国政权对辽东执政的认可，所采取的也是一种容忍抚慰的策略方针。

对皇族继嗣的规定 229年七月，曹叡特意下诏书说："按照礼法，皇后如没有生养儿子，就在近亲旁支中选择子嗣继承大宗。但继承了大宗的正统

1.5 聪明睿智的年轻帝王（曹叡）

之位，就应当崇奉公义，不能再去眷顾自己的私家亲属。汉时宣帝以旁支承嗣昭帝，后来给自己的生父追赠皇号；哀帝从外藩诸侯王的子孙中选立，董宏等人献媚，援引亡秦先例，将其生父尊为恭皇，并在京都立庙，甚至加封他父亲的四位后妃，尊奉至皇太后的地位，朝中出现了父子在前殿同时称皇、四位皇太后并立后宫的怪事，扰乱了礼法，臣民和神灵都不能保佑他们。朝臣师丹忠心谏言反而获罪，导致了丁、傅两妃死后遭受焚刑的灾祸，而类似出身的帝王却接连效仿。春秋时的鲁文公颠倒祭祀秩序，罪在夏父；宋国君主越礼厚葬，时人讥讽华元无礼。现在特告公卿百官，一定要引以为戒。以后万一出现由外藩诸侯王入朝嗣位的情况，一定要坚守先帝后嗣的大义。有谁敢用佞邪之词诱惑君主，为继嗣人的生父母随意加封皇号来扰乱正统，那朝廷的股肱大臣就可将其诛杀。这份诏书要用金册书写，藏于宗庙，载入国家法典。"曹叡在这里对族内继嗣，尤其是对外藩子弟对皇统的继嗣做出了极为严肃的规定，他以西汉朝中由此引发的种种乱象为前鉴，不允许继嗣皇统的帝王眷顾外藩亲属，意在严格杜绝其继承皇统后对外藩亲属给予皇室规格的尊奉，希望保持继嗣后皇统的纯洁性。

对族内的继嗣问题由皇帝作出最高级别的规定，这恐怕是没有前例的开创性行为。二十多岁的曹叡之所以要发出这样的诏书，首先是，曹氏皇族内与曹丕和曹叡同辈的两代诸侯王中没有生子的为数不少，他们一般都是选择兄弟的子孙作继嗣，这一做法在其家族中尚不是个别现象，因而由最高层出面做某些统一规定并不算多余。而更为重要的原因是，曹叡当时尚没有生存的儿子，他本人的继嗣成了一个令国人担忧的问题。曹叡此前有过两个儿子，第一个是曹冏，他在226年八月被立为清河王，但当年十月离世；第二个是曹穆，他在228年九月被立为繁阳王，却于229年六月去世，曹叡发布的这一诏书正是在曹穆夭亡的次月。史书上没有记录他们各自的出生时间与生母，一出生就被封王的可能也是存在的。曹叡大概非常惶惧于自己的后嗣难得，感到了问题的严重性，为了防患未然，于是制定了这一族内规矩，并要求百官大臣监督执行。

史料中记述，曹叡在231年七月又生了第三位皇子曹殷，这一时成了国家大事，曹叡为此还在国内举行了大赦，夏侯玄当时的作品《皇胤赋》中写道："在太和之五载，肇皇胤之盛始，时惟孟秋，和气淑清，良辰既启，皇子诞生。"认为是皇嗣开始转盛之时；其时曹植向朝廷上疏反映亲族间不能相互通问的问题，曹叡回复说本来没有禁止诸侯国之间的来往，给了曹植唯一一次比较客气的答复（参见1.6.2《文学天才的失落》下），也是他生子后一时心情高兴吧。然而非常不幸的是，曹殷生存未过一年，在出生次年五月即离世，曹叡为这位儿子追封谥为安平哀王。皇统的继嗣从来就是国家的大事，曹叡对这一问题考虑较早，他没有从根本上解决这一问题，却提早作了预防性的安排。

1.5（6）对诸葛亮的作战部署

曹叡在执政之初就确定了对蜀国防御待敌的策略方针，因为西部边境难以屯驻大军，敌方的出兵时间又不能把握，因而防御待敌策略的基本模式就是，用常规性的兵力驻守秦岭北麓的重要隘口，一旦获悉蜀军进犯的消息，立即从关中或洛阳等地调动国家机动部队前来增援，取以众击寡、以逸待劳之效。228年初诸葛亮首出祁山时曹叡派出张郃领数万兵马增援作战前线，一举击溃了马谡在街亭的驻军，迫使诸葛亮全线撤退，这一实战表明了上述策略的正确有效性。魏国军队与诸葛亮共有六次对峙交锋，史书中记述了曹叡在其后各次战争中的基本安排，表现了他对蜀战争中五次用兵命将的作战部署。

第一次，当228年夏魏国三路大军伐吴而为吴鄱阳太守周鲂所骗导致石亭大败后，诸葛亮觉得魏兵东下，关中空虚，于是在当年十二月组织数万军队，兵出散关，围攻陈仓。其时魏国名将郝昭坚守御敌，曹叡召见在方城（今河南方城东北的屯军地）的张郃，命他出兵增援郝昭，曹叡亲自来到河南城，摆下酒席为张郃送行，当时曹真也在关中派遣将军费耀赶往陈仓援救。两路援军还没到达，蜀军就粮尽退兵，事后曹叡给了郝昭极高的奖赏，颁布诏书赐其关内侯。

第二次，229年春，诸葛亮派遣部将陈式攻打武都、阴平二郡，魏国雍州刺史淮领兵救援。诸葛亮抵达建威（今甘肃西河县北），郭淮退兵，诸葛亮攻下几座城池后回师。蜀国的这次军事行动规模小，持续时间短，魏国按照既有的方式去对付，似乎并没有惊动朝廷高层。

第三次，230年七月，大司马曹真认为蜀汉多次入侵，应该主动出击才

<<< 1.5 聪明睿智的年轻帝王（曹叡）

行，他建议组织几路军队同时伐蜀，可以取得大胜。曹叡听从了曹真的建议，颁布诏书命大军曹真由斜谷进入汉中，大将军司马懿逆汉水由西城（县治在今陕西安康西北）进军，与曹真在汉中汇合，其他将领有的由子午谷，有的由武威进军入蜀，而司空陈群却反对主动出击的方针，认为斜谷地势险阻，粮运困难，主动出击会代价太大。曹真和陈群都在坚持自己的看法，曹叡大概一时也拿不定主意吧，于是就把陈群的建议书交给曹真参考，曹真是西线各路军队的统领，他于是统领各军按所定路线出动（参见 2.3.8《与魏军的两次交锋》）。

诸葛亮听说魏军来到，以二万军队驻扎在成固、赤坂（今陕西洋县）等待魏军。当时大雨连下三十多天，栈道断绝，魏军被困于山谷之间，进退不得，曹真安排全部士卒修路，但发兵一月后行军才到半路。太尉华歆上书认为不该放弃原定的守御策略而主动进军，曹叡回答说："敌人凭借高山险阻，太祖（指曹操）和世祖（指曹丕）前世那么劳苦，尚且没有平定，我岂敢自吹自夸一定消灭敌人！只是各位将领以为我们不主动进取，敌人不会自行败亡，所以用兵以窥测敌人的破绽。如果消灭敌人的时机还没有到来，有周武王当年伐纣而中途回师的前例，我不会忘记历史的。"其后少府杨阜和散骑常侍王肃分别上疏，都主张不能这样消耗军队。到了九月，曹叡看见各路进军实在没有进展，于是下令曹真班师。

这次魏蜀双方的对峙，实际上没有发生真正交战。在魏国大军进击时，蜀国采取内线守御的策略，他们以寡待众，却收到了不战而胜的结果；而魏国以优势兵力主动出击，竟然连交锋决战的机会都没有寻到。曹叡告诉华歆说想以主动出击的方式观察蜀军的破绽，这恐怕正是他们冒险进军的原因之一。在秦岭险阻的南北两侧为敌，谁把出击交战的主动权让给对方，谁就能取得战场上的主动。魏军这次主动出击而毫无收获、狼狈撤归的事实，也从反面验证了他们原来所定守御待敌策略的正确性。

第四次，231 年二月，蜀汉丞相诸葛亮命李严以中都护的官职署理汉中留府事务，他自己率领各路大军进犯魏境，围攻祁山，用木牛运输军需物资。因为大司马曹真病重，曹叡即对驻军宛城的司马懿说："西线有战事，只有你才可以托付。"他让司马懿驻扎长安，统领将军张郃、费曜、戴陵、郭淮等抵御蜀军。这是诸葛亮与司马懿的首次正面交锋，双方在此交战近半年之久，

185

当年六月,诸葛亮自称粮尽而退军(参见 2.3.9《射杀张郃的祁山之战》)。这次交战中蜀军在战场上占据着上风,魏军在追击中折损了一员名将,而以守御策略保守祁山之地,这方面也没有过大的损失。

第五次,234年二月,诸葛亮领十万大军准备从斜谷出兵攻魏,并派遣使节前往吴国相约同时大举出兵。当年四月,蜀军兵至斜谷关(今陕西眉县西南),在东西流向的渭河之南安营。司马懿率各路部队与蜀军相拒。曹叡对司马懿说:"一定要坚壁拒战,以此挫败敌军锐气,使他们进攻不能得逞,撤退不能交战,停留时间长久则粮食耗尽,劫掠也不会有收获,他们必然撤军。待敌撤退时再去追击,才是全胜之道。"司马懿应该是充分理解这种用兵策略的精妙处,所以蜀军几次挑战他不予理睬,宁可穿上诸葛亮送来的女人服饰也坚壁不出(参见 2.3.12《秋风五丈原》)。

魏国军队这次与吴蜀两国在东西两线上同时作战,曹叡其时乘坐龙舟东征,他亲临将军满宠指挥的对吴战场坐镇观战,当吴军在东线作战不利而撤归时,曹叡也离开了战场。群臣以为司马懿正在同诸葛亮相持不解,皇帝可能会向西前往长安坐镇,但曹叡说:"孙权已经退走,诸葛亮必然破胆,大军足以制胜,我没有忧虑了。"于是到了寿春,检录各将领的功劳,给参战将官们作了授封赏赐后返回了许昌,去参加汉献帝在禅陵的安葬仪式。在曹叡看来,前线军队如果采用了良好的战术策略,蜀汉军队的骚扰是不足为虑的。

魏蜀双方军队在五丈原相持了一百多天后,诸葛亮听到了吴国在东线作战没有取得结果的消息,他心情悲伤,加之事务繁杂,长期压抑不能解脱,最终病逝于五丈原。司马懿这次真正是把守御策略坚持到底。魏国军队的最后胜利,得益于曹叡早先的作战部署,说到底是魏国君臣选定的那种战略方针的成功。

1.5(7)用权力测试真诚

曹叡的朝廷有一位智识超众的老臣刘晔,他在曹操创业时就是司空主簿,在曹丕建国后进入朝廷中枢,曹叡执政后对其非常看重,军国大事多会征询并考虑他的意见。当时在是否出兵讨伐蜀国一事上,曹叡曾在朝廷推动过一次群臣讨论,希望大家都能真诚地谈出自己的看法,互相切磋和补充,以便拿出最好的方案供决策选用,但事情在刘晔身上却出了问题,一时竟把皇帝

<<< 1.5 聪明睿智的年轻帝王（曹叡）

曹叡弄得颇费周章。

事情是，曹叡大概一段时间里被诸葛亮的边境骚扰搞得非常烦恼吧，于是想要讨伐蜀国，但朝廷内外都说："不可。"曹叡召来刘晔入朝商议，刘晔则说："可以讨伐"；他出来和朝廷大臣讨论，则又说"不可"。刘晔富有胆智，所说的话都有根据，言谈有声有色很能服人。中领军杨暨是曹叡的亲信大臣，他是执掌禁军的三品官员，平时也很看重刘晔，是持不可伐意见中最为强硬的人，杨暨参与讨论以来每次从朝廷返回就去拜访刘晔，听他讲不可讨伐的新道理。有一次杨暨陪曹叡到皇家御园天渊池（故址在今洛阳东白马寺一带）游玩，曹叡说起了伐蜀之事，杨暨恳切规劝，曹叡说："你是个书生，怎么知晓军事！"杨暨谦逊地说："我出自末流儒生，承蒙陛下信任，把我放在出类拔萃的群僚中，位在六军之上，我内心有微小的想法，不敢不全部说出来。我的话诚然不足采纳，侍中刘晔是先帝的谋臣，也常常说蜀不可讨伐。"曹叡说："刘晔与我说蜀可伐。"杨暨说："可以把刘晔叫来对质。"曹叡很快召刘晔前来，与杨暨二人询问刘晔，刘晔始终不说话。

刘晔在皇帝和臣僚面前说下了观点完全相反的话，偏偏两人都很看重他的想法，把他的意见作为坚持自我观点和强化信心的支撑，君臣两人碰到一块儿说事，各自亮出了自己观点的支持者，竟然同是刘晔其人；约来刘烨让他当面表态，他竟然一言不发，当事人至此不知道刘晔葫芦里卖的什么药，弄不清他对伐蜀一事究竟是赞成还是反对。清楚事情的局外读者大概也会以为，刘晔是用沉默来应付他因两头说话导致的尴尬局面吧。

后来刘晔单独晋见曹叡，他责备曹叡说："讨伐一个国家，是一项重大的决策，我参与讨论这件重大谋划后，常常害怕说梦话泄漏出去增加我的罪过，怎么敢向人说这件事？用兵之道，在于诡诈，军事行动没开始时，越机密越好，陛下公开泄漏出去，恐怕敌国早已听说了。"噢！刘晔的沉默不言，原来是要把讨伐蜀国的真知灼见向皇帝之外的大臣保密，哪怕是对皇帝的亲信也不轻易泄露，这对国家和皇帝都是多么大的忠诚啊！既给皇帝献出了宝贵意见，又为皇帝顾及了应有的保密，于是曹叡向他道歉，这当然是因为自己对保密的疏忽大意，也可能包含对刘晔一时的疑惑误解而在明白后的愧疚。

刘晔在晋见皇帝出来后责备杨暨说："渔夫若钓到大鱼，就要放长线跟在后，等到可以收制时再将线牵回，那才能得到鱼。帝王的威严，难道能与大

187

鱼相比！你诚然是正直的臣僚，然而所提意见没法采用，应该仔细想一想。"刘晔是以前辈老资格的身份教给杨暨处人之道，大体是要表达社会生活中的一种处事方法，即认为先要适应对方，然后才能从对方那里获取需要的东西。杨暨大概觉得刘晔对自己表达了宝贵的人生经验，一时没有反应过来吧，出于长期对他形成的崇敬之心，在对方教导自己时向他道了歉，也是自认缺少生活经验而在前面曾对刘晔产生过疑惑与误会的缘故吧。

　　到此为止，杨暨认为刘晔是一位很有生活经验极会处事的人，曹叡则能清楚地认定他对伐蜀的肯定态度和对自己的忠诚，以及他处事的仔细和谨慎，进而有理由断定他是一位好大臣。而局外的读者仍然不清楚他对伐蜀一事的真正看法，因为面对曹叡一人时他伐蜀的说法始终没变，而对杨暨又说必须适应帝王，不知道他给曹叡表达的意见是对事情的真实判断，还是为了适应曹叡。史书上说，刘晔就是这样一位持有两端之说能随时变换应付多种局面的人。看来刘晔脑子灵活，反映机敏，善于围绕掌控权力的君主上司展现自己的才华与忠诚，同时应对朝中各种场景的复杂情况都是游刃有余，完全可以在曹氏三代执政属下永不失宠。

　　然而，过了一段时间，还是有细心人发现了问题：刘晔多年来每向君主表达的意见总是和君主的意向相符合。应该说，多次出现君臣意见相合的情况并不奇怪，英雄所见略同嘛！但在几十年间一直如此那就不正常了。事实上，君主们在当朝客观地描述问题时总会有轻有重，对信任的大臣常会首先表明自己的态度，即便他准备最后表态，也会不经意间把自己看重的方面阐述得更清楚些，有时还会有情绪和认识倾向的无意表露。那位细心的大臣发现了刘晔在君主征询意见时采取的讨巧取宠的方法：刘晔总是在特定场合专注于捕捉君主的意向偏重，然后把这种意向作为自己的观点，附加上充分的说明和论证，作为自己的看法端出来，这样绝对保证了自己与君主认识观点的一致性，由此展现了自己的才华和忠诚，也提升了自己在朝廷的威望。君主在遇到问题时征询大家的意见，大多情况下是真诚地希望自己的看法得到纠正和补充，刘晔则把自己的聪明才智不是放在对客观事态本身事理的考察探究中，而是采取讨巧取宠的方式迎合君主，这当然会损伤国家利益，也是对皇帝的不忠诚表现。

　　于是那位大臣对曹叡说："刘晔对皇帝不尽忠心，善于探察君主的意向而有意迎合,请陛下试一试,在与刘晔说话时全用相反的意向询问他,如果他的回答都与您口头所问的意思相反,说明刘晔经常与陛下的圣意相一致;如果他的回答都与所问意思相同,那就表明刘晔的回答是有意迎合,他的真实情状就暴露无遗。"大臣是在告诉曹叡,在征询意见时如果刘晔在场,就请君主把内心不赞成的意见有意端出来强调,比如想要伐吴国,就故意表现出不想伐吴的意向,这样测试刘晔的态度。刘晔不是多年间都和君主圣意相合吗,这样看看他此后的回答是真正合于圣主的内心意向,还是合于虚假的口头表达。很显然,这一测试的设定是针对刘晔一人的,曹叡觉得这个办法也可以用用,大概他觉得刘晔如能通过这些测验,也可以展现出一位杰出臣僚始终与君主心心相通的奇迹,让那些内心不服的大臣有所折服。然而不幸的是,刘晔在这样的设定下,每次发表的意见仍然合于君主的口头意向,却总和曹叡的真实想法相对立,多次试验都测试出了刘晔在皇帝面前发表意见时投机取巧的卑劣性。《资治通鉴·魏纪四》《三国志·魏书·明帝纪》引注《傅子》中记述,曹叡按大臣所提办法检验刘晔,果然发现他的说话都是有意迎合,从此疏远了他,将其调任到朝廷中枢之外。刘晔不久精神失常,后来忧虑而死。

握有权力的君王需要跟随者的忠诚,但忠诚必须是真诚的态度,尤其是君主们在需要大臣发表意见的场合,大多有对自我认识不自信的一面,他们需要各位人物真正拿出直面事理的真知灼见。刘晔在君主面前讨巧取宠,送上来的则是虚假的忠诚,他是用聪明出众的机灵方式把自己忠诚中的虚假性掩饰起来,但终究经不起权力设定的测试,暴露了他对君主的不忠诚。西晋史家傅玄(217—278)所著《傅子》中对此评论说:巧诈不如拙诚。以刘晔的聪明智慧和处事方式,如果坚守道德大义,真诚地行事做人,可以与古代的贤人相比!但他却只用才智,不守真诚,最后失掉了君王的信任,落下不好的名声,危害了自己。曹叡在这里对一味看权力眼色的人作出特定设计,以权力测试真诚,测试结果影响了刘晔的人生,同时向人们揭示了忠诚与真诚的区别与联系,表明基于真诚的忠诚才是可靠的。

1.5(8) 律法专家的探索创新

曹叡自幼好学多识,尤其对律法很有兴趣,在该领域做过一些研究探讨,他执掌了国家政权后，在内政治理上对律法的建设革新曾投入了更多的关注，他继位当年就组织大臣对肉刑问题进行了讨论，试图调整律法条款，当时被战事所打断（参见 1.5.2《军国政务的处置风格》）。《资治通鉴·魏纪三》《三国志·魏书·明帝纪》记述了他后来对该项建设所作的不少设想和采取的多次革新措施。

洛阳城东早先建有供游乐的平望观（故址在今白马寺一带），曹叡在229年十月将其改为听讼观，他常说："刑狱之事，关系天下人的性命。"每次判决重大刑事案件，他经常会到听讼观听和看。以前，魏文侯老师李悝著《法经》六篇，商鞅接受下来以此辅佐秦国，萧何制定《汉律》，增加到九篇，以后逐渐增到六十篇，又有《令》三百余篇，《决事比》九百零六卷，世代都有增加和减少，错杂无常，后代人又剖章析句，各家对此作了注释，有马融、郑玄等儒学大师十余家，以至到了曹魏时，能够适用的总计有二万六千二百七十二条，七百七十三万余言，阅读愈加困难。曹叡于是下诏提出，只采用郑氏的注释，他又下诏让司空陈群、散骑常侍刘邵等修改汉朝法规，制定《新律》十八篇，《州郡令》四十五篇，《尚书官令》《军中令》合计一百八十余篇，虽然比萧何《正律》九篇有所增加，但比其他附属法令精减了。这里对律法作出修订和改革的目的，是要对历史上积累形成的繁芜条文作出精简，并使其更加切合现实，推动律法的简明实用。

尚书卫觊上奏说："刑法对于国家非常重要，但人们私下议论时却被轻视；监狱官吏掌握着百姓性命，却被任用者所忽略。国政衰败，未必不是由于这一缘故。请设置法律博士。"曹叡采纳了他的意见。法律博士的设置，改善了律法队伍的人员结构，加强了行业队伍整体素质的建设，也提升了人员及行业的社会地位。

234 年二月，太白犯荧惑，金星逼近了火星，古人认为这是对天下政治治理的某种警告，曹叡由此想到了国家的刑法问题，他下诏说："以鞭笞作为官方的刑罚，本意是为了改变对法令的轻视，近年许多无辜者死于鞭杖之下，现在应减少鞭刑的使用范围，并将这一规定写进法令。"他在另一处士庶罚金令中提出，将男子的某种鞭笞之刑改为罚金，将女人的鞭笞之刑改为鞭督，单纯鞭打而取消笞刑，因为笞刑是用木板或棍子打击犯人的背部或臀部，取消笞刑是为了避免女人的形体裸露于外。曹叡的这次刑法改革涉及面不大，无论他的目的如何，但其中反映着他对刑罚滥用现象的杜绝，也体现了他追求刑罚人性化的思想理念。国家治理涉及的问题很多，曹叡从天象的异常现象中联想到了刑法中某种弊端并立即加以革除，也足以表现他对律法问题的留意与重视。

236年六月，曹叡下诏令说："从前有虞氏把五刑画成图像公布出去，百姓就不再触犯法律；周代设置了刑法却很少使用。我自继位以来，尽力效仿以往各代国家治理的长处，想实现好的社会风气，现在看来还相差甚远。法令越是明确地昭示天下，违法的人越是增多，刑罚实行得越多，而各种犯罪仍不能制止。过去颁布过一些苛刻的法令条文，现在打算把其中大多予以免除，这也是我挽救百姓性命的真诚心愿。听说各郡审断的犯人每年多达数百，这难道是我在治理国家中引导不够而致百姓看轻犯罪，同时严苛的刑罚手段存在，进而把百姓引入了陷坑？执法部门在议定案件的缓死意见时，务必应以宽松为要。有些请求宽恕的犯人，往往还未申诉情由，而案子已经判决，这就不利于搞清事实并做到合理判决。现今要求廷尉及各地司法官员，今后遇到判死罪的案子，必须在案情全部清理后决断；谋反案和亲手杀人的案子之外，其他死罪都应尽快通知其亲属，如本人请求宽恕，应将陈请书信和有关的案情文书一起上报，我将考虑保全他的生命。这一规定应布告天下，使民众都能知道我的心意。"

事实上，传统社会的法律制度与当代社会的法治相去甚远，双方差别的根本点在于立法的主体根本不同。曹叡的法制理念及其时代局限，决定了他的律法变更都是根据君主等执政者的意志来进行的，然而曹叡的律法改革还是充分顾及了民众的利益和需求。在他看来，社会公布法律，昭告一定行为应得的刑罚，归根到底是为了制止人们的犯罪，曹叡正是本着这样的心意去修改律法，确定司法改革目标的，这一目标和减轻刑罚的用力方向都不为错，但多年来推行实施的效果却并不理想，这使他对以前的法律及其修改产生了某种怀疑，古代曾出现过的无罪或少罪情况何以能够实现？曹叡对此思考的结果反而是：国家的刑罚大概是太重了！老子说："法令滋彰，盗贼多有。"曹叡对当时律法实施效果的观察竟然和老子当年的判断暗中相合，于是他按照老子的治国思路，准备调转方针，实行更加宽松、并且附有开恩免罪的律法形式，以求收到古代那样无罪或少罪的治理效果。

老子曾告诫国家治理者说："我无为，而民自化；我好静，而民自正。"曹叡拥有自己的司法理念，曾积极观听诉讼案件和参与司法实践，组织力量整理修订了那么多的律法条款，制定了适应社会现实的新律法，推动了国家的司法改革和新条款的实施，可算得上是三国时代的律法专家，但经过多年的治国实践，他反而受到了老子无为思想的某种牵引，准备推行更为宽松的律法制度与刑罚措施。当然，这些设想未必能够真正地在全国各地推行下去，推行了的地方未必能出现理想的效果，但这里却反映了他思考和努力的方向，他是一位不拘陈规、善于探索创制且心底良善的年轻帝王。

1.5（9）面对的民族事务

曹魏国势的强大和对蜀国军事防御的接连胜利，对地处周边的许多少数民族部落产生了持续的震撼和吸引，他们不断调整与曹魏的双边关系，谋求和中原大国的和好；边远之地本来就是国家政治统治力比较薄弱的地区，曹叡遵循着重华轻夷的策略方针，尽量以息事求和的善意处置这些关系。他在228年封辽东太守公孙渊为扬烈将军，就是采取了容忍抚慰的策略（参见1.5.5《曹叡的国家治理》下）。《三国志·魏书·明帝纪》记述了其后十年间曹叡对周边民族事务的处置，从中能看到他一以贯之的灵活态度及其实际效果。

和好大月氏 在三国时代的今新疆西部伊犁河流域及其迤西一带居住着大月氏民族，这是不久前从今敦煌、祁连间西迁来的部族，汉武帝时的张骞曾经出使其国，当时与汉朝联系较多，其后踪迹多变。在曹叡执政的229年十二月，国王波调派遣使者前来奉献，这是许多年已经没有出现的现象。这一行为表明，大月氏是开始把曹魏当作中原上国来看待，曹叡于是封波调为亲魏王，不仅给了他次于天子的王位，还从名称上标注了其与魏国的亲密关系。

对付轲比能 鲜卑族是游牧于今内蒙古西那木伦河与洮儿河之间的东胡族分支，他们是在匈奴西迁后势力渐盛，东汉末期组成了军事行政联合体，分为东、中、西三部，各置大人率领；后来联合体瓦解，有步度根与轲比能等首领各拥部众，虽然附属于汉魏，却经常发生矛盾冲突。曹丕建国不久封轲比能为附义王，但他不时会挑起边境事端（参见1.4.20《战争期间的国内政局》），在曹叡执政的 228 年仍然制造动乱。231 年四月，附义王轲比能率本族人及贝加尔湖之地的丁零大人儿禅到幽州贡献名马，这属一种主动献好的表示，魏国朝廷接受了这种友好，同时在北方重新设置护匈奴中郎将，此为驻守晋阳负责管控北方少数民族事务的二千石官员，这表明曹叡的朝廷希望把主动示好的轲比能纳入正常管控的渠道。235 年十一月，幽州刺史王雄派遣勇士韩龙刺杀了鲜卑轲比能，导致其部落离散，内部相互攻击，此后强大的去了更远处，弱小的归顺了魏国，边境随之平安。

塞北的交战 233 年六月，当初归附魏国并驻守雁门边塞的鲜卑族首领步度根与首领轲比能私下勾结反叛，有资料说是诸葛亮六出祁山前为配合自己的军事行动而引诱轲比能在北方反叛魏国。并州（郡治在今山西太原西南的晋阳）刺史毕轨向曹叡上书报告此事，说明自己已出动军队，声称该行动对外以威慑轲比能，对内以警告步度根。曹叡看了毕轨的奏书说："步度根被轲比能拉拢引诱，本来还心存疑惑，如今毕轨出动军队，只能使他们惊恐之下联合一体，促成步度根的反叛，这怎么谈得上是威慑呢？"他紧急传令给毕轨，所辖兵马切勿越过边塞开到句注（今山西代县西北十五公里的雁门山）一带。曹叡是想避免两股敌人在国家军队外压之下形成联合之势，但等诏书传到前线，毕轨已指挥军队开过边塞到达阴馆（故址在今山西代县西北）驻军，并派手下大将苏尚、董弼二人追击鲜卑部队。恰逢轲比能的儿子率千余骑兵驰往步度根的营寨，魏军与其在楼烦（今山西宁武附近）相遇并展开激战，应该是并州的地方军不如鲜卑骑兵骁勇善战吧，苏尚、董弼的军队很快溃败，步度根遂率本部人马反叛出塞，与轲比能合兵骚扰魏国边境。不久，曹叡重新派遣骁骑将军秦朗统率精锐部队开赴边塞讨伐，叛军战败后逃到漠北（指蒙古高原大沙漠以北的外蒙古区域）。十月，步度根部落的另一首领戴胡阿狼泥等人到并州请求投降，秦朗接受投降并班师返回。

安定平叛军 233 年九月，屯驻安定（郡治在今宁夏固原）地区保卫边塞的匈奴首领胡薄居姿职等人率部反叛，朝廷让大将军司马懿的部将胡遵领军前往平叛，很快击溃叛军并迫使其首领投降。

肃慎贡楛箭 236 年五月，在今东北长白山一带的肃慎国前来进献楛箭，这是用楛木制成的石弩弓箭。事情虽然不大，但意义不小。《国语·鲁语》中记载，孔子当年在陈国时，有一只隼鹰落在了陈国君主的庭院里死了，楛箭射穿了它的身体,箭头是用尖石做的,箭有一尺八寸长。孔子对陈惠公派来询问的人说:"这隼来得很远,它身上的箭是肃慎氏制造的。从前周武王打败了商,开通了南北各民族的道路,命令他们各拿本地的土特产进贡,肃慎氏就向周天子进贡楛矢和石砮,箭长一尺八寸。武王为了表明他使远方民族归附的威德,就在箭尾扣弦处刻上'肃慎氏之贡矢',并送给嫁于陈国虞胡公的大女儿。国君如派人去贵国旧府里寻找,大概还能找到。"陈惠公于是派人寻找,果然在用金装饰的木盒里发现了楛矢,像孔子所说的一样。楛箭因为产地遥远,极不易得,又有周武王首先得到作为女儿陪嫁,以及孔子与陈侯相互谈论的情节,所以极具历史文化意蕴;尤其是周武王当年得到贡献的珍物,现在曹魏朝廷得到了同样的贡献,其意义极有想象的空间,魏国君臣的心情应该是非常满足的。

高句丽示好 236年七月,在辽东之东千余里处,地跨今吉林与朝鲜之地的高句丽国,国王位宫当时将东吴孙权派去联络的特使胡卫等人斩首,并将首级送到幽州。后来知道是孙权派特使走海路到高句丽进行联络,图谋南北夹攻辽东,远方高句丽国主动断绝了和东吴的联系,心甘情愿地向曹魏表示友好,无论从军事战略上还是政治影响上都是值得魏国君臣庆幸的事情。

凉州的平叛 238年八月,西部凉州以外的烧当羌王芒中、注诣等人领兵反叛,凉州刺史率地方各郡部队进攻征讨,将注诣斩首。

廖惇的攻击 238年九月,阴平(治今甘肃文县西北)太守廖惇反叛,向魏国守善羌侯在石宕、薑川的营地发起进攻。雍州(治今西安市西北)刺史郭淮派遣广魏(治今甘肃临渭)太守王赟、南安(治今甘肃陇西渭水北岸)太守游奕领兵反击廖惇。郭淮向曹叡上书说:"王赟、游奕分兵从廖惇所占之山的东西两侧进行夹击,已经在外面将贼寇围困,攻破只在旦夕。"曹叡看了上书后说:"作战中就怕兵势离散。"他立即给郭淮写下诏书送走,让郭淮命令游奕撤销非要害之处的驻军,安派军队到适宜的地方集中使用。结果曹叡的诏书尚未送到,游奕的部队就被廖惇所攻破,王赟被战场流箭射中而死。

有史家认为,蜀国廖化本名淳,这里所说的廖惇,很有可能是廖淳的误写,因而向魏国守善羌侯发动进攻的可能就是蜀国大将廖化,但史书中没有廖化作阴平太守的记录。考虑到陈寿几次提到蜀国历史档案不完善的情况,以及这位廖惇在被包围后反败为胜的出色指挥能力,估计这里发动进攻的极有可能是蜀将廖化。从郭淮对战场形势的错误估计和曹叡发出的纠错诏书上看,曹叡像他的祖父曹操一样,对军事战况把握的精准性也是令人佩服的。

1.5（10）对族内事务的处置

曹叡执政期间同样面临皇族内部的诸多事务,包括对族内诸侯王的管控、宗族共同事务的规范和宗庙的设置变更,以及子嗣与皇统的安排等,其中有些事务在曹丕执政时就有特定的处置,曹叡基本沿用了父皇的原有方式,同时也根据他自己对事情的理解和面临的实际情况做了一些调整,《三国志·魏书·明帝纪》记述了他对这些事务的具体处置。

对诸侯王政策的调整 曹魏建国后一直对族内诸侯王采取政治限制的政策,曹丕的弟弟曹植为此多次上书建议作出变更,大体上没有被国家当权人所理会;曹叡执政时因为一些异常现象,他对诸侯王仍然采取外宽内忌的方式(参见 1.5.5《曹叡的国家治理》上)。231 年八月,曹叡下诏令说:"古代诸侯按期朝聘,所以大家能和睦相处,各国也能相保平安。本朝先帝立下法令,不让分到封地的诸王们住在京都,是考虑幼主在位,母后掌权,为了防止微小差失导致重大漏洞,这是关系到国家安危盛衰的大事,因为这个原因,我已有十二年没见到各位诸侯王了,悠悠之情,怎能不让我格外思念!现在特令各王及公侯每人带一位嫡子进京朝见。以后如有少主且母后在宫中的,则仍按先帝的法令办。此规定申明天下并著之于典册。"自从 220 年曹丕称帝前后将各位诸侯王打发到封国后,曹叡一直没有再和他们见面,朝廷对他们的政治控制不能不说是严格的。曹叡这次所发的邀请入朝令,其实不是政策的改变,而是一种临时变通性安排,发诏令时曹叡刚生下皇子曹殷不到一月,大概是一时心情大畅吧,他要见见众多的各位叔父及其各家的堂兄弟,并特意说明以后仍然保留先前的政策。

各位诸侯王来京都入朝的次年（232 年）二月,曹叡再下诏令说:"古代的帝王们分封亲族为四方诸侯,故而能齐心拱卫王室。我们魏朝建国时,各位诸侯王也接受封国,当时的分封都是依据实际情况决定,并没有一定的成制,也不足以为后世永远效法。现在决定将诸王之封作一变更,各位封王都以郡为国。"曹丕曾在 224 年宣布,所封诸侯王均为县王,也就是说,各王与地方县令地位相当。经过曹叡这次改动，各位诸侯王的封国由县级变更为郡级，这实际上是提升了各诸侯王在曹魏国家中的政治地位；曹叡还对父皇当年的县王之封做了一些说明，掩饰了其有意压制亲族内政治势力的用心。据后世史家考证，当年依据曹叡诏令而改封的诸侯王包括曹植、曹宇、曹霖等共有16人，表明了曹叡对族内诸侯王限制政策的稍许放宽意向，这大概与四个月前各位诸侯王来京朝觐及导致的关系舒缓不无关系吧，也不能排除皇子曹殷的出生给皇家带来的喜庆气氛，只可惜这位曹殷在当年五月不到一岁时就过早离世了。

建立七庙 历史上各朝的宗庙大体上都是以七为满，曹魏当时因建国时间短，其宗庙自然需要逐步建立。自曹丕建国后，他们的宗庙一直在邺城，曹叡在229年将其迁于刚建成的洛阳并将高祖曹腾的灵位置放其中（参见1.5.3《皇帝的家事》）。233年三月他再发诏令，将已故大将军夏侯惇、大司马曹仁、车骑将军程昱的灵位列于太祖庙庭，配享祭祀。

237年六月，已经是曹叡执政的第十二个年头，朝中主管官员对魏国的七庙设置提出了新的建议，他们进奏说："我朝武皇帝于汉末拨乱反正，是为魏太祖，宫廷中演奏武始之乐舞。文皇帝应天受命，完成改朝换代，是为魏高祖，宫中演奏咸熙之乐舞。如今圣上继承先帝大业，使国家得以大治，是为魏烈祖，乐宜用章斌之舞。三祖之庙，将万世不毁，其余四座宗庙，则随后世历代新君的不断登基嗣位而变更，在礼仪上三座宗庙完全像周王朝的后稷、文王、武王这三座宗庙一样。"据称为三座永久宗庙所配的乐舞，武始有神武之始、王迹所起之意，咸熙有应受天命、万事兴旺之意，而章斌具有把文、武相合、圣德章明之意。曹叡对这一建议做了表面辞让后最终采纳实施。

七庙设置的这一最新建议，其重大变化是把现任皇帝曹叡预设了进去，人尚且在执政地位上，就已经在后世祭祀的宗庙中留下了位置并进行自我尊显，这一做法违背常理，是以前从来没有的，因而受到不少史家的诟病。

对皇嗣问题的解决 曹叡所生的第三个儿子曹殷去世后，他已经膝下无子，这对皇室和皇帝本人都是莫大的不幸，曹叡本人应该是对子嗣具有极大的渴求心理，但却无法满足，因而一度把这种爱子之心投注到了女儿身上。

曹叡有一位非常喜爱的女儿曹淑，在232年出生三月就不幸早逝，他为此极其悲痛，追谥她为平原懿公主，在洛阳建庙，最后安葬于南陵，娶甄太后已亡的侄孙甄黄与其合葬配成冥婚，追封甄黄为侯爵，并为他选立继承人，承袭爵位（参见1.4.25《尊贵富裕的皇后家族》）。曹叡想要亲自送葬，还想前往许昌。司空陈群规劝说："八岁以下的孩子死亡，没有丧葬的礼仪，何况还未一岁，就以成人丧礼送葬，满朝都穿白衣服，日夜在棺前哀哭，自古以来没有这样做的，而陛下还要亲自去察看陵墓。希望抑制这种有损无益的事，这是普天下人最大的心愿。"少府杨阜说："文皇帝（指曹丕）、武宣皇后（指卞太后）去世，陛下都未送葬，为的是以国家利益为重，以防不测，为什么要给一个尚在襁褓中的婴儿送葬呢？"但曹叡并不接受他们的劝谏，最终还是按他的心意去参加了葬礼。

235年，曹叡执政第十年，他大概对自己的生子已经不抱什么希望了吧，因而在亲族中过继来两位儿子，这年八月，他册立皇子曹芳为齐王，曹询为秦王。史书上说："宫内的事情属于机密，没有谁知道两位子嗣是从哪家来的。"曹叡曾在229年七月下诏书对皇族继嗣问题作了规定，其中严格禁止继嗣皇统的外藩子弟与生父母等原亲属相互往来（参见1.5.5《曹叡的国家治理》下），所以曹芳和曹询虽不是曹叡所生，但在社会关系上也仅仅保持与养父母的联系，曹叡是早为此事作好了预防性安排。

1.5（11）应对南北两面之战

魏国地盘较大，又占据华夏中心地域，因而边境线较长，他们边境战事当然较多，其中最大的外敌是吴蜀两国及其策动的境外势力，吴蜀两国的侵犯常常是相互策应、同时发生的，曹叡用守御待敌的策略对付蜀汉的侵扰，自然可以以寡敌众，他把关注的重点放置在与东南方吴国的争战上，而吴国对北方势力的策反自然需要他应对南北两面的战事。

228年五月，东吴鄱阳太守周鲂以诈降手段诱骗曹休等三路大军进入境内进行伏击，其实就配合了诸葛亮兵出祁山、再攻陈仓的军事活动，魏国君臣这次上当受骗，导致战场上的全面溃败（参见1.5.5《曹叡的国家治理》下），战后曹休病逝，曹叡安排将军满宠接任扬州都督。《三国志·魏书·明帝纪》《资治通鉴·魏纪四》记述，在234年五月，配合西线诸葛亮兵出五丈原的第六次伐魏行动，东吴孙权在东线率军北上到达居巢湖（即今安徽巢湖），号称十万之众，向魏军驻守的合肥新城（今安徽合肥西十五公里的鸡鸣山东麓）发起进攻；同时吴将陆逊、诸葛瑾统领一万余人进入江夏、沔口，到达襄阳；将军孙韶、张承带一万人马进入淮河和汉水，直指广陵、淮阴。东吴组织了三路军马共十多万军队，这是一次大规模的攻势，又与蜀国的西路进攻相呼应，其规模和气势是前所未有的，这也是对魏国军事防守力量的一次考验。

当年六月，征东将军满宠率部在新城抗击吴军，该城是满宠上任后在合肥旧城西部鸡鸣山东麓依山而筑的淮南前卫阵地，在遭受东吴大军来攻时，他向曹叡建议，准备弃守新城，把吴军引诱到寿春。曹叡不同意，他向满宠传令说："过去汉光武帝派少量精兵坚守遥远的略阳（故址在今甘肃秦安东北约四十五公里），最终打败了强悍的隗嚣。我朝先帝东围合肥，南守襄阳，西边防御祁山，吴军来犯每每在这三座城下吃败仗，这都是军事上的兵家必争之地。纵然是孙权亲率大军围攻新城，新城也决不会陷于敌手。希望守城诸位将军协力作战，我将亲自前来与吴军决战，说不定等我到达新城时，孙权恐怕早已败走了！"七月中旬，曹叡给在关中对抗诸葛亮的司马懿发诏令让他继续采用坚守勿动的战术，做了这些安排后他乘龙舟亲自率军向魏吴交战的合肥出征。可以看到，曹叡本人是通晓兵法的，他对自己的军事能力大概也颇为自信，有几次对前线战场的作战结果预料极其准确，也表明他的用兵谋划能力确然不虚。六年前他安排三路大军讨伐东吴而中计失败，曹叡对此其实并不甘心认输，他是想要在孙权这次亲自领军来犯的作战中击败对手，一报兵败之恨，因而决定亲自出征。当然，在国家东西两线的对敌作战中，东线的敌人距离近，军力强盛，自然也是魏国防御和对抗的重点。

孙权军队围攻新城许多日，魏将张颖领军拒守力战，吴军难以攻破，不久听说魏国皇帝曹叡亲率大军督师作战，吴军于是锐气大减，在曹叡军队还有几百里远的时候就撤走了。孙权退走后，陆逊和孙韶两路兵马也不敢恋战，吴军的攻势于是全部瓦解，果然如曹叡所料，在他没有到达新城时吴军就撤归了，只是对方并未在战场上造成重大损失，曹叡的复仇计划这次当然也未能如愿实现。

因为吴军退走，曹叡没有到达合肥前线就中途回返，当时司马懿正同诸葛亮在关中五丈原相持相鏖，曹叡并没有如人们预料的那样西临长安督战，他认为："孙权已经退走，诸葛亮必然破胆，大军足以制胜，我没有什么忧虑。"于是前往寿春，去为对吴作战中的各位有功将领封官授爵，其后返回许昌，去参加汉献帝在禅陵的安葬仪式（参见 1.5.6《对诸葛亮的作战部署》）。魏国当时面临东西两线同时作战，但在曹叡看来，抗御蜀军靠良好的守御战术就足以保证，不值得为此耽误自己正常的政务活动。诸葛亮在这年八月病逝五丈原，曹魏西部边境的一位凶猛对手在曹叡防御待敌的策略下耗尽毕生精力而倒下了。

合肥新城之战三年后的 237 年七月，东吴孙权又遣部将朱然率兵二万围攻江夏郡，荆州刺史胡质指挥魏军抗击，吴军出师不利后退回。当时军事活动和外交是连在一起的，孙权事先曾派使者走海路到高句丽进行联络，图谋南北夹攻依附魏国的辽东（治所襄平，在今辽阳）公孙渊。曹叡闻知孙权的图谋，便派幽州刺史毌丘俭率本部兵马，带领归顺的鲜卑、乌丸部族军队开到辽东南部边境，同时发诏令给辽东太守公孙渊，命他督师与毌丘俭配合，以击破孙权和高句丽的联合进攻。这里是由于孙权在北方的外交联络，魏吴两国的战争又延伸到北方之地，并且把辽东公孙渊与北方的若干部族裹挟了进来，南方的战争延伸到了北方。

曹叡安排的是维护辽东公孙渊以对抗吴国及其北方同盟的军事活动，但不知什么原因，公孙渊竟然背叛魏国而投靠了吴国一方，大概他对毌丘俭率军队临近辽东边境一事心有疑忌，加上有吴国的拉拢策反吧。公孙渊由魏国的盟友转而成为魏国对手，他率众反叛，毌丘俭只得进军平叛。适逢大雨连绵下了十多天，辽河水大涨，军事行动难以开展，曹叡遂传来第二封诏令，让毌丘俭领军退到右北平（今辽河凌源西南，治今河北丰润）修整。乌丸单于寇娄敦、辽西乌丸都督王护留也带领部属随毌丘俭退到内地，一场大雨暂时终止了双方的军事对抗。

不久，曹叡发来第三封诏令，宣布辽东的军队将领、地方官吏及士民百姓凡受公孙渊胁迫而不能向朝廷投降者，朝廷均宽大赦免。曹叡试图用向辽东民众免罪示恩的方式争取他们归顺，瓦解公孙渊的队伍，但又出乎意料，公孙渊自毌丘俭退兵后，他自封为燕王，设置朝廷百官，并称这年为绍汉元年，认为辽东是与魏国相并列的国家，拒绝臣服魏国，事态更加复杂。曹叡于是发出第四份诏令，责令青、兖、幽、冀四州大量建造海船，准备从海上出兵讨伐辽东公孙渊。北方辽东之地尽管遥远，但这次军事行动始终是曹叡亲自指挥的，由于公孙渊的政治冒险及双方一系列的不妥协行为，致使北方不久发生了一次更大规模的征战。

1.5（12）心志突然沉沦

曹叡出生于上层贵族家庭，自幼受到祖父曹操和父亲曹丕的宠爱，虽然在十五六岁生母死后受到几年的冷落，但生活待遇应未受影响，长期的贵族生活养成了他豪华奢侈的习性，作了帝王后掌握了一个大国的政治权力，又很快取得了对群臣百官的驾驭支配之势，因而追求个人享受的本性就不时显露出来。234年曹叡出征合肥新城中途而返，他回到洛阳后开始大筑宫殿，广置美女，把更多的心思转移到了追求个人享受的方面。

曹叡在235年开始热衷于土木建筑工程，大规模修建洛阳宫，《三国志·魏书·明帝纪》引注《魏略》中介绍，曹叡在洛阳兴建太极殿，又名九龙殿，该建筑包括太极前殿（正殿）和左右两侧的偏殿，故址在今洛阳白马寺一带，同地还建有昭阳殿、总章观，观高十余丈，上面有飞翔的凤凰作装饰；又在皇家御苑芳林园中修起池沼，有专人划船唱歌。还在九龙殿前面引来河谷流水，曲折环绕，用玉石砌成水井，用彩缎包裹井栏，水从玉雕蟾蜍的口中流入，又从玉雕神龙的口中吐出；还特请史上极负盛名的机械发明家马均作司南车，制作以水为动力而旋转活动的百戏车，让水在流转中显示出各种花样。每到新年时则在阊阖各门阙之外建成巨兽模型，并有鱼龙交织、各种骑马驰骋的形状。

曹叡让在列殿北面立下八座牌坊，才人以上的宫女按等次序列居住其中，贵人夫人以上的则在南面的附殿，她们的品级待遇与朝中百官的数额相同。曹叡经常在这些宫殿内游宴，于是选取能够撰写可以托付书信事务的女子六人，让她们担任女尚书，掌管宫外的上书奏事，如果上书言事恰当画上同意就行。自贵人以下到生活照料，以及宫廷洒扫和演习歌舞的女性，各有上千人。

除在洛阳大修宫殿、充实宫女外，曹叡又想铲平北邙山（在魏都洛阳与黄河之间）山顶，想在上面建造台观，以便远望孟津（今河南孟州西南的黄河上）。卫尉辛毗规劝说："天地自然形状本来就是高低不平，现在要反其道而行，既不合于天理，又耗费人工，民众无力承担。如果九河涨满，洪水为

1.5 聪明睿智的年轻帝王（曹叡）

害时，丘陵都被夷为平地，将靠什么防御呢？"由于大臣的劝谏很有道理，这一工程才作罢。后来他又把原设在长安的钟、橐佗、铜人、承露盘移到洛阳。承露盘搬迁中折断，响声传出几十里；铜人太重，无法运到洛阳，只好留在霸城。同时广征黄铜，铸成两个铜人，称为翁仲，并排放置在皇宫司马门外；又熔铸黄龙、凤凰各一个，黄龙高四丈，凤凰高三丈多，安置在皇宫内殿前。还在芳林园西北角堆起一座土山，命公卿百官都去运土，在上面种植松树、竹子、杂木和茂草，捕来山禽杂兽放到树草丛中，以供不时游玩。

曹叡性情严厉急躁，对那些修建宫殿没能如期完工的人，他亲自召来责问，话还没出口，已被杀头。散骑常侍兼秘书监王肃上书说："现在宫殿还没建成，参加劳作的人已有三四万人，九龙殿可以使陛下安居，里面足够安置六宫人员；现在太极殿工程尚大，愿陛下指派领取国家粮饷目前又无紧急任务的士兵，挑选一万名身体强壮的人，让他们一年轮换一次。大家都知道到达期限后有人替代，就会乐于在工地劳动，辛劳而无怨言了。总计一年有三百六十万工，也不算少；本应一年完成的，不妨三年完成，遣散其余的民工，使他们回去务农，这才是长远之计。"

当时有诏书宣布，已经嫁给下级官吏和平民为妻的仕女，一律改嫁给出征兵士，允许平民以相当数目的牛马牲畜赎回，而皇家实际还从中选出美貌的送到宫中。太子舍人张茂上书说："陛下是上天之子，百姓和小吏都是陛下之子，现在夺彼予此，这和夺兄之妻送给弟弟是一样的，是作父母的偏心了。诏书上还说可以用价值相当的马牛牲畜赎回应被改嫁的妻子，这会使富家倾家荡产，穷人则典当借债；朝廷把许多女子送到皇宫，色丑的才配给士兵，这样，配到妻子的人未必高兴，失去妻子的人必定忧伤，或者穷困或者忧愁，都不如愿。一个拥有天下的君王而得不到万民欢心，那是很危险的。自汉末衰乱以来四五十年，战争就没有停息过，现在强敌压境，企图吞灭魏室，陛下不兢兢业业地考虑崇尚节俭，反而追求奢靡，宫殿中制作游戏器物，后园竖起承露盘，这即便能使人赏心悦目，但也足以助长敌人图谋我国之心！"曹叡并没有听从。

曹叡在232年九月就修筑许昌宫，建起了景福殿和承光殿，他追求享乐的心性就已露头，而当时的工程并没有多大规模，但234年过后他的设想极多，颁布的诏令多含有满足个人享乐的目的，如搬迁承露盘、修建人造山等，改嫁仕女本来就不合情理，又夹杂着充实宫女的行为等。从王肃和张茂两人的建议可以看出，曹叡当年开始修建的工程，所耗费的民力极其巨大，他的个人情志在当年的确发生了很大转变，开始把主要精力放在了个人享受的追求上，完全看淡了国家的建设与发展。曹叡的治国心性所以会在当年发生如此巨大的转变，应该是有一些原因的。

首先是外部压力的减弱。234年秋蜀汉丞相诸葛亮去世，魏国当时面临的凶猛外敌似已消除，而吴国当年组织的三路军队规模化进攻也显示出了外强中干的特征，这使曹叡对国家的治理和掌控再也没有什么可以担心的了。人们当然可以认为诸葛亮的去世并不等于蜀汉的消失，曹魏的外部对立面仍然存在，但曹叡在内心是把诸葛亮作为最大的敌手来看待，他认定没有了诸葛亮的配合，孙吴一方也难与魏国相抗衡，因而在诸葛亮身后他感到的是紧张心理的放松，治国的心思自此开始减弱。

其次是他对魏国的未来建设失去了兴致。曹叡在两年多前失去了自己仅有的第三个儿子曹殷，又失去了最心爱的女儿曹淑，三十岁的曹叡在三个儿子夭折后竟然对自己再次生子养成已失去了自信，尽管他还有一位被称齐长公主的女儿嫁给了李韬，但古人看重生命的血亲流传以及身后的烟火祭祀，由于当时某种偏狭观念作祟，曹叡自己已经觉得身后没有骨血能够留存于世间，他感到未来的魏国已经与自己切身关系不大，因而对国家的建设和发展没有了兴致，宁愿放纵欲望以享受生命的所有时光。

另外还在于魏国当时没有了说话劝谏有分量的人物。曹叡226年继位以来，不仅太皇太后卞氏、郭太后都已逝去，且先朝大臣曹休、王朗、钟繇、曹真、华歆、董昭，后来又有陈群等一批有威望的老臣都相继离世，曹叡所信任的战将张郃、郝昭等也都不在人世。许多新上任的臣子当然看到了曹叡治国和做事中的问题，但他们的劝谏没有多少分量，难以得到曹叡的重视和采纳，致使他在奢侈享乐、自我沉沦的生命窄道上难以止步。

史家胡三省认定，诸葛亮死后，曹叡在国内大兴宫室，就是古代人们说的没有了外部压力所致；清代学人何焯也指出，诸葛亮死后，魏国边境几无战事，曹叡因而放纵欲望而追求享受。应该说，出生富家贵族的曹叡本身就没有祖父曹操、父亲曹丕早年那样的高远理想与个人志向，甚至没有父皇青年时代那样喜爱文学和青史留名的一腔情怀，执政后他凭着个人的聪明睿智稳定了一个大国的政局，有效对付了来自内外的各种政治压力，但当这种压力一经减弱，加上他对人生的短视性理解，于是心志沉沦，很快变成了一位不思进取的庸常帝王。

1.5（13）对忠臣劝谏的圆通处置（上）

曹叡自234年后心志沉沦，走向了追求个人奢侈享乐而忽视民众利益和国家发展的狭窄之路，许多正直的大臣看出了国政治理的问题，向他提出了真诚的劝谏。《资治通鉴·魏纪五》记述了其后三年间大臣们上奏的二十多份谏言，这是曹叡执政期间受到批评意见最多、君臣双方互动最为频繁的时期。曹叡对这些意见均能认真辨析，但他采用了一种更为圆通的处置方式。

陈群谏役民 曹叡于235年在洛阳宫大兴土木时，司空陈群上书说："当年大禹承继唐尧、虞舜的昌盛基业，尚且居住低矮的宫室，身穿粗劣的衣服，如今战乱之后，魏国人口很少，相当于汉朝文景时的一个大郡；加之边境常有战事，将士劳苦，如果出现水旱灾荒，国家就陷入危机了，愿陛下考虑！"曹叡回答说："帝王之业和帝王宫殿应该并行建立，等消灭了敌人后，就会取消军队防守，怎么会大兴劳役呢？修宫殿如同萧何当初修治未央宫，本来是你的职责。"陈群说："从前汉高祖只与项羽争天下，项羽被打败时，宫室都被烧毁，萧何修建了武器库、粮库，都是紧迫需要，但高祖还责备修建得华丽了。现在吴蜀两国还未平定，没法与汉初等同。人想要满足私欲，总能找到借口，何况帝王没人敢于违抗，但作为帝王应该一切为国家百姓考虑。"曹叡于是削减了一些工程。

陈群在这次上书后次年去世，他是看到了曹叡治国中的问题，曾前后多次陈述意见对其劝谏。据说他每次都是封好奏书后当即毁掉底稿，他的儿子和其他人都不知道上书之事，当时有人讥讽陈群身居高位，却对朝中的事情默然无言，十多年后魏国执政人从国家档案中选取群臣上书编纂《名臣奏议》，人们才知道了陈群进谏的事情，看后都赞叹不已。

当时在答复陈群的意见时，曹叡果然拿出了关于消灭敌人后就会取消军队防守的盾牌当托词，表明他内心的确对诸葛亮死后的边境防守有所放松，已经在考虑未来撤兵之事。听到了陈群第二次的坚持性意见，他觉得有些道理，但又不愿就此放弃个人享受，于是削减了部分修建工程，对老臣的谏言表示了一下接受的姿态而已。

高柔劝节欲 曹叡当时还沉溺于宠妃美色,宫中女官的地位和俸禄比照朝中百官的数目,又设置六位女尚书处理政务。廷尉高柔上书中说道:"《周礼》规定,天子可有后妃以下一百二十人,嫔妃的仪制已经够盛大了,我听说后宫人数已超过这个数目,陛下子嗣不盛,大概就是由此引起。现在应精选少量贤淑美女,备齐内官数目就行,其余的全部遣送回家,陛下应该育精养神,以专静为贵,这样,《诗经·螽斯》中所说'宜尔子孙',多子多孙的事情就可以出现了。"高柔的意见抓住了曹叡消极沉沦思想的一个病根,并且提出了解决问题的根本途径,他不避君王忌讳,直露的表达极其大胆。曹叡回答说:"你总是能正言进谏,还有什么事情请继续进言。"聪明超人的曹叡能理解高柔的一腔忠诚,他并不计较臣下言语犯忌,给了其适当的鼓励,但却没有看到他接受劝谏而省减宫女的行动。高柔在曹叡的鼓励下不久又上书,建议朝廷放宽对百姓射杀皇家禁地内麋鹿的死刑处罚。

杨阜的直谏 少府杨阜上书说:"陛下承继武皇帝开拓的帝王大业,保持文皇帝一贯遵循的方向,应该向古代圣贤的治国看齐,借鉴各朝末世放纵欲望的弊政。假使汉末桓帝和灵帝坚守高祖的法令制度,保持文景二帝的恭俭之风,太祖(指曹操)即便富于神武,能往何处施展,而陛下又怎么能够处在至尊地位呢?现在吴蜀两国还未平定,军队在外戍边,各项修建工程,请陛下务必简约节省。"曹叡下诏赞同这一意见。

大概是看到曹叡没有改错的行动吧,杨阜又上书说:"尧帝推崇简陋的茅屋却万国安居,大禹居住低矮的宫室而天下乐业,商周两朝殿堂之基不过三尺高,内中能摆九桌筵席而已。夏桀用玉石建造居室,用象牙装饰走廊,商纣王建造倾宫和鹿台,因而断送了王朝大业;楚灵王因修筑章华台而身遭大祸,秦始皇修建阿房宫,传位二世即归灭亡。如果不估量民力的极限,只求满足耳目之欲,没有不灭亡的,陛下应当以史为鉴,不要只贪图安逸而招致灾祸。君臣就像头脑和四肢,生死一体,利害相同。我今天言辞不激切,便不会触动陛下;陛下如不体察我的忠言,魏国大业将会衰落。如果我死于谏言,死对国家有万分之一的补救,那也值得,现在我准备了棺木,沐浴更衣,等待诛杀。"奏章呈上后,曹叡被他的忠言感动,亲笔写诏做了答复。但史书上没有介绍曹叡答复的内容,也没有见到他行为上的改变。

曹叡有时像普通人那样以布蒙头，不戴特制的冠冕，身穿淡青色短袖绸衫，在某些正式场合不大讲究着装规范吧，杨阜询问他说："这在礼制上属于哪种服装？"曹叡沉默不语。从此以后，只要他穿着便装就不见杨阜。杨阜看到曹叡所穿的便服不合乎礼制规定，他是明知故问，提醒君主要遵守礼制的规定，尽管面诘君主使其尴尬为难，但本意是要维护君主的尊严。曹叡采取了必要时的回避行为，既理解他的忠心，又不愿意改变自己随心所欲的习性。这一小事也表现了曹叡对待杨阜多次劝谏的一贯方式和态度。

与前面高柔的看法相同，杨阜坚持想让曹叡削减宫女的数目，但并不知道目前宫女的现有人数，于是召来御府的吏员就此询问，吏员按照内部规定回答说："这是宫中的秘密，不能泄漏。"杨阜听罢大怒，将吏员杖打一百棍，对他说："国家没让九卿守密，能让小吏保守什么秘密？"自此曹叡更加惧惮杨阜。杨阜是对朝廷留用过量的宫女心有不满，而御府吏员在按上级规定执行自己的职责时，杨阜借机把对朝廷违规的怒气发泄到了吏员身上；但他对吏员的斥责又极有道理，指出了朝廷违规而必然引发的一种失漏，显示出了他本人行事的刚正之气。杨阜对宫女的实有人数自然在此没有搞清，却使善于辨析道义是非的曹叡对他更加心有敬畏。

陈群、高柔和杨阜从不同的方面对曹叡作了劝谏，高柔能选定君主的要害问题作出重点规劝；陈群则避过众人，更注意在劝谏的方式上维护君主的体面；杨阜则是一看见君主的过错就立即指出。无论表达的形式和程度有怎样的差别，他们对曹叡都极为忠诚。曹叡不像历史上不辨是非的昏庸帝王那样，把忠诚视作奸恶而对谏言人进行迫害打击，也不像历史上的贤明君主闻过即改，他大多采用嘉其忠言而自行我事的圆通方式对待。当年曹操在207年北击乌桓时摒弃诸将的意见而一意远征，后来又对提出建议的各位将军大加赞赏（参见0.9.20《奔袭远方的征战》）。曹叡在这里对待谏言的圆通方法与曹操当年的行为颇为相似，只是祖孙两人我行我素在内心的追求目标截然不同，曹家后代的行为失去了先辈创业的激情，是完全为了满足个人的享受而已。

1.5（13）对忠臣谏言的圆通处置（下）

魏国二代君王曹叡在执政九年时自己感到外敌不足忧虑，于是大兴土木、广置美女，一意放纵追求个人享受。朝臣王肃、张茂，以及高官陈群、高柔、杨阜都分别对他上书劝谏，曹叡大多表面赞赏，但并没有真正采纳，仍然我行我素，表现了一种另类的处置方式。《资治通鉴·魏纪五》中记述，当时给曹叡上书劝谏的大臣为数很多，他们从不同角度分析问题，阐述事理，从中能够看到魏国朝廷的人才之盛以及国家政治当时充满着的一派正气。

王基的远察 王基是负责草拟诏旨的中书侍郎，属于皇帝近臣，他正式上书说："古人把水比作民众，告诫说：'水可以载舟，也可以覆舟'。颜渊说：'东野子驾车，马力用尽了，却仍在向前驱赶，终将毁掉车马。'现在劳役辛苦，男女离别，希望陛下深察古人之诫，让马在力气未尽时得到休息，在百姓还没困竭时减省劳役。如今贼寇未灭，猛将在外拥兵为重，限制约束他们就无法应付敌人，但这样长久下去则不能把稳定的国政交给子孙，正逢国家盛明之时，如果不全力除掉祸害，万一将来子孙不强，必定成为国家的忧患。"王基是居安思危，看到了国家未来的隐患，这属于极有眼力的深察先见，曹叡对此没有做出表态，当然也就没有采纳，大概是心有同感而无意去做吧。

蒋济劝伐敌 蒋济为散骑常侍，是侍从皇帝左右随事规谏的官员，他上书中提出："从前勾践鼓励生育以备国家征用，燕昭王抚慰病困百姓谋图报仇雪耻，所以都能以弱小战胜强大。现在吴蜀两敌尚且强盛，陛下在位时不能剪除，将被百世后代所谴责。凭陛下圣明神武的韬略，搁置那些可以缓办的事情，专心讨伐敌人，我认为没有什么难办的。"蒋济是看重曹叡的，希望他在魏国发展史上能有更大作为，而曹叡对此也未作答复。

孙礼遣民工 孙礼是掌殿内文书事务的尚书，他坚持让朝廷停止劳役，曹叡下诏说："接受你的正直之言。"同意把民夫遣返回家。负责监工的官吏又上奏滞留一个月，以便使工程完结，应该是得到曹叡同意了吧。孙礼则直接来到工地，没有再上奏，宣布皇帝给自己所颁诏书而遣返了民工。曹叡对孙礼的做法感到惊异新奇，因而没有责怪。曹叡不能采纳群臣的直言进谏，却仍然能宽容大臣。

卫臻查越权 殿中监是负责监督建筑工程的部门，有一次该部门官员擅自拘捕了皇家图书机构的长官兰台令史，两个机构互不相属，显然是殿中监的越权行为。当时担任尚书台右仆射的卫臻，奏请皇帝查办此事，曹叡说：

"宫殿不能完工，是我最关心的，你推究查办此事是为什么？"卫臻说："古代有禁止官员侵权的法规，不是制止他们勤于办事，实在是因为这种行为利小弊大。我每次检查各部门工作，都有这些毛病，如果对此放纵，恐怕各部门都会越职行权，那皇权就衰颓了。"从曹叡为殿中监的开脱中可以看到他对工程建筑事务的重视，以及对该部门官员的骄纵。

王肃劝守信 散骑常侍王肃在对曹叡的上书中还提道："以前征发百姓修建营垒，当时说营垒修成就让民夫回家，结果营垒建成，又贪图百姓的工力，不按时放回，这是有关部门只求眼前利益，不顾治国大体。以后再使用民工，应该明确期限，如果又有劳役，宁可重新征发，也不要失信。另外，凡陛下临时施刑的人，都应交给主管官吏处理。"未见曹叡对这一劝谏的回复与态度，但能从中看到朝廷在使用民力方面存在的问题。

董寻谏尊礼 曹叡在237年搬迁长安的承露盘等器物到洛阳，又让公卿百官负土造山。担任司徒军议掾的董寻，属司徒属下的三百石七品官员，他上书劝谏说："我听说古代的正直之士，都把应说的话毫无保留地讲给君主，即使面对白刃和沸汤都在所不顾，这实在是为君主而珍惜天下。汉末战乱以来，野战中死去和逃亡的难以计数，有的已门户灭绝，幸存的人也属孤寡老弱。现在即使宫殿狭小，应当扩建，也应随顺农时，不要妨碍农务，何况许多制作毫无益处。黄龙、凤凰、九龙、承露盘，都是圣明的君王不愿制作的东西，其制作工夫是修建宫殿的三倍。陛下既然尊重群臣，让他们头戴官帽，身穿绣衣，出门乘坐华丽的车轿，可又让他们修山抬土，面目脏黑，衣冠不整，损毁了国家的体面，而得到的对国家毫无益处。孔子说：'君使臣以礼，臣事君以忠。'现在君臣间没有了礼和忠，国家靠什么维持？我知道说出此话必死，我自比为牛身上的一毛，活着无益于国，死了也不是损失，持笔时泪流不止，心内已与世辞别。我有八个儿子，死了后他们还会拖累陛下。"董寻送了奏书后在家沐浴，等待处置的命令。曹叡看了奏书说："董寻不怕死啊！"主事官奏请将其拘捕，曹叡下诏说不必追究。这位职级不高的董寻是准备以谏献身的，他所持有的等级观念和官不劳作的想法当然未必正确，但谏言却反映了朝廷存在的一种实有情状以及引发的思想倾向；无论上书者本人把批评君主的事情看得多么严重，曹叡还是一如既往地对这类不敬行为给予了大度宽容。

卫觊论节俭 尚书卫觊上书说："当年武皇帝（指曹操）时，后宫每餐不超过一份肉，衣服不用锦绣，坐垫不镶花边，器物不涂红漆，所以能平定天下，给子孙留下福分，这都是陛下亲眼所见。现在国家的急务应是核算国库财物，量入为出。如果不断征调工役，侈靡一天超过一天，必致国库枯竭。从前汉武帝相信神仙之道，想取云表的露水配玉屑服用，所以竖立承露盘，陛下通达圣明，经常对此嗤笑；现在谁也不需要露水却虚设承露盘，浪费很多人力，这实在是应当减省的。"卫觊从曹叡少年时亲身经历的宫内生活谈起，赞赏了曹操当年主政时的节俭及其对曹魏事业的促进，指出了汉武帝的奢侈行为及曹叡早年的正确态度，这都是极有说服力的，但始终没有看到曹叡对这一上书的回复和态度。

魏国执政人曹叡宽容地对待对国家治理持不同意见的大臣，因而能保持国家政局的稳定，但他在消耗民力、追求奢侈的道路上一意孤行，却使一些思想敏锐的人物很快联想到了魏国的国祚运数问题。当时张掖柳谷口（今甘肃民乐境内）水溢涌出，露出一块形状像灵龟并带有图案的玉石，竖立在水面，上有七个石马及凤凰、麒麟、白虎、牺牛（指毛色纯一可供祭祀的牛）、璜珙、八卦、列宿等图像，还有"大讨曹"三字。曹叡下诏公告天下，认为是祥瑞征兆。任县（治今河北任县东）县令于绰就此去巨鹿（治今河北宁晋一带）询问当地著名的谶纬家张臶。张臶密告于绰说："神灵知道未来，不追溯往事，吉祥征兆在前面显现，接着才有朝代废兴更替。现在汉朝很久前就灭亡了，魏已得到天下，怎么还会是兴魏的祥瑞呢？这块玉石是预示未来朝代兴起的符瑞。"曹叡并不知道张臶的密言，但他讨厌上面"大讨曹"三字，让人把中间的"讨"字凿成"计"字，以苍石填塞了凿痕。

瑞祥是预兆未来的，如果玉石的出现真是什么瑞祥之兆，那张臶的说法则很有道理，玉石是后世朝代的符命，对业已兴建的魏国则为妖物。当时曹魏建国不到二十年，社会上就有人暗中议论起了未来朝代的兴起，这应该与曹叡本人的心志颓废，以及他一意追求享乐而弃置国事的行为大有关系。

1.5（14）与老师高堂隆的互动

曹叡在 222 年作平原王时，父皇曹丕曾选定堂阳（治今河北新河北）县长高堂隆为王傅，高堂隆遂给曹叡做了老师。曹叡 226 年继位皇帝后任高堂隆为给事中，驸马都尉，这是朝廷负责顾问应对的官职，不久改任其为陈留（治今河南开封东南）太守。七十多岁的高堂隆在职位上政绩突出，被推举为朝廷主管统计工作的计曹掾，曹叡特意加任他为郎中以示尊显，后任他为散骑常侍，为侍从皇帝左右随事规谏的官员。《资治通鉴·魏纪五》《三国志·高堂隆传》记述了曹叡在235年心志沉沦后与高堂隆三年间的多次互动关系，从中能看到当时曹魏政治存在的问题及他们各自的分析处置态度。

以火灾劝俭 235年七月，洛阳崇华殿发生火灾，曹叡询问高堂隆说："这是什么灾祸？有没有祈福除灾的礼仪？"高堂隆回答说："《易传》说：'居上不俭朴，则下不节约，灾火烧宫室。'还说：'君王高筑楼台，天火成灾。'这是君王致力修筑宫殿，不知百姓的困竭，所以上天以旱灾回报，火就从宫殿烧起。"曹叡发诏书责问说："汉武帝时柏梁殿失火，他大建宫殿来镇慑消灾，这怎么解释？"对答说："这是夷、越巫师所为，不是圣贤的明训。《五行志》记载：'柏梁火灾，其后有江充巫蛊之事。'当时越人巫师诱惑修筑建章台，并没有镇慑灾难。我们现在应该遣散民役，火灾被清扫的地方，不要冒昧地另行施工，那么瑞草嘉禾一定能在这里生长起来。"

议鹊巢鸠占 陵霄阙刚刚起架时，有喜鹊在上面筑巢，曹叡为此询问高堂隆，高堂隆回答说："《诗经·鹊巢》说：'鹊筑巢，鸠居之'。现在大兴宫殿，又新起陵霄阙，喜鹊在上筑巢，这表明宫殿没建成不能在里面居住。天意好像是说：'宫殿未成，将有外姓人控制占有它。'这是上天的告诫啊。天道没有亲疏，只赐福给为善之人。太戊、武丁看见灾异后惶悚恐惧，所以上天改降福分。现今如能停止各种劳役，增施德政，那么三王可以增为四王，五帝可以增为六帝，难道只有商朝帝王可以转祸为福吗？"曹叡听罢为之动容。高堂隆依据经书一语，从有鹊筑巢的事情联想发挥出了有鸠将占的严肃政治问题，这位老人大概是预感到了国家异族政治势力已在兴起的苗头，借机提醒曹叡予以重视，希望他用崇德爱民的行为壮大皇族的政治根基，曹叡也许有所领悟，但终归难下决心和付诸行动。

借天象谏君 236年十月，大辰星旁出现异星，后又在东方再现，这是不常见的天象，高堂隆据此上书表达自己的政见，其中说："上天的奖赏和惩罚，都是随从民意和顺应民心的。用原木做椽子，建造陋室居住，是唐尧、虞舜、大禹留下来的风范；修玉台、造琼室，是夏桀、商纣对皇天的冒犯。

现在宫殿修得过盛，彗星在天上发亮，是上天这位慈父在恳切地作训诫。陛下为天之孝子，应该恭谨接受，不可忽视，以免加重上天的愤怒。"高堂隆多次直言规劝，曹叡颇不高兴。侍中卢毓进言说："我听说君王圣明则臣下直率，古代圣王唯恐听不到自己的过失，这正是我们不及高堂隆之处。"曹叡才消解了怒气。

改正朔服色 237年正月，山茌（治今山东济南西南三十公里）县奏报说看见黄龙。高堂隆认为："魏得的是土德，所以它的瑞兆是出现黄龙，应改变历法，换服装颜色，使万民有全新的感觉，促使政治清明。"曹叡同意此议。下诏更改年号为景初，服色尚黄，所谓"改正朔，易服色"。同时又采用高堂隆的建议，在洛阳城南的委粟山上建造祭天的圆形高坛，称为圜丘。对这些并不伤及皇帝个人私欲追求的建议，曹叡还是能够接受的，可见他们的师生关系没有为先前的劝谏而恶化。

论官员工资 在曹叡搬迁长安承露盘并令公卿百官负土造山时，同僚董寻备好棺材冒死劝谏，高堂隆和董寻持有同样的意见，他向曹叡上书说："现在吴蜀不是大漠中游散的小敌，也不是占据乡邑的贼寇，而是僭号称帝、欲与中原抗衡的对手。如果现在有人报告：'孙权、刘禅都在修德政，减轻田租赋税，做事遵循礼制'，陛下听到这些，一定会心生警惕并厌恨他们；如果有人说，'那两个敌国都行为无道，崇尚奢华，加重赋税，奴役国内庶民'。陛下听到这些，一定觉得两国容易攻取并感到庆幸。现在应该变换位置作思考，自然会明白其中的道理。凡是亡国君主都自己觉得不会亡国，然后导致了亡国；凡圣贤君主都自己觉得有亡国之危，然后才不致亡国。现在天下凋敝，百姓没有一石存粮，国家没有一年的储备，外有强敌，大军长期驻边，又在大兴土木，万一敌寇入侵，恐怕修建宫殿的人不会去舍命破敌。加之官员的俸禄逐渐减少，现在只有从前的五分之一，很多正常退休的官员竟然领不到生活费用，不该交纳的赋税如今都要交纳一半，国家的收入比以前多出一倍，而支出比以前减少三分之一，但预算支出反而更加不够。作为俸禄的谷帛，是君王恩待官吏让他们赖以为生的，如果现在取消，就是剥夺了他们的性命。已经得到的又失去，这是怨恨集聚的根源。"

高堂隆的这次上书从境外敌人谈到国内官员，他是让曹叡用角色转换的方式认识国君奢侈糜费的危害性，从而检省自己的失误。其实曹叡的问题不

<<< 1.5 聪明睿智的年轻帝王（曹叡）

是对事情认识不清，而是欲望所使，看轻了错误行为的危害性而已。高堂隆将国家的收入与支出作今昔两相对照，提出官员工资减少、有些退休人员领不到生活费用的问题，指出了官员因此而可能对朝廷产生怨恨的事态，才使曹叡略感到了事情的严重性。他看罢高堂隆的上书后对朝廷中书监、中书令说："看到这一奏章，使我感到恐惧。"其实事情可以归结到一点，必须削减工程建筑，减少国家开支和民间劳役，但每当推到这一逻辑环节，曹叡就下不了决心，没有了续接的后文。

谈国家危局 高堂隆这年病重时，他口授上书说："曾子有言：'人之将死，其言也善。'我的重病有增无减，常怕突然离世使忠心无法表白，我的一片赤诚，愿陛下稍能关注深思！我观察夏、商、周三代统有天下时，圣贤君王前后相承达数百年。而夏桀、商纣之辈，放纵私心，极尽私欲，以致皇天震怒，宗国化为废墟。难道夏桀、商纣与普通人不同吗？他们都是圣明君王的后裔。黄初（曹丕执政时的年号）年间，上天就显示了警戒，当时异类之鸟，在燕巢中抚育长大，其嘴、爪、胸都为红色，这是魏室的特大怪事，应该防备飞扬跋扈的大臣在宫墙之内发难啊！现在应该选拔皇族诸侯王，让他们在封国内建立并亲统军队，像棋子一样分布各地，镇抚皇家疆土，辅翼朝廷。皇天不特别亲近谁，只辅佑有德的圣君。百姓拥戴德政，则享国年数自然长久；民众怨声载道，上天就会另选新的贤能。由此看来，天下乃是全体民众的天下，不单是陛下的天下！"曹叡看了奏书，他亲手写下诏书回复，表示深切慰问，高堂隆不久去世。

这一上书表达了高堂隆极有长远性的预见，两年前陵霄阙上有喜鹊筑巢，高堂隆就借《诗经》上的名句向曹叡表达了"鹊巢鸠占"的险恶态势，提醒曹叡要注重"异鸟"侵占曹魏宫阙的问题；也许曹叡当时没有完全领悟高堂隆的意旨，但在临终前他借燕巢长出异鸟的现象，把朝中异族势力会替代曹氏执掌政权的可能毫不回避地再次做了表达，并明确提了提升皇家亲族诸侯王地位，让他们统领军队并参与国家政治的纠错补漏方法。高堂隆把魏国政治演变会出现的错谬趋势是放在谶纬技术分析的基点上来论证和提出，这大概是出于一种自我保护的目的，而其中所体现出的政治观察的敏锐性的确是值得称道的。遗憾的是史书上并没有记录曹叡诏书回复的任何内容，而从后来的事实上看，曹叡对自己老师反复提到的关于异族势力壮大的事情并未在

211

意,也没有形成应有警惕。

1.5（15）一场选官定制的讨论

曹叡在国政治理中对人才选用还是十分看重的,当时选拔官员主要由吏部负责,根据《三国志·魏书》多处记述,曹叡曾亲自选定了卢毓作吏部尚书,并责成专人制定对官员的考核办法,其后在高级官员中组织和推动了一场关于国家人才选用的大讨论,实际上是汇集众人卓见,试图探索选官用人的有效方式。

卢毓是涿州名臣卢植的少子,卢植为汉末平定黄巾军的功臣,因早年曾任刘备的老师而闻名后世。卢毓在曹魏建国时任朝中黄门侍郎,在一次耿直谏言后被曹丕外调任职。曹叡于234年将其任用为侍中,侍从皇帝身边以备顾问,为二千石的三品官员。他曾对官员考核办法提出过建议,又为直言劝谏而惹得曹叡发怒的高堂隆做过开脱,大概做事情深得君王的赏识吧,237年曹叡发诏令说:"量才授职,这事情圣明的君主也难做好,必须有良臣辅佐,才能选出优秀人物替换不合格者。侍中卢毓秉性忠贞,做事公平端正,是有功于国家且做事不懈的人,现任命卢毓为吏部尚书。"又让卢毓挑选一个代替自己原职务的人,对他说:"选的人像你一样才好。"卢毓推举了常侍郑冲。曹叡说:"郑冲我了解他,你举荐个我不知道的人。"卢毓又推荐了阮武、孙邕,曹叡于是任用了孙邕。卢毓议论人才和负责选拔,都是优先考虑德性品行而后再谈才干,黄门郎李丰询问这种做法的理由,卢毓说:"才干是用来行善的,所以大才成就大善,小才成就小善,有才而不能行善,这样的才干不适合做官!"这一说法使李丰非常佩服。

当时魏国的诸葛诞、邓飏等人很有名声,有"四聪八达"之称,曹叡大概并不认可,或者因为他们的名声太大而忧心吧。恰好需要一位中书郎,曹叡下诏说:"能否得到合适人选,都由卢生(指卢毓)决定。选人不要只看名声,名声就像地上画的饼子不能吃,没有实际作用的。"卢毓回答说:"凭名声得不到奇异的人才,但可得到一般人才;一般的人敬畏教化、仰慕善行,然后才会出名,不应当痛恶这样的人。我不能识别奇才,而主事官吏又是按名次和常规任命官职,其他只能靠以后的事情检验了。古代按奏书论事和实际能力考察人,现在这些考绩办法已经废弛,只是凭赞誉或毁谤的名声来决定升免，所以真假混杂，虚实难辨。"卢毓知道名声的虚华无实，但他在此表明了人才选用工作中的难处，即不能随心而定，必须有一个实际可参考的依据，当时没有其他方式，就只好看名声来决定。曹叡认可卢毓之言，为了破除对个人名声的迷信，于是颁布诏书让散骑常侍刘邵制定任用官员的考核方法。刘邵应该属于当之无愧的人才专家，他接受皇帝诏令后制定了《都官考课法》七十二条，又写了一篇《说略》，曹叡下诏让朝廷百官对刘劭制定的人才考核方法进行讨论，《资治通鉴·魏纪五》也对这次讨论状况作了记述。

司隶校尉崔林说："在《周官》中考课法的条例已经具备，从周康王后逐渐废弛，这说明考课之法完全在于人的应用。汉代末年，用人的失误也不在于对佐吏的职责规定得不周详！如今军队上人员变化仓促，减增无常，很难统一标准，况且万目不张就应举其纲；裘毛不整就需提起衣领。皋陶在舜帝手下做事，伊尹在商朝供职，不仁者自会远离。五帝三王用人的方法各不相同，但都能达到很好的治理效果。天下万事的道理其实都很简易，太祖（指曹操）常根据事情的需要设置职位，根本不考虑合乎古制的问题。我觉得现在的制度并没有疏阔遗漏，只要坚守执行就够了，如果大臣都能严肃尽职，成为百官效法的榜样，就没有必要进行考核。"他是强调官员们的精神自觉，认为大家忠于职守，争立事功就行，不必用外在的条例框子死套实际的工作事务。

黄门侍郎杜恕认为，人在岗位上如不能发挥其全部才能，即便是人才也无益于事。他上疏说："对官员三年作一次考绩，确实是很好的制度，使有才者任职，有功者受禄。但这些制度经过六代（指唐、虞、夏、商、周、汉）后考绩办法并不明确，在七圣（指尧、舜、大禹、商汤、周文、周武、周公）之后考核条例未能流传。我认为这些考核原则可以依据，而详细规定却很难列举，古语说：'世有乱人而无乱法。'如果法制能解决一切问题，那么唐尧、虞舜就不需要后稷、子契的辅佐，商、周也不会以伊尹、吕尚的辅助为可贵了。"杜恕认为一味追求与古代考核方法相符合并不现实，他也看到了人在岗位上工作精神的重要。

杜恕还对当时考核中的两种做法给予了评价，他指出："现在主张考绩的人，陈述了周、汉的做法，并联系汉代京房关于官员考核的本义，这使考核的要旨更为明确，但希望用这种办法改良职场风气、推动国家治理，我认为还是不够的。现在州、郡举行任官考核，对在儒学、文吏、孝悌、政务四科上都有成效的人给予保举，经政府征用后担任地方官吏，根据功绩补升为郡守，或者增加俸禄赐予爵位，这是考核官吏的有效方式。"杜恕看来是一位极善表达的职场老手，他对朝廷任用人才的已有做法作了解析，对其正确的方面充分肯定，做好了这些铺垫后才开始表达不同的看法。

杜恕接着提出自己的意见说："我认为应当使被任职的官员身份显贵，采纳他们的建议，让他们分别制定州郡官吏考核办法，制定后就切实施行，确立有诚信的赏罚条例。对朝廷公卿及内职大臣也应当进行考核，朝臣们经常在君王身旁讨论治国之道，随时弥补君王的疏忽和错误，都会被记载并有得失。天下那么大，事情那么多，一盏明灯难以照亮每个角落。君王好比头脑，大臣就像四肢，大家同属一体、互相依赖才能成事。古人说廊庙的建成不是靠一根木头完成，帝业的兴盛不是凭一位臣僚的才略。由此看来，天下太平和乐不可能仅靠大臣守职尽责就会达到，如果没有被放逐罢官，他们在岗位上为国尽节，但处在道义未张而私议成风，并遭受怀疑的氛围中，即便是孔子主持考核，恐怕也没有什么作用，何况我们遇到的都是世俗的普通人。"杜恕看到了考核对象的特殊性，他主张提高现有各地方和各部门主要官员的身份地位和个人权力，让他们自己制定对下属官员考核的特殊办法，考核与赏罚都归其掌管；而他们的考核则由皇帝总负责。他是想建立一种具有特殊性和层次性的考核系统；与此同时，杜恕对朝廷作总体考察的公正环境似乎心有疑虑，因而对这种考核的公正效果没有足够信心，问题是暗中指向朝政治理责任者曹叡本人的。

司空掾傅嘏说："设置官吏分担职责并管理百姓事务，这是治国的根本；依照官职考察官员的工作效果，按规章进行督促检查，这是治国的细枝末节。纲未举而抓目，不考虑国家大政而将考核方法置放前面，恐怕区分不出人的贤愚，考察不了人明处与暗处的不同。"傅嘏大概是想到了职场中两面人的现象，守规的人未必聪明有才，也未必真诚，条例化的考核确有其不可克服的缺陷。但发现了问题，提出尽量补救的方法才对，可惜朝廷已无心纠缠这些问题，因为各人看法不同，事情久议不决，竟搁置起来没有实行。

早先右仆射卫臻一度主持人才选拔之事，中护军蒋济给他写信说："汉高祖遇见逃犯就任命为上将；周武王延聘渔夫担任太师，平民和奴仆都可以登王公之位，何必要墨守成规，非得考试后才能任用？"蒋济的说法代表着当时大多朝臣对人才考核的看法，人们对这一工作的意义普遍估计不足，这也是曹魏的选官定制活动半途而废的重要原因。所幸的是，魏国大臣们的这次讨论提出了问题，表达了思考，受命为朝廷制定了《都官考课法》的刘劭，后来撰著了人才学的不朽之作《人物志》，极大地推进和丰富了中国历史上的人才学理论。

1.5（16）被荐举者的一封家信

在对人才选用制度作大讨论前，魏国的人才缺口应该很大吧，曹叡在236年下诏令让九卿和军队将校以上官员每人推举一位才德兼备的人物以供朝廷任用，诏令说："朝廷准备任用一批才智出众的文学之士，凡能深谋远虑、料远若近、看清幽暗、筹划实在而有效验、办事谨慎周密、注重清静修养、做事努力向上并一心为公的人，不论年龄大小，不管出身贵贱，卿校以上各推举一人。"诏书仍然是一种不讲文字修辞的随意风格，带有明显的曹叡式表达特征，其中对所荐之人提出了多项要求。史书上没有记录这次荐才活动的总体成效，而据《三国志·王昶传》《资治通鉴·魏纪五》记述，太尉司马懿当年推荐的王昶随后被朝廷任用，王昶后来成了魏国一代名臣。

王昶在曹丕执政时担任过散骑侍郎、洛阳典农，掌管京畿农业民政和田租，后任兖州刺史，曹叡刚继位时，他被加封扬烈将军，赐关内侯之爵。王昶虽然在朝外任职，但非常关心朝廷政治，他认为曹魏很多弊端承秦汉而来，法制苛刻而又琐碎，很少修改国家大典以弘扬应有的精神风范，因而就难有政治清明和国家强盛，为此撰写了《治论》，内含二十多篇议论，以古代制度结合现实时务而著述。又著《兵书》十多篇，专门探讨奇正相生的战术，都上奏给了朝廷，看来他完全具备曹叡所提诸多荐举条件，司马懿的推荐是很合皇帝要求的。史书上特别突出地介绍了王昶对子侄德性教育的方面，从中可以看到当时社会转化时期青年一代中存在的问题以及前辈士人坚守的家教家风，了解曹叡掌政时中原文化人的思想格局。

王昶为人恭谨忠厚，他给子侄辈起名字，都在谦虚和诚实方面取义，用以显示他的志趣：侄儿王默字处静，王沈字处道，自己儿子王浑，字玄冲；王深，字道冲。他又写信劝诫他们说："作为晚辈，最要紧的是有本事、有德行，为父母争光。这三件事谁都明白，可有的人却做不到，最后殃及全家，是因为他们的祖传家风并非正道。讲究孝敬仁义，这是诸事中最重要的，是立身的根本。孝敬能使宗族平安，仁义能使邻里尊重，做好了这些方面，名声自然会传到外面。"事实上，在汉代以孝治国的思想影响及有"举孝廉"选官制度存在的背景下，王昶说给晚辈的人生起步三大事情，应是真实不妄的；他指出了祖传家风的重要性，并强调了其中仁和孝的核心内容，进而把自己的家风家教归结到了儒家的正统思想道义之上。为此他针对子侄们的实际情况阐述了如下几个具体的方面。

抵制名利诱惑 王昶信中说："人如果不注意品行修养，而是舍本求末，崇尚浮华，结为朋党，那浮华会让人感到虚伪，朋党会产生厚此薄彼的隐患。这两种行为的后果都是清楚的，但仍有人重蹈覆辙，无非是被一时的名誉所迷惑，同时为追求眼前之利而昏头，当然，富贵声名，是人情乐于拥有的，但君子为什么能得到而不占有，因为他们厌恶其不由正道而求取。"王昶认为，人在德性修养上常会脱离正道的原因仅仅在于名利的诱惑，只有清醒地抵制名利诱惑，才能免除生活中的浮华和结党之累，真正做好修身养性的功夫，进而实现自己的追求。

知进也要知退 王昶接着说："人生最大的祸患是知进而不知退，只知道追求情欲，而不知满足，所以才会导致受困受辱、产生悔恨。常言道：'如果不知足，得到的也会失去。'所以说知足之足，就会经常满足。纵观史上成败并预察未来吉凶，那些追名逐利，欲壑难填的人，没有谁能保持家世常盛、永享福禄。希望你们做人要遵从儒家的教诲，信奉道家的言论，所以给你们起名叫玄、默、冲、虚，要让你们顾名思义，不要违背和逾越。古时盘子上有铭文，几杖上有诫言，为的是低头抬头都能看见，用来节制自己，何况是自己的名字，更应该随时劝诫自己。"王昶要子侄在践行儒家的思想理念时，借鉴和采用道家的方法，他把生活中的进退限定在个人情欲的方面，主张在情欲上放弃进取，坚守静默无为，以便在人生目标上实现进取与获得。把父辈的希望寄意在孩子的名字上，自然也反映着中国传统的一种家教提示技术。

成功应戒早求晚 王昶在信中说："凡一物成长得快，其消亡也就快；而成熟得晚，最后的结果就好。早晨开花的草，晚上就零落了；而松柏长得茂盛，严冬也不衰枯。所以有大志的君子不愿过早获得成功，而宁愿晚成。"

人们都追求人生成功,希望自己的成功早早到来,《老子》提出"大器晚成",这不仅是一种思维方式,更是对天地间事物发展中某种普遍规律的归结。王昶用几种自然草木的生长现象更加形象地阐明了这一朴素道理,教导子侄们不要贪图过早到来的功名,在人生的成功上绝不抢时间,而应该树立更大的胸怀和志向,把年轻时的精力投放在个人德性与能力的更多积累获取上,做一个晚些成功的大器。

掩长与显短 王昶说:"人有点长处,很少不自夸;有点能耐,很少不自傲。但自夸就会遮蔽他人,自傲就会盛气凌人。遮蔽他人的人,他人也看不起;盛气凌人的人,人们也不放在眼中。君子不自我标榜,不单是谦让,而是讨厌掩盖别人。把屈当作伸,把让看成得,把弱当成强,事情就没有不遂心的。"喜欢在他人面前自夸自矜,应该是出自人的天性,年轻人当然更喜欢逢场合做些沾沾自喜的卖弄,王昶认为这种行为遮蔽了他人之长,会引出不必要的误会和怨恨,最终会形成阻碍人生前行的力量,因而应该注意戒除,代之以谦逊示短的方式,以消弭前行的阻力。当然,王昶的主张尚不是以屈求伸的阴谋策略,而是一种胸有大志、成熟老到的修养功夫。

戒诋毁而慎赞誉 王昶信中提到了人们在生活中常常碰到的毁誉问题,他说:"诋毁和赞誉是爱恨产生的根源,为福祸的开端,圣人对此特别谨慎。孔子说过:'我对于别人,很少赞誉也很少诋毁。如有赞誉一定要有根据。'又说:'子贡喜欢讥评别人,他就够好吗,我却没有这闲功夫。'以圣人的德行还如此谨慎,何况平凡之人怎能轻易对人作出毁誉呢!从前伏波将军马援告诫他的侄子说:'听见别人不好的传闻,就当作听到父母的名子,耳朵听到了,口中却不能说出去。'这个告诫太精到了。别人如果诋毁自己,就应当冷静地自我反省,如果自己确实有不好的行为,别人所言就是恰当的;如果自己没有过错,那么别人的诋毁就是错误的。人家说的对就不必埋怨,说的不对,那也不会危害你,又何必要反击报复呢?谚语说:'要改变寒冷,不如多加些裘衣;想阻止别人的谤言,最好是提升修养。'这话是很对的,报复别人的诋毁,还不如沉默而修身。"王昶这里直接运用孔子对学生的几次告诫,把自己的观点论述得非常透彻,马援对侄子的诫言更是教给了晚辈年轻人戒除诋毁的妙用方法。

王昶是曹叡要求荐举文士时司马懿推荐的人才,他的上位从某些方面反映了魏国的人才状况，以及特殊的产生方式，也是曹叡执政时代社会各层思想状态的表现。王昶的书信表现着对生活的深沉思考，那么，王昶对子侄谆谆教诲并作人生引导的效果如何呢？史家胡三省说：王昶这样耐心细致地教导子侄，但高贵乡公曹髦受难时，王沈作为魏主曹髦信任的人，反而前去向司马昭报告，导致曹髦被杀，关键时不忠君主；后来平定吴国时，王浑与王濬争功。当年马援在交趾出征时在万里之外给侄子马严写信做劝导，也没有起到什么效果。胡氏的议论大概是要表明，长辈的教诲在子侄身上起不了实际作用，人生的经验都需要各人在生活的不断碰壁中体会和获得。但无论如何，王昶的家信凝结了他个人的生活心得，对他子侄以外的后世之人都曾有不少的提醒和警示，属于三国时代家风家教的优秀篇章。

1.5（17）更换皇后

曹叡在235年大修宫殿、广置美女，他并不接受诸多大臣的劝谏，一意追求个人的生活享受，两年后还改换了内宫皇后。曹叡226年继位皇帝，227年放弃了早先娶来的虞氏，将非常宠爱的毛氏立为皇后。毛氏出身车工之家，不具有高贵的身份，而曹叡并不计较这些，他对毛氏的父兄任官封爵，很快使毛家暴得富贵（参见1.5.3《皇帝的家事》），235年毛皇后父亲毛嘉去世，曹叡还对其追赠官职并增加封邑，236年再追封毛皇后母亲夏氏为野王君，皇帝与皇后的关系到此看不出有什么不正常之处，而事情的变故发生在237年。

《三国志·魏书·后妃传》中记述，这次被立的郭皇后为西平（郡治在今青海西宁）人，其家累世为当地大族。约在曹丕开始执政的220年间，西平郡反叛，驻金城的护羌校尉组织军队将其平定，带走了郭氏并将其送入皇宫，曹叡作了皇帝后不知从什么时候喜欢上了郭氏，其后非常爱幸，拜其为夫人，而对毛皇后则逐渐淡漠并心生厌弃。237年的一天，曹叡在京城北部的后花园与才人以上的妃妾游玩欢宴，郭夫人请求招来毛皇后参加，曹叡不准许，并下令左右的人不得泄露。但毛皇后却知道了这件事，第二天见面问曹叡说："昨天在北园游乐欢宴，高兴吗？"曹叡觉得是身边人泄漏了消息，一连杀了十多人，其后命毛皇后自尽。毛氏死后第二年，曹叡立郭夫人为皇后，任命她的叔父郭立为骑都尉，其从父郭芝为虎贲中郎将。

曹叡将毛皇后赐死，采用了与父皇曹丕对待甄夫人同样的方式，而不同的是，毛氏死后曹叡仍然对其追加谥号，称悼皇后，将其安葬后，又提升毛氏的弟弟毛曾担任散骑常侍，后来又改任虎贲中郎将、原武（治今河南原阳）典农，掌管屯田之地的农业租税，是同于郡守的二千石六品官员。安葬毛皇后的愍陵后世人并不知其确切地址。

曹叡在这里逼死了皇后毛氏，其后仍然对他的家人升官封爵，后世史家认为这种酷虐变诈的性格很难把握，由此联想到他对待养母郭太后的态度。曹丕是因为郭夫人的谗言而赐死了曹叡生母甄氏的，曹叡掌权后如何对待郭太后，几处资料上记载并不一致，郭太后是否为曹叡胁逼而死？因为曹叡在郭太后235年离世后还一直对郭家人物给予重用，表现了对其家族一如既往的顾念关照，因而人们大多相信他对养母并没有记恨成仇（参见1.4.25《尊贵富裕的皇后家族》）。但从他对毛皇后及其家族的对待方式看，重用家族人物并不能代表对待皇后本人是慈悲的，所以《资治通鉴》中对郭太后去世一事表述说："明帝多次向郭太后询问生母甄氏致死的情状，于是太后因忧惧而死。"基本认可曹叡胁逼与郭太后死亡的因果关系，当然，史书的表述是选择了一种看法，但这一看法并非毫无根据。

历史上皇帝改立皇后的事情并不少见，而这一事情往往会受到朝内大臣的反对和劝谏，但非常特别之处在于，曹叡这里另立皇后似乎并没有受到朝臣的关注，没有看到哪位大臣发表意见。之所以发生这一群臣沉默的现象，原因大概在于曹叡在这类事情上是一位自有主张、我行我素的人，宫内的诸多爱宠变化不到引起死人的程度，外面的大臣是不会知道的，而群臣知道时，毛氏已被赐死，任何劝谏都成了无意义的事情，史书上仅仅记录了事情的最后演变及其结果而已；同时毛氏出身卑贱，当年被立为皇后时，许多臣僚就不大赞成，加之没有生子，她的生存和亡故在群臣心中的分量本来就不很重，所以大臣们也就无心再说什么。《晋书·五行志》上记："太和五年（231年）五月，清商殿发生火灾，这是对以妾为妻的惩罚。"该书对魏国事情的记录是采用了魏国的档案资料，这里所说的"以妾为妻"正是指曹叡放弃虞氏而立毛氏为皇后的事情。这一惩罚论的联想现在看来当然是没有科学性的，但在古代天人感应理念的影响下，人们认为天降灾祸必有世间的罪错之因，上述联想反映了当时魏国朝臣反对毛氏立后的一种普遍心理与情绪。

在魏国不长的历史上有两位郭太后，一位是曹丕的皇后，被称文德郭皇后；一位是曹叡的第二位皇后，被称明元郭皇后。两位皇后姓氏相同，但并非同族，且相距较远，她们都没有生子。晋人顾恺之《启蒙注》中记述了一件奇异之事：魏国早先有人打开了一处周王的坟墓，得到了内中一位殉葬的女子，几天后女子有了气息，活了过来，数月后能够说话，年龄大约有二十岁。开墓人将女子送到了京师，郭太后因喜爱而将其养育。十多年后郭太后离世，这位女子经常哀思哭泣，一年多后逝去。这里记录的故事是荒诞的，但郭太后养育女子却极有可能。如果真有郭后养育的女子苦悲伤逝之事，也是曹叡对养妹的照顾不周之失。

明元郭皇后来自遥远的西部边境西平郡，曹叡的养子曹芳、曹询从礼制上讲，应该是把她视为母亲。曹叡离世后齐王曹芳继位，尊郭皇后为皇太后，称永宁宫，追谥太后的父亲郭满为西都定侯，让郭后叔父郭立的儿子郭建承继郭满的爵位，并封郭后母亲杜氏为郃阳君；郭后从父郭芝很有能力，调任他为散骑常侍、长水校尉。郭立改任宣德将军，封为列侯。郭建的兄长郭德，早先被曹叡作主出养给甄氏家族，郭德与郭建都为镇护将军，均受封列侯，一同执掌宫中宿卫，属于皇家亲信之臣，其家族势力因此迅速提升。这位郭后与曹叡一同生活的时间并不长，却对魏国后期的政治态势影响不小。后来魏国连续有三位幼弱的皇帝在位，权臣辅政，国家的一些大事在程序上都要首先请示太后才能施行，因而凡是成功的和不成功的政变，都在假托郭太后的名义进行，以争取自身的合法性。263年十二月郭太后离世，次年葬于曹叡的高平陵之西，265年魏灭晋立，这位郭后应是一直走到了魏国历史的终点。

1.5（18）曹叡的用人和处事（上）

曹叡在30岁出头时心志消沉，他不接纳群臣的谏言，对国家建设放弃了更多关注，尽管这样，他仍在掌控一个大国的政权，坐稳着自己的位子，这得益于他用人处事上的诸多成功做法。从《三国志·魏书》的多处记述中，能够看到这位年轻皇帝在这方面的许多不凡之处，这可以为后来的各类职场活动提供成功借鉴。

首先看看曹叡对将军满宠的多年任用。228年曹休在被吴将周鲂诱骗战败后不久去世，曹叡安排豫州刺史满宠接替曹休的防守职务（参见1.5.5《曹叡的国家治理》下）。满宠前往扬州都督军事，原任地的军人百姓因敬慕满宠，大人孩子都跟随在道路上，大概是惜别和相送吧，朝廷相随的护军无法禁止，于是上表朝廷提出杀掉为首的人。曹叡马上发诏令让满宠率亲兵一千人随从，对其他人一概不必过问。朝廷的护军不能理解民众的感情，大概是认为妨碍了自己公务，或者认为这些劝而不止的行为是挑战了朝廷的权威吧。但曹叡对问题却看得非常明白，他理解民众对一位优秀官员的感情所系，并且做出了最恰当的处理：允许满宠带上自己的亲信士卒一千人，并让对愿意相随的人自听其便，这充分尊重了民众和满宠个人的感情，划定了必要的空间，让事件的当事人自己做出最后的选择决定。这一处置丝毫不受护军意见的影响，表现出的是一种符合实际、敬重人心、舒张有度和自我做主的行事风格。

　　230年，吴国将领孙布派人到扬州请降，写信说："路远不能亲自前来，请派兵来接应。"扬州刺史王凌送来孙布的信，请满宠派兵马前去迎接。上一次曹休就是这么上当的，满宠认为孙布的投降必有诡计，坚持不予派兵，他以王凌的名义给其回信，称赞了孙布的归顺行为，信中说："现在想派兵迎接，但考虑兵少了不能保护你们，兵多了事情又会广为传播，因此暂且秘密谋划，期待实现你们的心愿，到时候随机应变。"写信后恰巧满宠受诏入朝，临行前他给都督府长史嘱咐："如果王凌要前去迎接，不要派给兵马。"满宠的分析是对的，王凌派出自己督将领着七百人前去迎接，果然受到伏击，死伤过半。满宠与王凌共事以前就有摩擦，这次事件后双方矛盾加深，王凌的党羽于是到处散布流言，说满宠衰老昏聩，大概希望朝廷将他调走。

　　曹叡听到关于满宠的言传后，专门召满宠返回京城，见面后看见他身体健康、精力充沛，询问了边境防守事宜，吃饭时让满宠喝酒，见他喝了很多，也没有什么问题，曹叡于是做了慰劳，又让其返回继续任职。满宠在边境上的防守其实是很有成效的，但曹叡听到他疲弱的传闻后不敢不信，又不肯轻信，问题在于不能对这一重要职位上的人选有所马虎，因此召回来亲自考察，他对满宠的身体状况做了最为切实的检验，弄清了流言的虚假性，于是让满宠继续做他非常胜任的事情。

　　满宠返回后，大概是听到王凌他们散布的流言吧，他屡次上表请求留在朝廷，曹叡发诏令回复说："过去廉颇以进食显壮，马援倚靠马鞍示强，如今你还没上年纪就自称衰老，为什么与廉颇、马援相反呢？你应该安心驻守边境,为国家作出贡献。"曹叡始终看重魏吴边境上的防守之任,在满宠自己申请调离时,他用历史上两位名将的英雄事迹给予勉励,公开表达了国家的需要,应该能使满宠得到极大的鼓励。受到曹叡鼓励的老将军满宠在对付吴军的边境侵犯上不断立下战功,对稳定魏国的东南局势发挥了重要作用,曹叡其后还有一次把战场取胜而掠获的物品全部赏给参战将士,并特下诏书对满宠作出表彰,将他的守边事迹让整个朝廷及全国民众知道。

238年,年老的满宠被召回京城,曹叡升任他为太尉。满宠不置产业,家中没有多余的财物,曹叡下诏说:"你在外统帅军队,一心考虑公事,现赐给田地十顷,谷五百斛,钱二十万,以彰显清忠俭约的节操。"满宠前后增加的封邑共九千六百户,子孙二人被封为亭侯。直到曹叡去世时满宠还生活在京城,这位老将军的忠诚和半生战功,以及优秀事迹对魏国民众产生的正面激励,在这里都离不开曹叡的知人善任。

另外看看曹叡对魏蜀战争的一次战术安排。234年诸葛亮领兵出渭水之南,在五丈原安营扎寨,与魏将司马懿对垒。《三国志·辛毗传》明确记述说:"先前大将军司马懿多次请求与诸葛亮交战,曹叡坚持不予允准,他恐怕无法禁止,于是派辛毗为大将军军师,让他持节前往监督,全军肃然,都接受辛毗的节制,没有谁敢违反禁令。"《魏略》上说:"司马懿几次准备向蜀军进攻,但辛毗坚持禁令,不予同意;司马懿虽然能指挥军队,在这里只能听从辛毗。"几个月后,诸葛亮病逝五丈原,防御抗蜀取得了巨大成效。

在这次与诸葛亮的两军交战中,魏军采取拒不出战的防守策略,人们都将其看成是司马懿的既定方案,历史演义小说对此更是做了不少描述渲染,似乎曹叡在前线上书请战时才体悟出了这一方案的奥妙,于是派辛毗前去配合司马懿执行。但从这里的记载能够看出,该策略主要来自曹叡的主见。这位年轻皇帝从诸葛亮228年首出祁山时就基本确立并坚定了防御待敌的军事方针(参见1.5.4《对诸葛亮的反击与斥责》),后来又做出了反面的验证(参见1.5.6《对诸葛亮的作战部署》),他对这一方针当然是坚信不疑的。234年时,蜀吴两国互相策应同时进攻魏国,曹叡把防御的重点放在东线对吴战场上,还准备亲赴合肥督战,当然希望在西线战场上采用最为保险、代价最小的用兵方式,原本就有的成熟方案当然成了最好的选择。就是说,坚守不战的策略首先是曹叡本人的主见,派辛毗代表皇帝前往监督执行,是曹叡早先的安排，既是阻止前线各路将军，也是监督司马懿本人，他要保证既定策略在战场上得到不折不扣的落实。

当然，在这里的史料记载中，司马懿请求出战可能是他真实情绪的反映，也有可能是安抚众位将军的表面动作。但无论如何，这一用兵方案主动和坚定的守护人是魏国的年轻皇帝，是他派出持节特使，在遥远的地方策划和操纵着关中的军事活动，大将军司马懿只是一位现场的执行者，因为受到皇帝特使的节制，他的任何情绪变化其实并不影响战事的进程和结果。诸葛亮病逝五丈原当然是曹叡早先没有料到的，但却属于坚守这种策略方针的额外收获。在此能够窥见曹叡处事的能耐。

1.5（18）曹叡的用人和处事（中）

作为魏国第二代君主，曹叡的志向似乎并不很高，但他聪明睿智，在许多关键地方的处政行为还是值得称道的。《三国志·魏书》记述了他与多位臣属的言谈交往，从中可以看到这位年轻皇帝用人和处事的不凡之处。

徐宣是曹操早年就任用的地方官员，曹丕执政时将其调至朝廷担任御史中丞、司隶校尉，后为尚书，一直在国家中枢机构任职。曹叡继位后，封徐宣为津阳亭侯。当时尚书仆射一职空缺，大臣桓范荐举徐宣说："我听说帝王用人要根据时代需要任用不同人才，争夺天下时，要把人才的谋略放在首位；平定天下后，要把是否忠义做首要条件。尚书徐宣品行忠厚，秉性刚直，清雅独立而超凡脱俗，做事刚劲坚强，有扶保社稷的大气节，历任州郡主官，在位时都很称职。"他建议徐宣替补尚书台空缺职务，曹叡于是任命徐宣为左仆射，作了尚书令的副手，不久又任其为侍中光禄大夫，这已是二千石的三品官员，职位更加重要。

有一次曹叡要去许昌，命徐宣留在洛阳处理政务。当他返回后，主管文书的官员即把新到的奏章呈递上来，曹叡说道："我审阅处理难道和左仆射处理有什么不同吗？"他是让把这些奏章继续送给徐宣处理，自己竟看也不看。其时，负责制作皇室兵器玩物的尚方令犯了过错，徐宣上疏给曹叡，表示对尚方令的处罚太重了，又劝阻曹叡不要为大建宫殿而穷尽民力，曹叡都亲笔下诏赞许他的意见。曹叡是遵循着自己的行事原则，既然重用了徐宣，并委托了留守事务，就必须给他以充分信任，同时要在行动上显示出来，而刚一回朝就收回对方审批奏章之权的行为显然是不合适的，对徐宣其他建议的称赞，其实都应包含着对其留守工作的肯定。

后来徐宣上书说："七十岁就该举行'悬车'辞职的仪式，我今年已经六十八岁，可以离开职位了。"于是以身体有病为理由请求辞去所任职务，曹叡始终没有批准，一直到236年逝于职位。徐宣在曹叡的朝廷干了十年之久，应是奉献了他个人毕生的力量。曹叡下诏说："徐宣做事踏实，内直外方，历任三朝，公正无私，高风亮节，有托孤寄命的节操，可以说是国家的柱石。我屡次想让他主管尚书台，还没来得及任命，可惜他就撒手离去了！现追赠他为车骑将军，用公爵的礼节安葬。"又谥封他为贞侯，让其子徐钦继承了爵位。曹叡用最高的国家表彰方式把他个人对老臣的情分几乎用到了极致，这些言行不仅是对一位忠贞之臣的人生褒赞，也对其他在世臣僚有着很大的勉励鞭策作用。

陈矫也是一位曹操早年任用的大臣，在220年初曹丕继位魏王时，对稳定政局曾发挥了重要作用，当年魏国建立后被任为尚书令，为尚书台的长官。曹叡继位后，陈矫进爵为东乡侯，封邑六百户。陈矫为人非常耿直，有一次曹叡乘车到尚书台门前，陈矫见皇帝亲临，便出门跪迎，并问曹叡有何盼咐。曹叡说："我只是想查看一下文书。"陈矫听罢回答说："处理这些文书是我的职分，不是陛下您的事情。如果是我做得不称职，就请罢免我的职务。陛下现在最好回去才是。"曹叡听后有点惭愧，便乘车回宫。陈矫在这里不让皇帝进尚书台查看正在处理的文书档案，事情做得有点过头，曹叡竟是惭愧离去，的确是够大度的。

陈矫任尚书令时，当时的侍中刘晔比他资格更老，也深得曹叡信任，刘晔在皇帝跟前诋毁说陈矫专权，陈矫为此心中恐惧，他询问两个儿子的意见，次子陈骞说："皇帝是一位圣明君主，您已是一位高级官员，即使君臣难以合作，您也不过是不能作三公而已。"他是劝父亲不要为此有太多担心。过了几天，曹叡召见陈矫，陈矫又问陈骞，陈骞说："陛下已经释怀了，所以才召见父亲大人。"陈矫见到曹叡后，两人谈了一整天，曹叡对陈矫说："刘晔构陷你，我考察过，已知道你没有什么问题。"谈话后又赐给陈矫五瓶金，陈矫辞谢不收，曹叡说："你以为这是给你的小恩惠吗？因为你已经知道了我的心思，考虑到你的妻子儿女都还不知道啊！"

<<< 1.5 聪明睿智的年轻帝王（曹叡）

  皇帝对刘晔的人格认识有一个转变的过程（参见 1.5.7《用权力测试真诚》），不能确定这件事情是发生在曹叡对刘晔的认识转变之前还是转变过程中，也不知道刘晔反映了陈矫的什么事实，但可以肯定的是，曹叡听到了刘晔的反映后是对陈矫的所谓专权问题作了一些调查了解，得出的结论是否定的。召来陈矫作了一整天的谈话，其中有情趣所致的原由，同时也有恢复信任的意味。曹叡特意拿出五瓶金子相送，是想将此作为一种皇帝赠送的信物，使陈矫拿到家中让所有家眷看到，以便解除其所有人员的疑虑；他言语间明白告诉陈矫这不是送给的恩惠，但对方得到的财物非但不曾减少分量，反而内含了对陈矫全家人的惦念这样更重的情分，曹叡的言谈与行为能使尚书令全家人感觉到皇帝送来的特别恩典。

  曹叡对国家的未来不时会有担忧吧，因为信任陈矫，有一次询问他说："司马公忠诚正直，是可以托付社稷的重臣吗？"这里所说的司马公是指司马懿，使用了非常尊重的称呼方式，陈矫回答："在朝廷有威望；是否可以托付社稷，就不知道了。"曹叡对司马懿应该是有保留看法的，这种询问是想从臣僚的视角看清司马懿的一个侧面，同时也是对陈矫本人的另一种人格考察。陈矫应是本着不言人之恶的原则做了回答，他不能对皇帝说假话，由此也表明了对司马懿的某种保留态度。陈矫后来升任侍中光禄大夫。

  还有一事是：231 年魏将张郃在祁山守卫战后受命追击蜀军，不幸中箭身亡。曹叡对张郃的逝去非常痛惜，他在朝廷面对大臣感慨说："蜀国未平定张郃却逝世了，这该怎么办呢！"司空陈群说："张郃确实是位良将，是国家的依赖！"辛毗内心也为张郃感到可惜，但觉得既然已经离世，就不应当为此减弱君主的志气，需要对外表示不属什么大问题，就对陈群说："陈公，你这是什么话呢！当年在建安年间之末，觉得天下一天都离不开武皇帝（指曹操）；后来国家变故，文皇帝（指曹丕）受命，当时也觉得根本离不开文皇帝；等他离世后，陛下（指曹叡）龙兴。现在魏国难道还离不开张郃吗？"陈群立即表示说："确实也像辛毗所说的那样。"曹叡笑着说："陈公算得上善于言变啊。"

  张郃是曹叡非常欣赏的名将，诸葛亮首出祁山时，正是曹叡调用张郃让他领兵进攻马谡，曹叡对张郃的痛惜应是发自内心并不避朝臣的，陈群与辛毗面对君主的痛惜之情，一个想迎合并分担君主的忧痛，另一个想保持君主的心志，各人心意不同，因而有不同的言辞表达，曹叡完全能理解他们，能平和地与大臣们言谈玩笑，也显示了他与大臣的良好关系以及朝堂的融洽气氛。

1.5（18）曹叡的用人和处事（下）

曹叡在位执政时与魏国元老大臣有较好的关系，当时国家尚没有一套完善的选拔用人制度，很多职位的人选都是靠这些在位重臣的推荐。魏国有一位早年与华歆、邴原作过同学而名声更大的高士管宁，他避乱辽东30多年后返回家乡北海朱虚县（治今山东临朐东南），曹叡刚执政时太尉华歆就提出自己有病退休，推荐管宁来接替职位（参见1.5.1《迎来命运的转折》），曹叡没有同意；后来司空陈群又继续推荐管宁，说管宁"行为可以做当世表率，学问足以做人们老师，清正简朴的风格可以抑制社会浊流，忠诚正直的德性能够矫正时弊"。认为把管宁请到朝廷养起来，仅仅让他坐而论道，也助于张扬通彻古今的道义，有益于全社会的教化。

割席分坐的典故人们都是了解的，说的是管宁和华歆两位青年一同在菜园里刨地种菜，看见地上有一块金子，管宁不理会，举锄锄地就跟锄掉瓦块石头一样，华歆却把金子捡起来再扔出去。还有一次，两人同在一张座席上读书，有乘轩冠冕的达官贵人从门口经过，管宁照旧读书，华歆却放下书本跑出去看。管宁就割开席子，分开座位，说道："你不是我的朋友！"《世说新语·德行篇》所讲这一故事在两相比较中衬托了管宁对学问的专注和对财富利益的淡漠，表现了他思想意念上的纯粹与洁净，是其人格品质的一种显现，而他在后来的生活实践中对这种心性还有更多的发挥和发扬。几年前文帝曹丕曾下诏书征用管宁为太中大夫，对方借口有病而固辞不受。曹叡后来一定是了解了管宁的个人情况，因而接受和认可了陈群的介绍，据《三国志·管宁传》中记述，他立即下诏书征召管宁入朝，诏书说："太中大夫管宁具有高尚的道德操守，精通六艺学问，清正可以和古贤比肩，廉洁能做世人楷模。过去世道衰落，他浮海避居远地；现在大魏受命，他带家人返回，这合于潜龙初升的轨迹，及圣贤可舍可用的道义。几年来朝廷屡次征召，他每次都以病拒绝不受，难道是朝廷的政治治理与先生的志趣不同，所以准备在山林享受安乐而不愿前来！当年周文王、秦穆公都乐意向年老的贤者讨教，何况我

<<< 1.5 聪明睿智的年轻帝王（曹叡）

德行寡薄，怎么能不愿听道于先生呢！现在任命管宁为光禄勋。礼教中包含君臣之道的大伦理，这是不能废弃的，希望务必迅速前来，以满足我的渴求心意。"曹叡在诏书中把管宁首先称为太中大夫，那是曹丕当年征召时委任的职位，是参与参谋议论的一千石七品官职，管宁虽然辞绝未受，但曹叡仍然以此称呼，有意表明了朝廷对他的长久期待；这次重任光禄勋职位，是为皇帝做参议顾问的二千石三品官员，级别有了极大提高。他把老年管宁比作《周易·乾卦》所示的初起之龙，又比为周文王聘请的姜太公，说明朝廷政治对他的需求，应该是给了他极大的荣誉。

管宁的家乡应属于青州郡所辖，曹叡又给青州刺史下了诏令，其中说明了征召管宁对朝廷治理的重要性，责令郡中别驾从事、郡丞掾等官员奉诏按礼节到管宁的住处，让他们安排好能防颠簸的特制安车、车内铺垫的茵蓐、路上的厨食和照顾的吏员随从，并要求一上路就奏告朝廷。他为此事做了细致的安排。

接到诏书后，管宁自称草莽之人并再次上疏推辞，他向皇帝叙述了青州府官员的热诚对待，然后表示了自己年老、有病、受不了路途颠簸和无心政治的实情，把来不了京城的责任全部揽在自己身上，祈望曹叡理解自己，不要让自己弃命于路途。曹叡出于无奈，也只好放弃，但每年八月总是按礼节赐给牛肉和御酒。据说管宁自辽东返回后，许多年常坐在一个木榻上，因为屈膝而坐，木榻上的被褥与膝盖接触处都磨穿了。这是一位安于道德学问、宁愿追求简朴自由生活而对政治确无兴致的高洁士人。

曹叡有一次发诏书询问青州刺史程喜说："管宁究竟是守节自高，还是老病重疾呢？"程喜报告说："管宁有一个族人叫管贡，现为州吏，他与管宁是邻居，我常常让他探听消息。管贡说：'管宁常常戴着黑色帽子，穿着粗布衣裳，随季节不同或薄或厚，出入于内室和外庭，能凭借手杖走路，不须扶持。四季祭祀时，他穿着过去在辽东时所有的白布单衣，亲自布置食物供品，跪拜行礼，自己勉强支撑。管宁幼时就失去了母亲，不记得母亲的样貌，常常特意加设酒觞，祭祀时泪流满面。他的住宅离水池有七八十步远，夏天到水中洗手洗脚，在园圃中散步。'为臣揣测管宁前后推辞谦让，只是认为自己生长在偏远安闲之地，现在年老智衰，只宜安于休息，所以每次都坚持谦退。这是按他的志向行事，想追求的就要得到，不是自显高尚。"曹叡下了很大的

227

决心并做了多项安排，却没有请来管宁，但他始终心有不甘，同时还想搞清楚管宁拒绝做官的真实原因，他的疑团正是在给管宁诏书中所表白的，难道是朝廷的政治治理与管先生的志趣向往真有不同，以至使他宁愿抗旨也不合作？青州刺史程喜提前对管宁的情况做出了打探，满足了他对一位倾慕对象的好奇，也解开了他心中的谜团。既然大贤不仕的原因与国家政治治理没有关系，这虽有遗憾，但也可以释然。

曹叡刚继位时，钟繇为太尉，他与司徒华歆、司空王朗并称三公，《三国志·钟繇传》中记述，魏文帝曹丕曾说："此三公者，乃一代之伟人也。"曹叡上任后封钟繇为定陵侯，大概因为其年老体弱，职位上改任他作太傅，这是更高级别的荣誉职位。钟繇膝盖有毛病，在朝堂拜起行礼不方便；华歆当时也年老患病，曹叡为此做出特别安排，让他们上朝进见时乘车坐轿，由卫士抬着上殿就座。年轻皇帝在朝堂上的尊老安排成了魏国此后的惯例，凡是三公有疾病，就遵照这种做法。曹叡对管宁的倾慕看重和对朝中三公老臣的特意关照，体现了他在国家治理中用人处事的一个侧面。

1.5（19） 与王肃的历史学术讨论

王肃是魏国司空王朗的儿子，王朗在 220 年写给蜀国太傅许靖的信中说其二十九岁（参见 2.4.1《受到曹魏策反的许靖》下），那王肃应是比曹叡大十多岁，他在曹魏建国时任黄门侍郎，曹叡执政后任命他为散骑常侍，属于侍从皇帝的三品官员。王肃博学有文才，《三国志·王肃传》中记述了曹叡在处政活动中与王肃就有关历史学术问题所作的讨论。

说的是 234 年，禅让了皇帝之位的山阳公（汉献帝）刘协去世，曹叡要为他举办丧礼，事前要以朝廷的名义给其一个谥号。王肃上疏提出应该给"皇"的谥号而不必称"帝"，他说："过去唐尧禅位给虞舜，虞舜禅位给夏禹，后者都是结束了三年丧礼后才登上天子尊位，所以禅让人的帝号没有什么问题，因为禅让双方的君臣之礼是一直存在的；而山阳公刘协禅位后一直处在宾客地位，虽然双方屈尽礼节，魏国没有要求对方作臣属，但其地位只相当于诸侯王。既然天下地位最高的天子才称皇帝，那山阳公就只能被称为稍轻一些的皇。"当年刘邦作了皇帝，他的父亲被称"太上皇"，就有皇号而没有帝号，表示贵而无位，这也是王肃提出来的一个理由。

<<< 1.5 聪明睿智的年轻帝王（曹叡）

王肃从历史和礼制的方面做出论证，是要按照禅位十四年后的实际地位为刘协定出谥号，并要保持魏国皇帝独一无二的最高尊位。曹叡应是考虑了王肃的意见，但并没有接受，最后追谥刘协为汉孝献皇帝。应该说，王肃的意见合乎实际状况，而且从礼制要求和历史惯例上不无道理；但曹叡是要把这一事情当作政治问题来对待，考虑到了汉魏两朝"火生土"的承继关系，并兼顾了刘协一生的经历，他并不过多关注历史和礼制的方面，给刘协的谥号中包含"皇帝"而又用"献"字标示了禅让之意，不失为一种很好的思路。

曹叡后来有一次询问王肃："汉桓帝时，白马令李云上书中说：'帝者，谛也。是帝欲不谛。'为什么大臣都觉得不应该处死？"这里提到的是《后汉书·李云传》上记述的一件事情，东汉桓帝刘志执政时，在159年诛杀了大将军梁冀，而中常侍单超等五人因为有功而同时被封列侯，他们专擅权力，朝政不堪，据说当时灾异频现。白马（县治在今河南滑县东）县令李云用不缄封的露布上书，同时给太尉、司徒、司空三府呈送副本，其中说："梁冀专权乱政，危害天下；陛下将其论罪处死，就像让家臣掐死他。现在因为这事竟然滥封功臣万户以上，太祖高皇帝地下有知能不责怪吗！西北边塞的将领能不为此离心吗！孔子说：'帝者，谛也。'现在官位错乱，小人进谗，朝政败坏，诏书任命官职不经皇帝过目，这是帝欲不谛！"桓帝看了上书后大怒，他把李云抓起来治罪，虽然有杜众、陈蕃等人和廷尉府官员为其开脱求情，但刘志坚持说："帝欲不谛，这是什么话！"他不予原谅，最终把李云和杜众处死。

这里牵扯到对"帝""谛"的理解。《说文》解释："帝，谛也。王天下之号也。"即认为帝，是统治天下的称号，又有周密详瑾之意。《说文》又解释："谛者，审也。"是细审明察之意。李云在上书中要表达的意思，是要求汉桓帝亲自审查明断国家政务，不要有放弃政务（"欲不谛"）的想法而把权力交给宦官。其实这里并没有诽谤刘志之意，只是希望他做一个有职有权的皇帝。而在位后一直被外戚梁冀和宦官控制权力的汉桓帝对这一提法显得特别敏感，李云的话对他戳到痛处，揭了短处，以至不能忍受，反而将其杀害。所以当曹叡询问这一史案以及其中关键话语时，王肃回答说："李云只是说错了话，失去了违逆和顺从皇帝的分寸。推究他的本意，说这些话都是想

曹家龙兴 >>>

尽忠心,想着对国家有益。况且皇帝之威超过雷霆,杀掉一个普通百姓就和踩死蝼蚁没有什么不同,宽恕他可以显示能够包容接受直谏之言,在天下推广皇帝的恩德,所以我以为杀掉李云不一定是对的。"

汉朝几百年间朝廷发生的事情不少,曹叡为什么对桓帝处死李云的事情特感兴趣,并专门为此询问王肃呢,关键的问题是这里对"帝者,谛也"的解读,和前面对刘协谥号中是否应该有"帝"字的问题密切相关,两者都包含着对"帝"的理解。刘协已经被安葬,谥号问题已经解决,但曹叡仍然在不时回味着带"帝"定谥的准确性与合理性,想把这个问题从学理的方面弄清楚,他知道王肃对该问题有更多考虑,于是向他询问,也属于学问方面的请教吧,由此能够看到曹叡的读书之博,也能感到魏国这位年轻皇帝的缜密心思。

曹叡又问王肃说:"司马迁因为受刑的原因,内心怀着隐痛,撰写《史记》时非议和贬损汉武帝,令人切齿生恨。"王肃回答说:"司马迁记叙事情,不虚饰其美,也不掩蔽其恶。汉朝刘向、扬雄都佩服其善于叙事,认为他有良史之才,称所著述是历史的实录。汉武帝听说司马迁撰述史书,把记录孝景帝和自己的两篇本纪取来阅览,看后大怒,销毁了这两篇,到今天这两篇本纪只有目录而没有篇文内容。后来遭遇李陵之事,将其处以腐刑,内心怀有隐痛的是汉武帝,而不是著述人司马迁。"

在谈到司马迁和汉武帝的是非纠纷时,曹叡和王肃持有不同的观点,前者认为是司马迁心怀怨恨而有意贬损汉武帝,按照这样的认识和说法,皇帝的作为是对的,只是当朝史家以扭曲的心态误写了皇帝;王肃则借前代学界大家的评价肯定了司马迁的良史之才,指出是汉武帝心怀怨恨而报复史家司马迁。君臣两人在这里显现了屁股影响认识、立场决定评价的真谛。身为皇帝的曹叡肯定皇帝的行为,把皇帝的过失推诿于史家的记录,表现了他对自己的行为自信不足、不敢直面历史裁决的隐秘心理;王肃则坚定地维护了一个文人的职业操守,表达了对司马迁不幸遭遇的深切同情。现有《史记》的景帝(刘启)本纪,是后人取《汉书·景帝纪》作补,而武帝本纪是取史迁所著《封禅书》填成,史家的原作已不存在,这些已有的事实反证了王肃说法的正确,也表明了皇帝曹叡在这一问题上的认识差谬。

1.5（20）行为背后的真情

作了皇帝的曹叡平素会遇到许多事情，由于事情内含的复杂性，他宁愿采用迂回曲折的方式来对待。《三国志·魏书》若干处记述了一些事情，其中表现了年轻帝王处事的心机，也能从中看出他事情背后的真实心态。

杜绝卞后干政 司马芝是曹操在208年平定荆州时任用的官员，后来长期担任判决狱案的大理正，为六百石的六品官员，级别并不高，但所任事情重要。曹叡继位后，赐给了他关内侯的爵位，地位有所提升，也表明了这位律法皇帝对从事审狱工作人员的看重。不久，骠骑将军曹洪一位叫当的奶妈，和临汾公主的侍者因为共同祭祀了无涧神，被关进监狱。卞太后（曹操夫人卞氏）派遣黄门官到官府中送来命令，大概是要为两人说情吧，司马芝不让通报，并下令让洛阳监狱把这二人拷打至死，然后给曹叡上奏说："凡是应该判处死刑的罪犯，按理都应该先上表奏明。以前圣上下令禁止不正当的祭祀，以端正风俗，而当等人所犯妖刑，刚刚审讯出供词，黄门官吴达就来见臣下，传达太皇太后的命令。我不敢接见使者，害怕让保护罪犯，并让告知圣上，使陛下不得已赦免她们，案子没有早早审完，是我的过失，我只好冒犯规定，责令洛阳县把罪犯处理了。我擅自施行刑戮，等候圣上诛罚。"曹叡看了司马芝的上奏后亲笔批复说："看了你的奏章，了解了你的真心。你遵照禁止淫祀的诏书办案，权宜从事，做得很对！以后黄门官再去你那里，不要接见。"

当时魏国法律是不允许祭祀未经国家认可的山河之神，这一法律是曹叡诏书宣布了的，无涧是洛阳东北的山，当和临汾公主侍者两人正是违反了该法。卞太后在曹丕执政时就保护过曹洪本人（参见1.4.10《褊狭的气度》），这次出面想要为曹洪的乳母当求情免罪。临汾公主是曹叡的女儿，即便这样，司马芝也料定曹叡的本意必是要坚守法律的严肃性，而不会宽恕罪犯；如果让卞太后的命令传到曹叡手中，必然造成皇帝的为难，于是司马芝拒绝见面通报，先做审判处理，使卞后的命令难以发挥效用；然后把事情向曹叡奏报并表达歉意。曹叡是卞后的孙子，但他在国家律法的执行上和司马芝的心理是相通的。他对司马芝的做法给了充分肯定，并特别嘱咐以后碰到卞后说情的事情仍然不要接见受理。曹叡在这里是把自己要拒绝的事情让司马芝首先出面隔绝，避免了自己违抗奶奶心意的为难和不便，同时也坚守了魏国有关杜绝后宫干政的规矩。

收监丁谧 沛国人丁谧是曹操属下官员丁斐的儿子，他不喜欢与人交往，只是博览书传，为人深沉有才略。父亲去世后他在邺城租借别人家的空屋子居住，当时有一位诸侯王也想租借房屋，不知道有人已住，就打开门进入。丁谧看见王进来，盘着脚坐卧床上而不起身，呼喊仆人说："这是哪里来的人？立即赶出去。"诸侯王因为丁谧的无礼而发怒，把此事报告给了曹叡，曹叡派人将其收捕，关进了邺城监狱。史料中没有说这位诸侯王是谁，也不清楚丁谧是否认识他，丁谧的行为当然是不礼貌的，但也不至有罪必抓的程度。这位诸侯王多半是曹丕的同父弟，曹叡接到其奏报后，他不会不知道事情的大小，但为了平复叔父的怒气，便将丁谧收捕入监，而这一行为其实也不是曹叡的本心。

曹叡知道丁谧是功臣的儿子，不久将其释放出狱。因为丁氏与曹氏都是沛地同乡，曹操当年就很欣赏丁斐，丁斐有贪利的毛病，曹操对人说："东曹毛掾几次反映丁斐的问题，让我加重惩处。我不是不知道他的毛病，但宽恕他是有好处的。我任用丁斐，就像一个家中养的狗，狗会偷吃食物却很能抓捕老鼠，偷吃虽有小的损失，但能保证我仓储完好。"曹操对丁斐的任用就有他特殊的考虑。曹叡听说丁谧与他父亲丁斐的做事风格相同，就任命他为管理军粮的度支郎中。活跃在曹叡身边的武卫将军曹爽和丁谧关系要好，多次向曹叡推荐说其人可以大用。由此可见，收监丁谧完全是曹叡的权宜之策，他要借此安抚本家的诸侯王，准备像曹操一样借丁家人物看护存贮，对其事后重用才是他的本心所在。

作出表面承诺 曹叡执政后继嗣不昌一直令朝臣担忧，他前后有三个儿子都不幸夭亡（参见 1.5.5《曹叡的国家治理》下），廷尉高柔就曾向他提出育精养神，以静为贵的节欲方法（参见 1.5.13《对忠臣劝谏的圆通处置》上）。老臣王朗也曾为此上疏说："当年周文王十五岁就生有武王，后来有十个儿子，使姬姓后嗣众多。周武王年老时生了成王，所以成王兄弟为少。他们两位君王，都树有无人超过的圣德，但比较子孙情况，则有所不同。人的生育有早晚，子嗣有多寡。陛下兼有两位圣王的德福，现今年龄比文王生武王之时高些，但武王姬发这个年龄还没有生育。周礼上提出六宫内官嫔妃有一百二十人，而各经书上常说，以十二人为限，至于秦汉末世，或者有千百之数。虽然人数逾越礼制，但能够临产生子的很少，所以生子众多的根本，完全在于专心一意，并不在于嫔妃众多。"

王朗是曹叡执政第三年（228年）去世，他上疏时曹叡的第二个儿子曹穆可能还未出生，而第一个儿子曹冏已经夭亡。王朗用周文王和周武王父子两人的生子年龄作对照，既想让对方有所宽慰，又想表达一种紧迫，其中心意思和所给出的方法，大体上和高柔的主张相同，强调的是专一，王朗是更婉转地希望年轻皇帝通过节制欲望达到生子目的。曹叡回复说："最忠诚的人说话实在，最有爱心的人言谈深刻，您思虑劳苦，又写出了奏书，我再一次听到善德之言，有莫大的欢欣。我的继嗣未能确立，以至引起了您的忧虑，诚恳接受您的贵言，听从您的规劝。"曹叡对这位老臣的态度仍然很虔诚，似乎要接受王朗的规劝，但在其后的行动上并不听从，反而是变本加厉。他对待许多大臣的谏言都是这种方式，抑制个人的欲望，其实是他不想去做的，但却能显示出足够恭谦的姿态。

搁置封禅建议 大约在229年前后，中护军蒋济上疏建议"遵古封禅"，主张按照前朝传统，在国家兴盛时进行封禅大典。当年秦始皇、汉武帝都在自感事业兴盛时举行过这种盛大典礼，这包括封泰山以"祭天"，禅梁父以"祭地"，举行这样的仪式是国家兴旺的表征。但这一典礼规模极其宏大，程式非常繁杂，做过的帝王又对自己采用过的做法秘而不宣，多半是怕后人知晓后认为程式不够而耻笑。曹叡收到这一建议后发诏说："听到蒋济的提议，使我身上发汗直流到脚。"他仅仅表达了自己心情的紧张，既没有肯定，也没有否定，大概是希望获取封禅的光彩和荣誉，又自惭于功业的不足并惊悸于仪式的繁杂，准备做些观察考虑再做决定。这个事情一放就是几年，后来朝廷又提到这事，决定让深通古代礼仪的高堂隆首先拟定撰写出大典的礼仪程式。237年高堂隆去世时，有口授的上书（参见1.5.14《与老师高堂隆的互动》），却没有见到拟定的礼仪程式，曹叡知道没有写出，于是叹息说："高先生舍我而亡，这是上天不想让我做成封禅之事。"于是对该事再未提起。

说到底，曹叡对举行封禅一事还是自信不足，他当年对蒋济的建议默认下来，有过一些紧张情绪，几年过去后，他明白自己在治国与拓疆等方面并没有做出显著的成绩，反而心志衰退，走上了追求个人享乐的路途，引起了许多朝臣的怨言，继嗣问题也并没有实质性解决等等。有鉴于此，他觉得自己没有什么值得向天地昭告的功德，因而没有可以炫耀的封禅资格，取消这个提议才是最明智的做法；高堂隆的去世以及拟写礼仪程式的终止正好提供了在此退步的台阶，于是心气已泄的曹叡便顺阶而下。

1.5（21）魏国文化教育

文化教育是国家治理的重要内容，又是政治治理状况的某种反映。到曹叡执政后期，魏国建立已近二十年，国家的文化教育方面史书中并没有作出直接的专门记录，而《三国志·魏书》多处散记着文化教育的有关情况，即便选取少许，也可从中看到魏国文化教育的点滴和侧面，这些都是社会政治治理的某种折射。

太学的现实状况　太学是国家的最高学府，自汉武帝兴太学、立五经博士以来，太学成了国家意识形态和社会伦理教育的重要体现，在两汉时代得到了长久的发展兴盛，也成了社会治理状况的重要标识。《三国志·魏书十三》引注《魏略》有一段关于国家太学状况的描述，其中说，从初平元年（190年）至建安末年（219年），即从董卓乱政到汉献帝禅让前的三十年间，天下分崩，四方争战，人们心怀苟且，只追求眼前的生存偷安，传统的政治道德规范失去效力，儒家的伦理学说尤其遭到遗弃。黄初元年魏国建立之后，新掌政的君主开始重新振兴太学，把刻写五经石碑的残坏处作了补缺，备齐了博士的名录，按照汉朝的制度分甲乙两科考试。同时通告地方州郡，有想以学为业的人，全部派到太学，这样重开了太学，共有学者弟子数百人。

到太和、青龙年代（指227年至237年）魏明帝曹叡执政时期，魏国与境外事情繁多，人们都心存避祸就福之念，虽然对经典学术理解不深，但大多都希望到太学获得安宁，以至太学学人达到上千数，做博士的大多学问粗疏，不能教授学生；做学生的本意是为了躲避徭役，竟不具备学习的能力，冬来春去，年年都是这样。有些学人虽然精通经典，但政府机构用人的要求太高，又不关注对经典大义的综合理解，仅仅是考问字词标点和注释等问题，一百人同时参加考试，合格的达不到十位。这使有志于做学问的人反而遭到淘汰打击，而追求虚浮的末流却能在竞争中胜出。

正始年代中期（约245年），即曹叡身后五六年间，朝廷发诏商议国家祭天大典的天坛圜丘事宜，事情扩大涉及太学学士，当时朝中郎官及司徒上报人员二万多人，虽然分布在各地，但在京都尚有万人，而应征参与议论的却没有几位。同时朝堂公卿以下官员四百多人，能拿起笔写出来的不到十人，大多是跟着为吃饱饭没有进取心的人。学业和文化的衰落极其明显。

这一资料记录涉及魏国文化教育在曹叡执政期间及其前后三个阶段的状况，其中对曹丕在建国后的文化学术恢复功绩给予了肯定，而认为后来的太学成了部分人逃避徭役和混饭吃的场合，进入的人没有了钻研精神，加之人员选拔上的问题，导致教学水平下降，国家最高学府有人员数量而无学业质量，并用事例表明了国家文化教育的衰落景象。当然，这里的史料记录与史志中王粲、卫觊、刘劭各传中所记载的情况有些出入，对情况的评价过于灰暗，但其中指出了人们从事学业的非纯粹动机以及导致的诸种效果，却反映了一个时代在国家治理上存在的现实问题。

董遇的学习秘笈　该资料中记述了曹叡所任官员董遇的教学事迹，对后人一直很有启发借鉴。董遇被任命为掌管国家财政收支的大司农，为二千石三品官员，他生性质朴木讷而喜好学业，曾在许都给汉献帝刘协讲过经学，擅长《左氏传》，又为《老子》作训注。有人想跟他从学，但他不肯教，告诉对方"必须自己先将经典阅读百遍"。他经常对人说："书读百遍而其义自见"。想学习的人问道："困难在于没有闲暇时日。"董遇说："应当抓好三余"。又问他什么是"三余"，董遇说："冬天是一岁之余，夜晚是一日之余，阴雨天是时光之余。"根据上述资料中记录的情况，当时在学业上缺乏自觉性和进取精神的人可能不少，对这样的人其实很难教授出预期的效果，董遇拒绝教授学生也许不无道理。但他提出"书读百遍其义自见"的学习秘诀，意在发掘学习者的能动精神，应该是很有道理的；他关于抓住"三余"的学习方法，尽管时代变迁情况有异，而其思想精神则千年不废，至今仍然极有价值。

曹叡对学经的激励　《三国志·高堂隆传》中说，景初年间中期（238年），曹叡觉得苏林、秦静几位经学精深的人已经年老，恐怕他们的学业得不到承传，于是下诏说："过去先圣离世，他们的遗言和教诲都写在六艺中。在六艺的承传上，礼又最为急需，不可以须臾离开。末流的庸俗学者背离了根本，源头已经很早了。所以闵子讥讽原伯不懂学术，荀卿斥责秦世的坑儒行为。儒学废弃了，那社会风化从哪里兴起呢？现在各位儒学老先生一并到了高年，他们的学业和教益有谁来继承呢？过去伏生将老，汉文帝派晁错前去受业学习；研究《谷梁》的学者很少，汉宣帝就选派十位郎官去从学。现在具有学问高才能够解释经义的有三十人，包括光禄勋高堂隆、散骑常侍苏林、博士秦静等，他们分别精通四经三礼，都可以用课试之法招收学生。汉学者夏侯胜说过：'读书人怕就怕不明了经术，如果能明于经术，那获取高位显爵就像弯腰拾取地上的草芥一样容易。'现在学者有能精通经学道义的，爵禄荣宠自然会来到面前。希望大家努力！"

曹叡似乎看到了儒学凋敝衰落的情况，他借鉴历史经验，并采取特殊方法，又以"学而优则仕"的前景作出奖赏鼓励，希望对文化教育事业作出挽救和加强，心意还是诚挚的，但几年后他提到的几位学界大家都先后逝世，培养后继人的事情就不了了之。

对祭孔的重视　《三国志·崔林传》中记述，鲁相国228年上书说："汉时所立的孔庙，自褒成侯始每年春秋两季按时奉祠，举行礼乐德化的辟雍典礼时，必定要祭祀孔圣先师，都是官家出粮谷；现在宗圣侯奉嗣，没有授命祭祀的礼品，应该给些做祭祀的牲畜，保持长久奉祀，尊为贵神。"国家尊孔是从汉武帝正式开始的，西汉平帝在公元1年封孔子后裔孔均（孔莽避王莽讳而改名）为褒成侯，其爵世袭传承，祭祀不断；魏文帝曹丕221年封孔羡为宗圣侯（参见1.4.7《新皇帝的作为》中），确立了新建国家的尊孔态度。鲁相国的上书提出了祭祀过程中出现的新问题，曹叡发诏书让三府审议，博士傅祗、司空崔林都发表了意见，围绕祭祀的规模和授权，以及与祭祀黄帝、尧、舜、周公等先圣的典礼差别等复杂问题进行了讨论。无论如何，祭孔仍然是曹魏国家祭祀的重要组成部分，朝廷三府对问题的审议，再次标示出了全社会文化教育的基本方向。

1.5（22）治国特征之窥

曹叡执掌国政十多年，当然有他特定的治国特征，史书中对此不会有特别的记录，需要从其许多具体事情的处置和诸多大臣的感言中体察，《三国志·魏书》记述了一些不同的事情，可以从中窥见曹叡治国的某些特别之处。

分等治理法　王观是曹操任用过的臣僚，曹丕建国后出任为涿郡太守，涿郡北部边境与鲜卑相接，不断有境外敌寇侵犯，王观组织当地民众进行常

<<< 1.5 聪明睿智的年轻帝王（曹叡）

备性防御，似乎很有成效。曹叡掌政后，推行了一条新的制度，他要求根据各郡县事务的多少将其分为剧、中、平三等。"剧"有繁难之意，是事务较重的等级，中、平依次递减。主事者大概看见防守鲜卑已见成效吧，想把涿郡列为中或平的等次，王观说："涿郡靠近敌人，经常遭其侵犯，为什么不列为剧呢？"主事者说："如果把涿郡列为外剧郡，恐怕太守要用儿子作为人质。"王观说："作地方长官的人应当为百姓着想，如今列在外剧，那在服劳役、征户税方面就要有所削减，怎么能为了我个人私利而有负于一郡百姓呢？"于是涿县被列为外剧郡，王观不久送自己的儿子到邺城作人质。

这里的史录是要表现郡守王观的公正无私之心，其间反映了曹叡在国家治理中的分等次方式，这一方式是他上任后开始推行的，其办法是把各郡县防御敌寇的任务按轻重不同划分为三个等级，以此来决定各郡县百姓应当负担的徭役赋税数目的大小。在这套管控系统中，防御任务轻的当然徭役赋税就多，这也合乎国内各地民众总体负担大致平衡的原则，是一条不错的地方管理办法。但另一方面，防御外敌任务繁重的郡县一般处在边境地区，与敌国的接触交往较多，容易出现头领率众叛逃的问题，为了预防这种负面事态的发生，曹叡于是在对地方的分等次管控办法中加进了补充条款：评为剧等郡县的地方长官应当向朝廷质押儿子。尽管这一补充条款显得生硬无情，大概却是当时能够换取上级信任的有效措施。同时，做郡县长官的人不希望儿子远离身边，那就要争取本地评定不进入最高档次的剧等，而这样一来，则又必须使本地承担更多的徭役赋税。曹叡的这一分等管控方法，就是在各种相关因素之间追求一种自动调节的内在平衡，无论如何评定，都不致造成国家更大的伤害和损失。

郡守典兵制 地方州牧郡守可以领兵，这应是汉末黄巾军起事以来朝廷为了对付地方反叛而临时采用的办法，这一治政之策对后来的地方割据和军阀争战反倒起了推波助澜的作用。而到了三国鼎立时期，随着众多割据势力的瓦解和北方一统局面的形成，各郡太守统领军队的陈规暴露出了弊端。曹叡执政期间，他曾让各级臣僚发表意见，议论国家政策的得失，那位认识敏锐而又为人忠直的杜恕指出了这一陈规中的问题。《三国志·杜恕传》记述，杜恕给曹叡上书说："帝王之道，没有比安民更崇高的；安民的办法，在于财富的积累；而积累财富，就是专务农业生产的根本，并节约用度。现在吴、蜀二敌未灭,战事还需继续,这正是英雄豪杰努力奋斗的时机。但现在长期从事农业生产的百姓,却以战场拼杀为本业,这不能说是务本;国库一年比一年空虚,民力衰弱而赋役增加,不能说是节用。"杜恕认为,尽管战争没有完全消失,但国家治理的根本应该放置在生产上,而不能一味停留在战争状态。

基于治国必须务本的原则,杜恕进一步指出,现在吴、蜀与我们作对,北方胡人也没有顺服,三处边境时常发生战争,所以国家治理出现了复杂情况,必须实行新的策略。他为此提出一些设想:①地临边境的荆州、扬州、青州、徐州、幽州、并州、雍州、凉州都可以保留地方军队,而兖州、豫州、司州、冀州应该集中发展农业生产,以充实国库为要务。②应该取消州郡典兵制度,让地方长官专心一意地关注农业生产,需要驻军的地方可以另派将军主持军政事务,以避免州郡长官为了军功而分散精力。③在军事重镇专门设置大将来镇守。杜恕说:"一个国家就如同人的身体,心腹充实了,四肢即使生了病,终究不会有大的妨害。"这里提出地方治理上的内外划分,长官职能上的兵民划分,以及防御策略上的主次划分,三项划分使地方治理更加精细,也更为合乎实情,同时又强化了国家整体上各地区、各职能间的相互联系,是能取得更大生产效益和战争成效的方法,也是对传统的郡守典兵制的变革与改造,可惜没有看到曹叡在治国实践中明确的采纳实行。

中书令专任制 曹叡执政后,大概为了加强皇帝的集权吧,在掌管机要的中书省设置中书监、中书令职位,任职官员是皇帝的近臣,因受到信任并大权在握,被称为"专任"。《三国志·蒋济传》中记述,执掌禁军的中护军蒋济为此上疏曹叡说:"大臣权力太重则国家危险,身边侍臣太亲近则易受蒙蔽,这是古人对帝王的警戒之处。大臣并非不忠诚,但威势和权力落在臣下手里,那众人就会轻慢君王,这是事情的常规。陛下既然已经对大臣专权的事有所察觉,希望也不要忘记您左右的人;您身边的人固然忠诚正直,深谋远虑,但未必胜过大臣,至于逢迎谄媚君上,或许更有手段。作君王的不能尽知天下的事情,应该有所托付,而把三公的职务交给一人承担,他们没有周公旦的忠诚,又没有管夷吾的公正,就会发生玩弄权术、败坏官职的弊端。当今能成为国家柱石的人士虽少,但许多人德誉一州,智任一职,忠诚竭力,能奉行职责,可以将这些人同时任用,不要让圣明的皇朝有专任的弊政。"

当时据说刘放、孙资两人一直在宫中担任中书监、中书令职务，蒋济的上书没有点名，其实上书议论的所指是明确的，他借用了先秦法家韩非的思想理念提醒曹叡，希望他不要把国政大权过多地交给他们，希望通过更多地任用官员，以分散两人的权力，他的谏言是主张曹叡改变事实上的中书令专权现状。曹叡下诏说："正直强硬的大臣是君主的仰仗。蒋济才兼文武，勤奋尽节，对军国大事总有忠诚的奏议，我非常赞赏。"曹叡对待谏言有他固定的套路，从这样冠冕堂皇的诏书回复以及后来的事实看，蒋济的劝谏其实没有动摇曹叡在实际行为上实行的中书令专任制。

1.5（23）与亲族的交好之人

曹魏建国后一直对同姓王侯和母族势力实行严格的政治控制（参见1.4.7《新皇帝的作为》中），曹叡掌政后曾做过一些非实质性调整，展现了示好的姿态（参见1.5.10《对族内事务的处置》），但总体上延续了这一方针，这使朝廷执政集团与皇家亲族一直持续着生疏戒备的关系状态。然而，事有例外，从《三国志·魏书》多处记述中能够看到，曹叡在数目众多的亲族中也有关系交好的人物，这些特殊关系对国家政治生活常常产生相当的影响。

曹休曹肇父子　曹休是少年时和曹丕交往较多关系友好的族兄弟，后来深得曹操、曹丕两位执政人的信任，他在曹魏建国后为征东大将军，兼扬州刺史，为东线战场抵御东吴的军事统领，也是曹丕临终时的托孤人之一。曹叡继位后进封其为长平侯，曹休在前线取得过一些胜利，旋被升任大司马，增封至二千五百户。228年他受东吴周鲂诱骗而导致魏国出军大败（参见1.5.5《曹叡的国家治理》下），曹叡对其赐赏宽慰，但曹休心气郁结而不久病逝，儿子曹肇继嗣爵位。

曹肇容貌俊美，有出众之才，担任朝廷散骑常侍、屯骑校尉，为侍从皇帝左右并执掌宿卫的二千石官员，深得曹叡宠信；他的弟弟曹纂也为列侯，任珍吴将军。另有唐代人汇编而成的《艺文类聚·曹毗曹肇传》中记述说："曹肇和曹纂都受到曹叡的宠爱，常在一起休息睡觉，他们与曹叡游戏赌衣物，即使没有赌赢，也会进入御帐，穿上衣服离开，相互间非常亲近爱幸。"北宋人编纂的《太平御览·曹肇别传》中说："曹肇之弟曹纂，字德思，力举千钧，明帝（指曹叡）非常宠爱，经常在一块休息睡觉，他与曹叡游戏赌衣，赌赢后就进入御帐，拿上衣服离开。"两处记载的人物和情节略有不同，这些文字如同史书中叙述刘备与关张"寝则同床"的意旨一样，要表达的是曹纂他们与当朝皇帝的亲密关系非同一般。后世人把关于曹肇兄弟的上述记述概括为"赌衣弄帏"，多出了些狎戏轻浮的意味，近世也有人做出了更为丰富的想象，将他们君臣关系等同于汉哀帝与董贤的"断袖"之亲，似乎超出了史料作者本已给定的全部内含。无论如何，从曹叡对曹休曹肇的交往关系中可以看到，当朝皇帝对他们父子的看重和关照，与对亲族其他成员的对待是显然不同的。

曹真曹爽父子　曹真的父亲当年与曹操交往颇深，曹真本人可以视作曹操的养子，早年与曹丕一同居处生活，后来深得曹操与曹丕两位执政人的信用。曹魏建国后，曹真为镇西将军，都督雍州及凉州军事，不久升至上军大将军，都督中外诸军事，假节钺，成为曹魏军队的最高统帅之一，曹丕临终时将他作为第一托孤人。曹叡继位后进封其为邵陵侯，任为大将军。蜀相诸葛亮自228年连续兵出祁山，曹真一直是魏国西部战场上的军事统领人。曹真的封邑在229年已达二千九百户之多，其权位和爵禄大概无人能及，他接替曹休为大司马，受赐剑履上殿、入朝不趋的特殊待遇，与汉初萧何的地位相同。

230年曹真提议组织数路大军进击蜀汉，司空陈群等人上书反对，曹叡发诏书将大家的反对意见交给曹真参考，曹真竟据此诏书而在当年七月率军出发，司马懿、郭淮等人也从另外道路进军配合（参见1.5.6《对诸葛亮的作战部署》），这样的权威擅断实在是其他大臣根本不会拥有的，足见曹真在国家的地位之高。当时军队因连下大雨而无法前进，到九月只好退兵。曹真本来劳师无功，但其返回洛阳后，曹叡仍然亲自前往府邸探望，表现了一种超常规的关爱。曹真当年去世后，朝廷谥其元侯，将其从祀于刚建好的太祖曹操庙庭，给了他最高的大臣待遇，又让儿子曹爽继承爵位；曹叡还下诏书封其另外五个儿子曹羲、曹训、曹则、曹彦、曹皑均为列侯，曹真的弟弟曹彬一并受封，这些对待不是一般的厚重。

曹爽从小就被朝廷按皇室成员对待，曹叡早先与其关系非常亲近，继位为帝后，任命他为散骑侍郎，属六百石的五品官员，与侍中、黄门侍郎共掌尚书奏事，后来升至城门校尉，这是掌管京师城门屯兵的二千石四品官员，又为他加官任散骑常侍,其职级已大大提升,不久转任武卫将军,该职此前由曹操爱将许褚担任,是都督中军宿卫禁兵的重要职位,曹爽在曹叡朝廷受到的宠遇也非同一般。

燕王曹宇 曹宇是曹操环夫人所生的儿子,为神童曹冲的同母弟,因为在兄弟中生年稍迟吧,少年时与曹叡一同游玩活动,叔侄两人的关系非常亲密。曹叡掌政后对这位叔父的待遇比其他各诸侯王更为优厚。曹叡病重时一度拜他为大将军,曹宇差一点掌握了曹叡身后魏国的政局,他的儿子曹奂在260年成为魏国的最后一代皇帝,这当与明元郭太后的选定允准不无关系,可见曹叡与燕王曹宇的情谊交好。

赵王曹幹 曹幹应是曹操最小的儿子,他比曹叡年小十岁。曹操临终前将五岁的曹幹托付给曹丕,也由于曹幹生母王昭仪当年对曹丕竞争太子有过支持,所以曹幹在曹魏建国后享有朝廷很好的对待(参见1.6.5《被特别关照的诸侯王》)。曹幹曾经几次违反过朝廷为诸侯王制定的法规禁令,曹叡不仅给了少有的宽恕,而且写家书对其劝导教育,他对这位叔父表现了某种超乎政治关系和不同寻常的关爱。

表亲卞兰 卞兰是曹操夫人卞后的侄儿,为曹丕的表兄弟,曹叡的表叔,他是当世极有才学的人物,所书座右铭等作品,其内涵和文采均属上乘之作(参见1.4.26《卞太后的母子情分》)。曹叡大概对其心有倾慕吧,总想为他做些什么事情。大约235年,寿春一位农民的妻子自称为天神所生,能够护卫皇室,祛邪纳福。她拿出"神水"说能治病,也能洗疮,有许多用了她的水而病好的人。曹叡于是在后宫设置馆舍,下诏褒扬,给这位女人以优厚的宠遇,是要让她满足皇宫中对治疗的不时之需。不久表叔卞兰患了一种口渴病症,他用药酒治疗,曹叡则把馆舍中那位女人的神水送去让用,卞兰坚决不喝,他说:"治病自然要用药,怎么能相信这些?"这是把那种疗法当作巫术看待的。而曹叡非常相信水疗的效果,他特意赐给表叔这种自认珍贵的礼品,正是反映着一种特有的关照。可以看到,在曹魏执政人对亲族的政治控制氛围中,曹叡对少量亲族人物始终保持着超乎寻常的看重与关爱。

1.5(24)曹叡信用的臣属

身为皇帝的曹叡除过亲族内部的交好之人外,在朝廷也有他特别信任的人物，这是在长期的治国活动中能达到思想一致，配合默契的那些臣僚。《三国志·魏书》中记述了这样几位人物，他们对曹叡执政后期及其身后的国家政局都有不少影响。

守边将军毌丘俭 毌丘俭的父亲毌丘兴早年在武威太守任上立有边功，文帝曹丕调任他进入朝廷任掌管宫室修建的将作大匠，毌丘俭后来继承了父亲高阳乡侯的爵位，被任为平原侯曹叡的文学侍官，当时曹叡因与父皇关系紧张而迟迟未被立为太子。后来曹叡继位做了皇帝，毌丘俭被任为尚书郎，后升为羽林监，为执掌皇帝警卫军的六百石五品官员。因为毌丘俭是出身东宫的官员，在曹叡的人生低谷时相知相识，所以受到曹叡的亲厚对待，不久出任洛阳典农，成了与郡守平级的二千石官员。毌丘俭到了地方后曾给曹叡上书说："我觉得国家最急迫的事情是消灭吴、蜀两敌，而国内最要紧的是解决吃饭穿衣问题；如果两敌未灭，吏民挨饿受冻，即便宫室建得很漂亮，也是没有好处的。"曹叡是赞赏毌丘俭这一认识吧，后来调任他为荆州刺史。

毌丘俭是魏国有才干的人物，大约235年，曹叡为了加强北方的防御，特意把毌丘俭调任为幽州（治今北京大兴）刺史，加任度辽将军，使持节，护乌丸校尉，这是管辖东胡乌丸（乌桓）内附人众的特设职务。毌丘俭赴幽州任职后给曹叡上疏说："陛下即位以来，尚没有取得可以载入史册的功绩，现在吴、蜀两国依恃地理之险，一时难以平定，不妨把用不上的将士用来平定辽东。"敢于这样直率评议曹叡功绩的臣僚可能不多，而毌丘俭就敢这样毫不隐讳地谈论，他的上书显然对曹叡起到了一些作用，尽管当时也有人反对攻打辽东，但由于多种因素的作用，求战的意见总是占据主导地位，魏国与辽东公孙渊政权的争端几年间不断有所扩大。

中书监刘放 刘放是倾慕曹操的士人，在205年曹军讨伐袁谭时他说服渔阳（治今北京密云西南）首领王松投靠了曹操，他当时写来的回复书信文辞秀美，又态度真诚，被曹操安排在司空府担任参军，并做主簿和记室，掌管文书印鉴及章表文檄事务，后出任郏祤（治今陕西耀县东）县令。曹魏建国后任秘书郎，管理文书机要事务。后来曹丕改秘书省为中书省，任刘放为中书监，这是掌管中书机务的一千石三品官员，后来刘放被加官给事中，辅助皇帝处理政务，并监察六部，纠弹官吏，成了朝廷中枢权力不小的官员，又获得了关内侯的爵位。

曹叡继位后，仍然对其宠信重用。刘放在朝廷任职多年，做事认真细致，又熟悉军国事务，遇事常能提出自己的见解，曾以自己善写文书的特长离间吴、蜀两国执政者的合作关系，有不错的成效，曹叡再加任为散骑常侍，为侍从皇帝参与决策的二千石高官，并升爵为西乡侯；刘放后来坚定支持过讨伐辽东公孙渊的军事活动，事情成功后被加任侍中、光禄大夫，官职和爵位得到进一步提升。

中书令孙资　孙资曾在太学学习讲业，博览传记，早年朝廷司徒王允就非常欣赏。他在曹操执政时做过县令，参丞相军事，后来与刘放同为秘书郎，不久任中书令，也是中书省中掌管机要的一千石三品官员，权位略低于中书监，曹丕同样为他加官给事中，封他关中侯。曹叡掌政时，为其加官散骑常侍，封乐阳亭侯。当时孙资与刘放两人一起掌控朝廷中枢机构的运作。

曹叡刚刚执政时听说蜀国丞相诸葛亮驻军汉中准备出军伐魏，于是决定先发制人，准备组织军队大规模进攻蜀国，孙资向曹叡介绍了曹操当年出兵进攻汉中的教训和感受，并且分析形势，提出了守御待敌的战略方针（参见1.5.2《军国政务的处置风格》），得到了曹叡的认可。这一策略保证了魏国对蜀战争中始终能拥有以逸待劳的优越性，成了魏军最终制胜诸葛亮的不二法宝，可见孙资也不是一位见识平常的一般人物。曹叡后来给了他与刘放几乎同等的对待，加侍中，任光禄大夫，封都侯，其官职和爵位不断得到提升。

关于孙资的许多资料取自《资别传》（又称《孙资别传》），这是孙资后人所撰的关于孙资在曹魏朝廷任职期间的言行事迹记录，包括引注资料的史家裴松之公开表明他怀疑其记录的可靠性，认为不能排除作者为传主的某些回护饰美之处，这一怀疑是很有道理的。尽管这样，孙资和刘放两人同样具有的那种做事认真精细、遇事能拿出见解的才质也是不能否认的。曹叡在执政后期心志沉沦，更多地追求个人享受，把许多似乎常规化的军国事务托付他们两人处置，反倒是合乎情理的。

因为曹叡非常信任刘放和孙资，他们对有些事情有决断权，所以朝中大臣都争先与两人交好。《三国志·辛毗传》中记述，辛毗的儿子对父亲说："现在刘放和孙资在朝中用事，大家都附和他俩，大人您也应该放低姿态，和光同尘，不这样就必会有毁谤之言。"辛毗回答说："我们圣上即便不算个聪明人，也绝不是昏暗君主；我的为人立身有自己的原则。我就是不去附和他

243

俩，大不了不做三公而已，也没有什么危害，哪有一心为公的大丈夫为此而毁掉自己的高尚气节呢！"后来有官员毕轨提议让辛毗代替王思作尚书仆射，该职是尚书台的副长官，为二千石三品官位，曹叡就毕轨的提议征询刘放和孙资意见，他们说："辛毗是一位坦荡正直的人，但生性刚硬而专权，主上任用时应该深切考虑。"曹叡于是没有任用辛毗，不久外调他担任卫尉，这是执掌皇宫门卫的九卿之一，辛毗显然失去了三公之位。

朝廷中护军蒋济曾上疏提醒曹叡，说大臣权力太重则国家危险，身边侍臣太亲近则易受蒙蔽（参见 1.5.22《治国特征之窥》），他提出取消中书令专任制，主要就是针对刘放与孙资的专权而言，从辛毗升职不成反被降的事实，可以看到其权力专任的厉害程度。

1.5（25）对辽东的战争（上）

幽州刺史毌丘俭建议曹叡派军队平定辽东以便皇帝取得能载入史册的功绩，中书监刘放也支持讨伐辽东公孙渊的军事活动，恰好公孙渊在从叔父公孙恭手中夺得政权后野心膨胀，经海路与南方吴国暗中勾结，依违于魏吴之间两端取利，他曾杀了吴国使者取悦魏国，但又自称燕王，对魏国的使者极其傲慢无礼，于是魏国自237年起开始准备对辽东的战争（参见 1.5.11《应对南北两面之战》），曹叡当年向辽东前线连续发出的四份诏书都是对辽东用兵的前期准备，《资治通鉴·魏纪六》《三国志·魏书·明帝纪》及《晋书·宣帝纪》等史书记述了魏国用兵辽东的整个过程。

238年正月，曹叡从长安召回司马懿，命他率军讨伐辽东，他问司马懿："你估计公孙渊会如何应对？"司马懿说："公孙渊放弃守城而逃走，是上策；据守辽水（今东北南部的辽河）抗拒大军，是中策；如死守襄平（今辽阳），必被生擒。"曹叡又问："那么公孙渊会在三条选择中采用哪一办法？"司马懿回答："只有明智的人审慎度量双方力量，才会有所舍弃。但这不是公孙渊所能达到的，他会认为我军孤军远征，不能支持长久，一定是先在辽水抗拒，然后退守襄平。"曹叡问："往返需多少天？"回答说："进军一百天，攻战一百天，返回一百天，用六十天作休息，这样下来，一年足够了。"曹叡这里和他讨论了战术策略和用兵时间问题，前者直接事关战场上的军事胜败，后者牵扯到国家应该筹备的军需供应，他在这里是抓住了此次远征作战的两个关键问题。洛阳到辽东大约三四千里，司马懿提出单程进军一百天，计每天行军约三十里，这大约是春秋时代战车的行军速度，而当时的进军不至如此缓慢，司马懿的这种算法实际是给自己远征用兵留下了充足的机动时间。曹叡对司马懿的两项提议都没有提出异议，应该是认可的，他安排毌丘俭为副将，调拨四万军队让进军辽东。

军队从洛阳出发，曹叡亲自送出西明门，诏令司马懿的弟弟司马孚、儿子司马师送过温县，并赏赐给粮谷布帛和牛肉美酒，当时京城及附近郡守、典农以下的官员都来会见相送。温县是司马懿的家乡，司马懿在这里见到父老乡亲和故旧朋友，一块儿宴饮多日后继续进军，在此能够窥见曹叡对司马懿各种奖赏的真实用心，他是有意提供酒肉物资，让司马懿来一次荣归故里后正式出军，属于一种精心安排的特别激励。大军经过孤竹（约河北唐山滦南一带）、碣石（辽宁省葫芦岛市绥中县西）一直到达辽水。

公孙渊听说魏军来攻，即派使者向吴国称臣求救。吴国对公孙渊的反复无常非常不满，打算杀掉来使以作报复，臣属羊衜说："不可如此，这是发泄匹夫之怒而损害霸王之计，应该乘势厚待他，然后派出奇兵暗中前往，胁迫公孙渊归附。如果魏军征讨不能取胜，那我军远赴救难，这就是对他们很大的恩情，义彰万里之外；如果双方兵连不解，辽东前后分隔，那我们就在其边陲郡县劫掠而归，也足以表达惩罚，也是对他们往年斩杀使者之事报仇雪恨了。"孙权赞成这一意见，于是集结部队，并对辽东来使说："请回去等候音信，我们按照来函约定，一定与兄弟之国休戚与共！"

司马懿的大军六月到达辽东，公孙渊命大将军卑衍、杨祚统率步、骑兵数万人驻扎在辽隧（今辽宁海城一带），围城挖掘了二十余里的壕沟。魏军将士准备攻城，司马懿说："敌人坚壁不战，是打算在这里拖垮我军，现在进攻就正中其计。而且敌军主力在此，他们老巢必定空虚，我军直指襄平，必能攻破。"于是，打出许多旗帜，佯作要进攻南部，卑衍率全部精锐部队集中于南。司马懿却让军队暗渡辽河，向北挺进，直扑襄平。卑衍大为惊恐，连夜率军撤走。魏军各部进抵首山（今辽阳西南八公里的驻跸山），公孙渊命令卑衍率军迎战，魏军猛烈进攻，大败卑衍，随后进军包围了襄平。司马懿前面考虑到战场上的三种攻守方案，当敌方拿出中策对付时，他拒不应招而直趋襄平，迫使敌方以下策来应对。

襄平七月连降大雨，辽河暴涨，运粮船队从辽口（今辽宁营口的辽河口）直抵城下。大雨连下不停，平地水深数尺，魏军将士恐惧，打算迁移营垒，司马懿下令军中："有敢说迁营者斩！"身任都督令史的张静违反了命令，随即被斩，军心由此稳定下来。辽东军队依仗水势，像往常一样砍柴放牧，魏军将领想要俘获他们，司马懿都不准许。大雨下了一个多月后停止，司马懿合拢包围圈，在城周围堆起土山，深挖地道，用楯干、橹车、钩梯、冲车等多种器械日夜攻城，射箭与石块密集如雨，城内很难应付。

公孙渊窘迫危急，粮食用尽，城里以至互相残食而人吃人，死亡极多，部将杨祚等人投降。八月，公孙渊派遣相国王建、御史大夫柳甫请求解围退兵，约定城内君臣反绑双手，自缚前来投降。司马懿斩掉来使，发檄文告知公孙渊说："楚国和郑国地位相等，可是郑伯还光着脊背牵羊出城迎降。我是天子的上公，而王建等想要我解围后退，这合于什么礼节！这两个老昏头所传的话有失意指，已被我斩杀。如还有请降之意，就另派年轻有明快决断的人前来。"公孙渊又派侍中卫演，请求指定日期，派送人质。司马懿对卫演说："军事大要有五条，能战则战，不能战就坚守，不能坚守就逃走。剩下的两条路，就只有投降和死亡了。公孙渊不肯自缚面降，这是准备去死，不必送来人质！"他是寻找各种借口拒绝公孙渊的投降，必欲将其彻底消灭。不久襄平城被攻破，公孙渊和儿子公孙脩领着数百骑兵从东南突围逃走，魏军立即追击，在梁水岸边斩杀了公孙渊父子，把公孙渊的首级送去洛阳。

襄平之战一举成功，彻底解决了辽东问题。战后辽东（约辽宁大凌河以东之地）、带方（辖今朝鲜黄海南道、黄河北道一带，治今朝鲜凤山附近）、乐浪（辖今朝鲜平安南道、黄海南北道一带，治今朝鲜平壤南）、玄菟（辖今辽宁东部至朝鲜咸镜道一带，治今朝鲜咸兴）四郡全部平定。魏国消除了北方的一股强敌，占有的地盘向东北部大大扩展，司马懿的军功和威望进一步提升。

司马懿进入襄平城，又做了如下事情：①诛杀了城中公卿以下官吏及兵民七千余人，积尸封土，筑成所谓"京观"以显示军事武功，进一步震慑辽东吏民。②为事前曾经劝阻公孙渊叛魏而被杀害的辽东将军纶直、贾范堆土树起坟墓，显扬他们的子弟；两人曾是辽东内部的亲魏人士，司马懿给了他们应有的荣誉，对当地民众的安抚引导应该极有积极意义。③释放了被公孙渊囚禁的公孙恭，公孙恭是曹丕执政之初所认可了的辽东太守，魏国当时封他为车骑将军、平郭侯（参见1.4.20《战争期间的国内政局》），后被侄儿公孙渊夺权后扣押，这里对公孙渊的处斩和对公孙恭的释放自然彰显了魏国在辽东的政治权威。④宣布中原人想要返回故里的听任自便。做了这些善后事情，司马懿即班师返回。

司马懿原本接替曹真在关中之地防守诸葛亮，因为诸葛亮234年已逝，魏国才得以从长安抽出司马懿让他征讨辽东，而东吴孙权表面上支持公孙渊，实际上心怀趁火打劫的图谋，这些客观形势为司马懿远征立功提供了外在条件。司马懿在对辽东的战争中用兵精当，事后个人受益匪小，而曹叡本人的明断决策和不凡的用人命将之智，以及他军事判断力准确，也是魏国这次军事胜利的重要因素。

1.5（25）对辽东的战争（下）

238年初，曹叡派太尉司马懿率领四万军队讨伐辽东公孙渊，当年九月攻破襄平，斩公孙渊之首，魏国取得了东北战场的重大胜利。《资治通鉴·魏纪六》《三国志·魏书·明帝纪》及其引注及《晋书·宣帝纪》记述了围绕战争的其他一些决策和人物活动，展现了这场战争的完整过程。

当用兵辽东的军事目标确定后，曹叡把司马懿从长安召回洛阳，告诉他说："这件事本来不想劳顿您，因为这次必须取胜，所以只能相烦。"司马懿时年六十岁，自然到了不能轻易烦劳的年龄，但之所以这次要选任他为统兵之将，是因为要打一场绝对有把握的制胜之仗，由此能够看清司马懿在曹叡心中的分量，也能理解皇帝特意让司马懿在出征前来一次荣耀故里活动的良苦用心。

君臣两人见面交流了战场上的用兵设想后，曹叡决定拨给四万军队，事后有的大臣认为四万军队太多，军费难以提供。曹叡说："四千里远征讨伐，虽说要出奇制胜，但也应当依靠实力，不应斤斤计较军费。"后来在首山进攻战，尤其是襄平围攻战中，魏军反而是以寡击众，军队人数并不为多。如果没有相应数量的军队，与敌军相差过于悬殊，那就难以保持战场上的优势。至于军粮物资供应和运输上的困难，曹叡当然是清楚的，但为了提升远征作战胜利的把握，他宁愿在后方与其他官员们承担这样的困难。四万人马数月间的粮草供应一直能从辽口运抵襄平城下，这样的后勤保障做得足够出色。

大军出发前，散骑常侍何曾向曹叡上表提出："古代先王用兵制法，一定要立足于安全慎重，所以在军队中任职授任必须有一个作辅助的职位，所以要设立监督或副贰的将官，在战场上可以参与谋划，也预防危险的变故；这样在险境中有人分担困难，万一发生损缺事故则可以替代，这种考虑才是深远而周全的。汉朝的用兵就是这样，所以韩信伐赵，派张耳为辅佐；马援讨南越，则有刘隆为副职。现在司马懿奉命远征，统步骑数万，路途四千里，虽然说一定必胜，但若敌寇逃亡，耗费的时月就难以把握。任何人也非金石之身，应该有深远的预备，所以建议军中安排副职。目前北方的将领和司马懿统率的军将，都互为僚属，名位相差不大，遇到紧急情况没有谁能镇服众将。应该选择大臣中素有威重的名将，以严肃隆重的礼节作出任命，派到司马懿的远征部队担任副职，即便有意想不到的事情发生，那也不会有什么祸患。"何曾对事情做了详尽周全的论述，表达得有些婉转含蓄，其中心意思是主张设立军队副职，他表示以此可以防止意想不到的各种战场事变，但也可能是出于对司马懿某些变故的预防。这一想法应该非常符合于帝王对军队主帅的提防心理，曹叡接受了这一建议，最终选派与自己交往颇深的幽州刺史毌丘俭为军队副官。而这次出军后的事情基本顺利，没有发生意外变故，所以毌丘俭在军中的预防性作用就没有充分显现出来。

当获悉公孙渊派使者去与东吴联系寻求支援时，曹叡询问护军将军蒋济说："孙权会救援辽东吗？"蒋济分析说："孙权知道我们戒备严密，他自己从中得不到好处，派的军队多他们力量达不到，派的军队少则徒劳无益。即便是儿子或兄弟处于那种危险境地，孙权都不会出动，何况是异域他国之人，加之以前还被羞辱过，自然不会出兵。如今所以向外宣扬出兵救辽，不过是欺骗辽东来使，使我们产生疑惧，一旦我们不能攻克，他希望公孙渊臣服而已。可是沓渚（指今辽宁旅顺口）离公孙渊所在地相距尚远，如果大军受到阻碍，相持不下，战斗不能速决，那孙权临时决策，或者会轻兵突袭，就不可预料了。"蒋济根据对孙权与公孙渊关系的分析，指出了东吴对公孙渊必然采取的明暗两手态度，并预察了中间可能出现的变化，这些判断都非常精准，保证了魏国在远征辽东战争中策略方针的稳定，这些分析也对理解后世国家间相互关系的本质都有深刻的借鉴意义。

司马懿在七月到达襄平后遇到了大雨，他在前线严申军令而稳定了军心，并任凭敌人像往常一样砍柴放牧，准备与敌军长久对峙，军中司马陈珪说："您从前攻打上庸，八路部队同时进发，日夜不停，所以能用十六天时间攻下坚城，斩杀孟达。这次远征而来，反而采取舒缓之策，我很不理解。"司马懿说："孟达兵少但存粮可支一年，我军将士四倍于孟达，但粮食不能支持一个月。以一个月攻打一年，怎么可以不快速？我们以四击一，即使丧失一半而能攻克，都应当去做，所以不顾死伤而强攻，是与粮食争时间！如今敌众我寡，敌饥我饱，何况雨水如此之大，功力不能施展，虽然应当速战速决，但目前又能做什么！自打京师出发，我并不担心敌人进攻，只怕他们逃走。如今敌人粮食就要耗尽，而我军的包围还没合拢，抢掠他们的牛马，抓获城内采樵之人，这会逼迫他们逃走。用兵靠的是诡诈，只能因事而变。敌人凭借人多和雨大，虽然饥困，还不肯束手投降，应当显示我们无能而让他们安心。如果贪图小利吓跑他们，这不是好的计策。"司马懿这里清楚地解释了这次远征与227年平定上庸孟达叛乱所以采用不同战术的根本原因，这次人少粮足，大雨天只要拖住敌人，等待对方暴露出他们人多粮少的弊端就行。司马懿临事制策、随机应变的灵活用兵战术在这两次战役中得到了充分体现。当时朝中听说大军在襄平城外遇雨，群臣都主张退兵，曹叡说："司马懿遇到危机正要创造变局，擒获公孙渊指日可待。"他相信司马懿有自己成熟的作战方略，不久果然收到了魏军攻破襄平的胜利消息，公孙渊的首级也被送到洛阳。

公孙渊有位哥哥公孙晃，在公孙恭执掌辽东政权时作为人质住在洛阳，公孙渊还未反叛时，公孙晃几次报告公孙渊的变故，想让魏国出兵讨伐。公孙渊反叛后，曹叡不忍心把公孙晃在街市斩首，打算将他在狱中一杀了之。廷尉高柔上书说："公孙晃以前多次报告公孙渊的事端，他虽然是凶犯宗族，但推其本心，是可以宽恕的。"曹叡没有采纳这一意见，派使者带着搀有金屑的酒让公孙晃和他的妻子儿女饮下，赏赐给棺木和丧衣，死后把他们收敛并安葬在居住之处。无论当时给公孙晃做出怎样的安抚与善后措施，从现代人的理念上审视，曹叡在处置整个整个辽东事务上展现了他非凡的聪明睿智，而这一行为则是唯一的错误。

1.5（26）帝王曹叡之逝

238年十月，辽东战场取胜的消息和公孙渊的首级传到了洛阳，魏国君臣非常振奋，曹叡在次月对作战有功人员进行了表彰，他按照前方申报的军功给相关将领增邑封爵，其后调整了某些朝中官职，任命司空卫臻为司徒，司隶校尉崔林为司空，同时撤并和调整了国内的许多行政区划，一切政务都在正常进行。《资治通鉴·魏纪六》《三国志·魏书·明帝纪》及引注记述，到了这年十二月，曹叡生了重病，他自己感觉到病情严重。由于237年他赐死毛皇后之后，皇后之位一直空缺，于是曹叡在病中立郭夫人为皇后（参见1.5.17《更换皇后》），为此赐全国成年男子爵二级，这属于一种普惠性的对待，并给鳏寡孤独之人赐予粮谷。

曹叡在后宫馆舍养着一位自称为天神所生的农妇，她能用"神水"治病祛邪，曹叡曾将该妇女提供的水送给患有口渴症的表叔卞兰让饮用，而卞兰坚决不喝（参见1.5.23《与亲族的交好之人》）。这次曹叡自己生病，他饮了神水但始终没有效果，于是杀掉了那位农妇。其实农妇提供的水本来就是治不了病的，但皇帝曹叡对其一直深信不疑，将其安置在后宫就是为了准备自己急需时使用，这里一怒而杀掉农妇，也反映了曹叡当时祈求借此恢复健康而不得的急迫心情。

曹叡在病重时筹划了自己的身后之事，他任命叔父燕王曹宇担任大将军，并安排领军将军夏侯献、武卫将军曹爽、屯骑校尉曹肇、骁骑将军秦朗等共同辅政。这些都是他亲近友好的亲族人物，被任大将军的曹宇更是从小相交的玩伴，所以把后事嘱托给他。但刘放、孙资久掌中枢机要，中护军蒋济曾上书反对中书令的专任权（参见1.5.22《治国特征之窥》），就是针对他们两人的。夏侯献、曹肇对刘放孙资心中同样有所不平，有一天两人看见殿中有鸡落在树上，就议论说："看他们还能活几天！"这是指桑骂槐的话。刘放、孙资听了非常恐惧，怕这些人得势后对他们不利，于是心怀离间之意。

曹宇任大将军第四天，他离开宫殿去见曹肇商议事情，只有曹爽一人在曹叡身边，刘放、孙资遂到曹叡床前，他们提出曹丕当年关于藩王不得辅政的诏令，试图说服曹叡取消对曹宇的任命，又对曹叡说："陛下刚一生病，曹肇、秦朗便对后宫才人言语相戏。"曹叡听后大怒，认为所任用的人的确是同春秋齐桓公身边竖刁、秦始皇身后赵高一样的人物，于是听从了刘放、孙资的建议，决定更换身后掌政人，同意征召司马懿立即来朝辅政。曹叡在身体虚弱已不能动手捉笔的情况下，让刘放拉着自己的手写下诏书，免去了燕王曹宇等人的官职，让他们立即返回封地；因为曹爽正在身边，刘放与孙资不敢太过毁谤曹爽，而曹叡身后也必须有一位同族大臣作首辅，于是曹叡任命曹爽担任大将军，觉得其能力不足，乃任命尚书孙礼担任大将军长史。这是一次惊心动魄的宫内政变，掌控国家中枢机构运作的中书台两位官员，依靠他们与皇帝的特殊关系以及对宫中运作程序的熟悉，采取上欺下瞒的手段，最终改变了皇帝对身后辅政班底的安排，后来曹宇等人见不到曹叡而无处诉说，他们流着眼泪离开了皇宫（参见 1.6.7《掌政四天的曹宇》）。刘、孙两人在这里扶上了一位才智平庸的皇族首辅人物曹爽，这对魏国其后的政治趋势乃至三国后期的演变走向都发生了重要影响。

司马懿在辽东襄平之战取胜后班师返回，之前燕王曹宇对曹叡建议说："关中守卫事关重大，应让司马懿走小道从轵关（今河南济源西北15里）向西回到长安。"这是不让司马懿在关键时候进入京城参与辅政的意思，曹叡已经同意，司马懿正是按照曹宇拟定的诏令赶往长安。但曹叡在病床上听从了刘放的意见，于是再写诏书让司马懿立即回京，封好后叫来宫中专送诏书的使者辟邪说："辟邪来！你带着这份诏书交给太尉。"辟邪驰马离去。司马懿走到了河内郡汲县（治今河南汲县西南）时，突然又收到宫中辟邪送来的另一诏书，令他立即返回京城，并让到京后直接前来见面。司马懿极具政治上的敏感性，他见两份诏书相隔时间只有三天，而前后内容不相符合，怀疑京师发生变故，于是急速返京。

239年正月，司马懿回到洛阳入见曹叡，曹叡拉着他的手说："我病得厉害，现在把后事嘱托给您，您与曹爽一起辅佐幼子。"曹叡告诉了召他进京入朝的目的，又真诚地说："死岂是可以忍住的，我强忍着不死是为等待您，能够与您相见，再无遗憾了。"年轻的皇帝在临终前说给老臣的话语足够动人，曹叡是用特别的方式表达了对司马懿的深情与寄望。

当时齐王曹芳、秦王曹询均在旁边，曹叡让两人拜见司马懿。曹芳其时八岁，曹询其时九岁，均是曹叡从亲族选择养育的继嗣，曹叡指着曹芳对司马懿说："就是他了，您仔细看看，不要看错！"又让曹芳上前抱住司马懿的脖颈，这是要刻意表达一种亲近之意。司马懿叩头流泪说："陛下不曾见先帝（指曹丕）临终时嘱托为臣辅助陛下的事情吗？"当年曹丕临逝时把曹叡托付给曹真、陈群、曹休和司马懿四位大臣，司马懿的意思是，他会像辅助曹叡一样去精心辅佐曹芳。君臣见面后立齐王曹芳为皇太子。

立了太子的当天,曹叡即在嘉福殿去世,其后葬于高平陵,故址在今河南洛阳东南大石山。曹芳继位后按照常例大赦天下,尊称郭皇后为皇太后,大将军曹爽和太尉司马懿辅政,朝廷很快做出了几件事情:①给曹爽、司马懿加封侍中,授符节、黄钺,为都督中外诸军事、录尚书事,他们两人掌控了国家军权和朝政运作的行政权力,拥有了极高的权位。②曹叡生前在各处修建的宫殿停止,同时罢除了工程修建的劳役,这都以遗诏的名义发布。③当时曹叡觉得虚浮不实而抑制不用的并州刺史毕轨及邓飏、李胜、何晏、丁谧等一批获有才名、趋炎附势的人物,都被曹爽用为腹心。魏国诸事的明显变化,从根本上表明了曹叡时代的结束,国家开始进入了一个新时期。

1.5(27) 曹叡的年寿及其是非

魏景初三年(239年)正月,曹叡在立皇子曹芳为太子后去世,《三国志·魏书·明帝纪》中记述:"帝崩于嘉福殿,时年三十六。"终年寿数牵连到一个人的出生之年,因而曹叡的年寿长期被后世人们关注和讨论。古人计算年龄常计虚岁,即累加总计该人在多少个年度内存活,比如在当年12月末出生,到了次年正月初,尽管来到世界上只有几天时间,但因存活在两个自然年度中,所以仍然记作两岁,这即是人们常说的"虚岁",与现在按本人周年数计算的"周岁"有所不同。按照这里的史书记载,曹叡239年为36虚岁,那他当然就是204年出生,许多流行的史书及人物条目中正是这样介绍的。

然而,曹叡如果在204年出生,就引出了一个极大的是非问题:曹叡的生母甄氏原本是袁绍次子袁熙的妻子,200年官渡之战后袁绍已在两年后去世,袁熙镇守幽州(治今北京西南),甄氏当时跟随袁绍的刘夫人住在邺城。曹操在204年二月率领大军包围了袁氏占据的邺城,经过数月交战,到当年八月破城后,曹丕才抢先入城见到了甄氏并接纳为自己的妻子(参见1.4.13《一见钟情的甄妃》上),《三国志·魏书·武帝纪》《资治通鉴·汉纪五十六》对这些时间节点都有明确记载,人们对此并无任何疑意。就是说,曹丕在204年八月第一次见到甄氏,如果曹叡果真出生在204年,那他就不可能是曹丕的生子。后世有些人根据这一推论,加上曹丕后来对甄氏迫害致死,

>>> 1.5 聪明睿智的年轻帝王（曹叡）

以及对曹叡迟迟不立太子的事情，于是有人猜测曹叡是袁熙的儿子，似乎甄氏去了曹家三个月即生下了曹叡，认为秦朝公子异人接纳吕不韦的孕妾赵姬而生秦始皇嬴政的故事又在汉丞相曹操家重新上演了一次。

其实上面的猜测是不能成立的，首先是，曹操大军204年二月包围邺城，驻守幽州的袁熙其实是早就离开邺城到了他的防守之地，即便他最迟在曹军围城的当月离开邺城，那等曹丕八月进城时，甄氏就已是一位即将临产的女人，曹丕绝不会视而不见纳其为妻。另外，曹叡应是曹操的第一位孙子，出生后一直得到祖父的宠爱，曹操说："我的基业有了你就可以到三代了。"也常令曹叡伴随左右，让他在相府与侍中近臣并列而坐（参见1.5.1《迎来命运的转折》）。如果曹叡的出生时间能表明他不是曹氏后嗣，那曹操岂能糊涂不知而内心认可！这样看来，曹叡的出生绝不可能在204年，他最早应在205年出生才合适。有些资料和条目中正是这样做介绍的，这一没有原始出处的年份，其实却拥有更为可靠的依据。

至此，人们可以有把握地认定，史书中关于曹叡逝年36岁的记载是错误的，即便考虑魏国在237年改正朔、更太历而引起的岁月计算误差，也不可能到达那个年龄。后世有些史家想象，史志中的"六"字，可能上面的点，与下面的两个点均为一横，也许因为模糊而被抄写的人所误认，所以"三十六"应为"三十三"才最为合理。恰好《魏书·明帝纪》同篇首段介绍曹叡时，有这样的记载："年十五，封武德侯，黄初二年为齐公。"这里的记载表明，曹叡被封侯是在黄初二年（221年）之前，即便最迟在黄初元年，那曹叡在220年为15岁，按虚岁计，倒推下来，他应是206年出生。史书同篇中的两处记载是矛盾的，按照形式逻辑的矛盾律，两个相互矛盾的判断，其中至少一个为假。关于曹叡终年36岁的表述，其错误是毋庸置疑的；而如果认定曹叡206年出生，那到239年正月去世时，称他33岁反而误差不大，说他是寿年34岁更合于古人计寿的虚岁数。史家裴松之在曹叡病逝时的记载之后特别标注说："魏武曹操在建安九年（204年）八月占取邺城，文帝曹丕此时接纳甄后为妃，明帝曹叡应该是建安十年（205年）生，计至去世之年正月，整三十四年。"这也是比较稳妥的认定。

曹叡逝后谥号明帝，葬于高平陵，魏国开始走上了一个不同的演变时期。引注资料《魏书》中说，明帝容貌端庄，看上去严肃，继位前不与朝臣相交往，不过问军国事务，只是读书和深思而已。后来做了皇帝，褒赞和礼待大臣，善于识辨各人的特长，择别官吏的事功和能力，能够分清真伪，排除虚浮不实。每次发兵出征，讨论和决定大事，谋臣将相，全都佩服明帝的远大谋略。他记忆力极强，虽然只是左右卑微小官，但档案中所记有关的禀性行为、主要事迹和经历，及家中父兄子弟的情况，一经过目，终身不忘。他能容纳各种不同意见，受到直言刺激也能接受，当时吏民和士人的上书，一月之中达几十或上百封，即便文辞浅陋粗俗，他也会看清内容和究竟，没有厌倦之情。他深沉刚毅，聪明敏捷，但纵情任性。东晋史家孙盛说：我听长辈说，魏明帝身材英秀出众，站立时长发垂地，有些口吃，话语不多，但性格沉着刚毅而有决断。起初，各位大臣接受遗诏辅政，他把大臣都派出去镇守地方，朝政由自己亲自处理。对大臣优待礼敬，心胸开阔，喜爱爽直，即使大臣当面冒犯批评，也不迫害诛戮，君主度量非常宽宏。但他不考虑以德政来创制风范流传后世，不注意巩固曹家皇室基础，最终致身后大权旁落，社稷无人保卫，实在可悲！

曹叡是三国时代最为聪明出众的二代君主，他思想通达，明于兵法，对军国政务和各类事情都有精准的认识把握，遇事有自己的主见，能够驾驭百官群臣。掌政十三年间，调遣军队打败了吴蜀两国及北方敌寇的多次侵犯，成功守御并拓展了辽阔的疆土，巩固了魏国在天下的政治地位；但因为缺乏远大的抱负和心志，在稍有治理功效时便放弃了有可能夺取的更大成功，也没有对先前的国家政权结构进行更为良性的改造，在执政后期的三分之一时间段，反而走上了一意追求个人享乐的灰暗之路，导致天不祚寿，英年早逝，因为他对国家的统领在身后无人可及，因而魏国自此走上了难有挽救之途，历史在这里留下了莫大的遗憾。

参考文献

《三国志》（上下册）

（晋）陈寿撰，（南朝宋）裴松之注，岳麓书社 1990 年 7 月第 1 版。

《三国志集解》（全八册）

卢弼集解，钱剑夫整理，上海古籍出版社 2009 年 6 月第 1 版。

《后汉书今注今译》（三册）

（南朝宋）范晔撰，章惠康、易孟醇主编，岳麓书社 1998 年 7 月版。

《晋书》（第 1-5 册）

（唐）房玄龄等撰，中华书局 1974 年 11 月版。

《中国历史大事年表·古代卷》

上海辞书出版社 2001 年 1 月第 1 版。

《资治通鉴》（全二册）

（宋）司马光编著，（元）胡三省音注，上海古籍出版社 1987 年 5 月第 1 版。

《文白对照资治通鉴》（全二十册）

（宋）司马光编撰，李伯钦主编，北京联合出版公司 2016 年 3 月第 1 版。

《三国志辞典》

张舜徽主编，山东教育出版社 1992 年 4 月版。

《晋书辞典》

刘乃和主编，山东教育出版社 2001 年 1 月版。

《世说新语》

（南朝宋）刘义庆著，曹瑛、金川注释，华夏出版社 2000 年 5 月版。

《周易全译》

徐子宏著,贵州人民出版社 1991 年 5 月第 1 版。

《诗经全译》

袁愈荌译诗,唐莫尧注释,贵州人民出版社 1981 年 6 月第 1 版。

《礼记》(上下)

钱玄、钱兴奇、徐克谦注译,岳麓书社 2001 年 7 月第 1 版。

《辞源》(修订本 1-4 册)

商务印书馆 1980 年 8 月修订版。

后 记

《三国职场探迹》系本人对公元180年至280年一百年间汉末三国时代真实历史人物活动与社会政治演变作出的全面性翻译陈述及分析议论，其中也表达了自己对社会历史的一些认识，反映着本人对这段历史学习和探索的阶段成果。整个书系在表达形式上有一些新的尝试，思想内容上也力图作出更多的拓展和提升。该书系的撰述过程及其特征在《前言》中已做了说明，现当八个分册要一并推出，同时接受广大读者朋友的鉴赏评价和时间光阴的洗磨检验时，内心仍然有些惶恐之感，我是希望该书能像作者以前其他撰著一样经受起两方面的考验，并希望能为三国文化、职场文化和中华历史文化拓展空间、增添色彩。

本人自2019年5月开始做三国人物与历史解读以来的两年半时间内，除过参加广东省教育系统一个月的集中活动外，基本上坚持每天有所进展，中间经历了全民抗疫的曲折反复历程，同时也有个人、学界及单位的诸多事务，不能说没有遇到困难和阻力，但客观环境毕竟是提供了很多有利的条件，促进了原初设想的实现。这里要衷心感谢原供职单位广东省社会科学院提供的保障条件，感谢夫人杨春霞所给予的积极协助以及各位家人的理解支持。中联华文（北京）社科咨询中心的樊景良、张金良经理十年前协助出版发行了本人关于春秋至西汉武帝八百多年间历史解读的七本论著，在今年出版业面临巨大困难的前提下，仍然本着兴盛文化事业的强烈使命感，一如既往地鼓励支持了《三国职场探迹》的选题；中国书籍出版社的领导和编辑积极支持了书系的出版，全书的面世成果中凝结着他们的劳动，在此一并表示感谢！

作者
2022年5月8日